The Invention of the Land of Israel

From Holy Land to Homeland

Shlomo Sand

虚构的以色列地

从圣地到祖国

[以色列] 施罗默·桑德 ——— 著

杨军 ——— 译

南京大学出版社

图书在版编目（CIP）数据

虚构的以色列地：从圣地到祖国 /（以）施罗默·桑德（Shlomo Sand）著；
杨军译. -- 南京：南京大学出版社, 2019.4（2024.1重印）
书名原文: The Invention of the Land of Israel: From Holy Land to Homeland
ISBN 978-7-305-21767-8

Ⅰ. ①虚… Ⅱ. ①施… ②杨… Ⅲ. ①以色列—历史—研究 Ⅳ. ①K382

中国版本图书馆CIP数据核字(2019)第045316号

出版发行 南京大学出版社
社　址 南京市汉口路22号　邮　编 210093

书　名 虚构的以色列地：从圣地到祖国
著　者 [以] 施罗默·桑德
译　者 杨　军
策 划 人 严搏非
责任编辑 官欣欣 卢文婷
特约编辑 田　奥 黄　洁

印　刷 山东临沂新华印刷物流集团有限责任公司
开　本 960mm × 1300mm 32开　印张 10.25　字数 243千字
版　次 2019年4月第1版　2024年1月第4次印刷
ISBN 978-7-305-21767-8
定　价 68.00元

网址：http://www.njupco.com
官方微博：http://weibo.com/njupco
官方微信号：njupress
销售咨询热线：（025）83594756

谨以本书纪念

谢克·穆万尼斯（al-Sheikh Muwannis）村村民

许久以前，

他们从如今我生活与工作的地方被迁离。

目 录

导言：平庸的凶手与地名学

> 通过军事征服，犹太复国主义及其后代以色列国来到了西墙，实现了民族的弥赛亚主义。否定它们对犹太教的历史学观念之前，它们绝不能放弃西墙和以色列地的被占领部分……世俗的弥赛亚只能死去，不会撤离。 1
>
> ——巴鲁克·科茨维尔，1970 年

> 将犹太人与祖辈的以色列地的关联等同于……汇聚所有犹太人到古老圣地中的一个现代领土国家的愿望？这种做法毫无理由。
>
> ——艾瑞克·霍布斯鲍姆，
> 《民族与民族主义》，1990 年

在本书背后，一些看上去匿名的破碎记忆隐藏着——它们是我年轻时候和第一次参加以色列战争时的遗留物。坦诚起见，我相信，有必要一开始就与读者分享它们，以显明我对民族土地、先辈埋骨之地及大块的凿刻石头等神话进行学术探讨的情感基础。

对先辈土地的记忆

1967 年 6 月 5 日，从耶路撒冷群山中的亚贝尔雷达站（Jabel al-

Radar)，我越过了以色列与约旦的边界。那时，我是个年轻的士兵，与其他许多以色列人一样，被征召去保卫我的国家。黄昏时分，我们小心翼翼地穿过残留的带刺铁丝网。从我们前面走过去的人踩到了地雷，爆炸撕裂了他们的血肉，四散开去。我怕得发抖，牙齿激烈地打战，被汗水浸透的衬衫紧贴着身体。我的四肢像机器人的“手脚”一样，机械地爬动着，头脑里想象着可怕的东西。即便如此，我从未停止考虑一个事实：这是我第一次出国。两岁时，我来到以
2 色列，成长在雅法一处贫穷街区，十来岁就开始干活了。我梦想着出国和周游世界，但一直没钱。

我被直接派到耶路撒冷，参加夺取这个城市的战斗。很快我意识到，我的第一次出国经历并不愉快。其他人不把我们进入的地区看作“国外”，认识到这一点后，我更加困惑了。在我周围，许多士兵觉得自己仅仅是越过以色列国(Medinat Israel)的边界，来到了以色列地(Eretz Israel)。毕竟，我们的先祖亚伯拉罕漫游的地区在希布伦和伯利恒之间，而不是特拉维夫和内坦亚；大卫王征服且提升其地位的耶路撒冷城位于以色列“绿色”停火线的东部，而不是西部的那个现代繁华城市。“国外？”在争夺耶路撒冷附近阿布图尔(Abu Tor，意为公牛爸爸)区的艰苦战斗中，与我一同前进的士兵们问道，“你在说什么?！这里的的确确是你先辈们的土地。”

战友们相信，他们进入的地方从来都属于他们。跟他们不一样，我觉得我已离开真正属于自己的土地。毕竟，我几乎一直生活在以色列，我害怕会被杀死，担心再也回不来。我费力地活着回家了，还算幸运，不过，我的担忧以一种当时我想不到的方式成了事实：我再不会回到我所离开的土地。

阿布图尔战斗后的一天，未阵亡和负伤的士兵被带去参观西墙。我们抠开保险，警惕地走过安静的街道。人们偷偷地从窗口打量外面的世界，一闪而过的惊恐面容不时被我们捕捉到。

一小时后，我们来到一个较窄的巷子，其中一边是用经凿刻的石头建造的高墙。此时，古老的穆格拉比区（Mughrabi Quarter）的房屋还在；后来它们被拆除了，好给一个大广场的修建腾出地方，以容纳“西墙迪斯科舞场”（Discotel，由 discotheque 即迪斯科舞厅和表示西墙的希伯来语 kotel 两词掐头去尾而成）的舞者们。耶沙雅胡·雷伯维茨教授喜欢称它为“神会临在的迪斯科舞场”。我们肮脏的军装上还带着死伤者的血迹，人累得快崩溃了。由于一路上不能进开着门的咖啡馆，不能进恐慌的本地人的家，我们急着找地方小便。出于对信教的犹太士兵的尊重，我们在路那边的屋墙处方便，以免 3
“亵渎”圣殿山的支撑外墙；这墙由与罗马人结盟的希律王及其后代用巨石建造，为的是提升其专制政权的威望。

在这些切削而成的大石头的映衬下，我满怀敬畏，觉得自己渺小而软弱。这种感受也很可能是由狭窄的街道和我对其居民的害怕造成的。那些人还不知道，他们不久就会被迁离。此时此刻，我对希律王和西墙所知不多。在课本中的旧明信片上，我见过表现西墙的图画，但在我认识的人中，没有谁渴望亲眼见到它。我完全不了解，西墙其实不是圣殿的组成部分，与圣殿山相比，它在绝大多数时期也不神圣；虔诚的犹太人不会去圣殿山，以免沾染了死者的不洁。[1]

然而，借助宣传手段，文化的世俗代理人想要重建和强化传统，他们毫不迟疑地向历史发起了民族进攻。作为胜利影像册的一部分，他们选用了一张三名战士的摆拍照，中间的“阿士肯纳兹”士兵光

---

1 西墙不是《大米德拉什》（*Midrash Rabbah*）之雅歌篇（2：4）中所指的圣殿之墙，是城墙而不是内墙，因此，它的名字让人产生误会。显然在 17 世纪这个相当晚近的时候，它才被人们选作祈祷的地方。与圣殿山——阿克萨清真寺广场——历史悠久的神圣地位相比，它的重要性远不及后者。只是在将献祭的红色小母牛烧成灰并用它清洁后，虔敬的犹太人才能去圣殿山。（本书注释若非特别标明均为作者原注。）

着头，头盔拿在手里，像在会堂里一样；战士们悲伤的眼神含着两千年来对这面大墙的向往，心中充满了“解放”父辈土地的喜悦。

由此开始，我们满怀热忱，不停唱着《金色的耶路撒冷》。拿俄米·谢莫的这首歌鼓吹土地吞并，作于战斗开始前不久；在将东耶路撒冷的征服转变为一项古老历史权利的合理实现的过程中，它所起到的作用迅速而高效。歌曲抒情地为战争做着心理准备：“老城里
4 的井干了，市场废弃了，暗黑的圣殿山一派荒芜。”可是，在1967年6月那些酷热的日子里，参与入侵阿拉伯耶路撒冷的人们都知道，这些不是事实。[2]而且，很少有人理解，在某种程度上，这些歌词其实很危险，甚至是反犹的。不过，既然那些手下败将如此虚弱，高歌的胜利者就不在此类细节上浪费时间了。无声的被征服者如今不仅在我们面前跪下，还淡出了永恒犹太城市的神圣景观，就像他们从未存在过一样。

战后，我和其他10名士兵被派去守卫洲际饭店；后来，它被犹太化了，今天的名字是七拱饭店（Sheva Hakshatot）。这座宏伟的饭店建在橄榄山顶，靠近那些古老的犹太墓地。我给当时住在特拉维夫的父亲打电话，说我在橄榄山上，他提醒我想想那个在我们家族代代相传的故事。那时候，由于缺乏兴趣，我把这故事忘得一干二净。

2　就像对于西墙一样，对于这首与六日战争密切相关的歌，我所知不多。那时候的很多人和我都不清楚，我们所哼的曲调其实来自一首名为“傻瓜约瑟夫”（Pello Joxepe）的巴斯克摇篮曲。这没什么不寻常的。《希望》（*Hatikvah*）是犹太复国主义运动的圣歌，后来被定为以色列国歌；绝大多数人也不清楚，它的曲调借自施美塔纳（Smetana，1824—1884年，捷克作曲家和指挥家。——译者注）的一首交响诗，名为“我的祖国”（Vltava或Die Moldau）。以色列国旗也是如此，其中的大卫星并非古代犹太符号，而是源于印度次大陆。在那片土地的各个历史时期，在诸多宗教与军事文化中，它被广泛使用。民族传统多是模仿和复制的产物，而不是出自灵感和原创。关于这一点，参见艾瑞克·霍布斯鲍姆（Eric Hobsbawm）和特伦斯·兰格（Terence Ranger）编：《传统的发明》（*The Invention of Tradition*），剑桥大学出版社，1983年。

我父亲的祖父在去世前，决定离开位于波兰罗兹（Lodz）的家，前往耶路撒冷。他是个极端正统的虔诚犹太人，跟犹太复国主义者沾不上边，因此，除了旅行的票据外，他还带了一块墓碑。像那时的其他好犹太人一样，他不仅想住在锡安，还想被埋在橄榄山。根据 11 世纪的一篇《米德拉什》，死者的复活是从曾建有圣殿的莫利亚山（Mount Moriah）对面的这座圣山开始的。我年迈的曾祖父名叫古滕伯格，他卖了自己的全部家当，尽其所有准备这次旅行，没给孩子们留下一分钱。自私的曾祖父是那种总想站在队列前面的人。5
到弥赛亚降临的时候，他希望自己是第一批复活者。他只想在其他人之前获得救赎，由此，他成了我们家族第一个埋在锡安的人。

我父亲提议我去找找曾祖父的坟墓。开始我很热心，不过，由于夏季的炎炎烈日和战斗结束后的极度疲惫，我不得不放弃了这个念头。人们还传言说，一些古老墓碑被用来建造那座饭店了，或至少是用于铺设上山的路了。那天晚上，跟父亲通完话后，我靠着我在饭店房间里的床后面的墙，想象这堵墙或许是由任性的曾祖父的墓碑造的。在饭店酒吧所藏美酒的刺激下，我惊异于历史的反讽和欺骗的本质：我的任务是守卫饭店，防的是身为犹太人的以色列抢劫者；他们确信，饭店的一切都属于耶路撒冷的“解放者”。这使我相信，死者的救赎不可能很快发生。

与西墙和橄榄山首次相遇几个月后，我更深入地来到“以色列地”，在那儿经历的一件奇事很大程度上塑造了我的余生。六日战争后，我第一次服预备役是在杰里科（Jericho）入口处的老警察局。根据古老的传说，在以色列地，杰里科是“以色列人民”征服的第一座城市，是通过长久地吹响公羊号角所引发的奇迹而征服的。按照《圣经》的说法，那些间谍在一名叫喇合的当地妓女家住下了，我在杰里科的经历与他们完全不同。抵达警察局后，先来的士兵告诉我，当六日战争产生的巴勒斯坦难民试图在夜间回家时，他们遭到了有预谋的射击。白天过约旦河的人被抓了起来，将在一两天后被送回河那边，这些人被关在临时监狱里，我的任务是看管他们。

1967 年 9 月的一个周五晚上，我记得是我生日的前一晚，军官们把我们留下，自己开车去耶路撒冷度假。一位年老的巴勒斯坦人
6 带着大笔美元，在路上被逮捕，之后被送进了审讯室。我在警局建筑外执勤，震惊地听到里面传出可怕的叫声。我跑了进去，爬上一只板条箱。透过窗户，我看到那人被绑在椅子上，我的好朋友们在殴打他，用点燃的香烟烫他的胳膊。我跳下箱子，呕吐起来，然后回到自己的岗位，吓得发抖。一小时后，一辆小卡车装着这位“富有”老人的尸体，驶出了警察局。朋友们告诉我，他们要去约旦河，把老人处理掉。

这具遍体鳞伤的尸体被扔进了约旦河的什么地方？是不是在“以色列之子”渡过约旦河、进入上帝亲自授予他们的那块土地的同一地点？我不知道。但可以确定的是，令我了解占领事实的“洗礼”并非发生在圣约翰使第一位“真正的以色列之子”皈依的地方，依据基督教的传统，那是在杰里科以南。无论如何，我永远无法理解那位老人被折磨的原因。巴勒斯坦恐怖主义尚未出现，没有人敢于反抗。或许是为了钱。或许行刑与平庸的杀害不过是因为无聊，不过是因为那个晚上没什么别的娱乐。

只是到后来，我才把杰里科的“洗礼”看作生命的分水岭。那天，我自己也被吓坏了，没试图阻止酷刑的进行。我不知道能否阻止，然而，没去尝试这一事实困扰了我许多年。的确，我在此将它写出来，本身就意味着我内心仍未能摆脱那次谋杀的阴影。不管怎么说，那个无法原谅的事件教导我，不仅如阿克顿勋爵（Lord Acton）所证明的，绝对权力必然导致腐败，它还会带来对其他人、最终也对其他地方难以遏止的占有意识。我的祖辈生活在东欧的栅栏区，毫无权势，我敢肯定，他们想象不出自己的后代在圣地会做出的事。

第二次服预备役时，我还是被安排到了约旦河谷，恰在建于那里的第一批纳哈尔[3]举行庆典的时间。抵达河谷的第二天黄昏，上任 7
中央军区司令一职不久的利哈瓦姆·泽维（Rehavam Ze'evi）——人们更熟悉他的另一个名字“甘地”——来视察我们。此时，他的朋友国防部长摩西·达扬尚未送他母狮做礼物；后来，那只母狮成了以色列军队在西岸存在的象征。出生于以色列的泽维站在我们面前，摆出不亚于巴顿将军本人的姿态[4]，发表了简短的演说。我当时有些困，记不清他究竟说了什么。不过，我永远不会忘记那个时刻：他指着我们后面的约旦群山，激情地要我们记住那些山也属于以色列地，我们的祖先也曾生活在吉拉德（Gilad）和巴珊（Bashan）[5]。

一些士兵点头同意，另一些笑起来，大多数人只想赶快回帐篷睡觉。有人开玩笑说，我们的将军肯定是三千年前生活在河东的那些祖辈的直系后代，才会提议我们立刻出发，为他解放野蛮的异教徒占据的领土。我没觉得这种说法好笑，相反，将军的简短演讲成了重要的催化剂，加剧了我对小学以来被灌输的集体记忆的怀疑。那时我就知道，按照他圣经式的和至少有些扭曲的逻辑，泽维没有说错。涉及炽热的祖国观念，这位前帕尔马赫英雄和未来的以色列内阁部长一向坦诚，且从未改变过。那些曾生活在“我们祖辈土地”的人们位于他的道德盲区，他也毫不关心他们存在的现实。很快，许多人接受了他的立场。

我前面提到，对于我成长于斯和最初爱上的这一小块土地，对于塑造了我的性格的城镇景观，我感受到了一种跟它之间的强大的

3　Nahal，国防军的一个项目，它将服役与新农业定居点的建设结合了起来。

4　至少不亚于演员乔治·C. 斯各特，在 1970 年的电影《巴顿将军》中，他扮演这位有名的美国将军。

5　吉拉德和巴珊，位于约旦河东岸，属于约旦王国。——译者注

联系。虽然我从来不是真正的犹太复国主义者，但我受到的教导是把这个国家看作避难所，在需要的时候，接收失去家园、受到迫害且无处可去的犹太人。就像历史学家伊萨克·多伊彻，我将导向1948年的历史进程理解为这样的故事：有人绝望地跳离一座着火的
8 房子，落地时伤到了路人。[6]不过那时候，我无法预见那些将会重塑以色列的、由军事胜利和领土扩张导致的重大变化。它们与迫害给犹太人带来的苦难全无关系，过去的苦难不能为其提供正当性。这一军事胜利的长期后果强化了一种悲观看法，即历史是一个牺牲者和加害者不断发生角色转换的舞台，受迫害者和被逐出家园者往往会在以后变成统治者和迫害者。

1967年以后，在民族文化的形成过程中，以色列有关民族空间之观念的转变必然会发挥重大作用，尽管未必是真正决定性的。早在1948年，对有限的领土和“狭窄的底部”，以色列人就很不满。取得1956年战争的胜利后，这种不满公开爆发了。那时候，本－古里安（David Ben-Gurion）总理认真考虑了吞并西奈半岛和加沙地带的事。

这一插曲虽然重要，但转瞬即逝。到以色列国成立后，先辈家园的神话很快消退了，直到近二十年后的六日战争获胜，它才强力回归公共舞台。许多犹太－以色列人认为，对征服耶路撒冷老城和希布伦、伯利恒的任何批评都将破坏之前征服雅法、海法、阿卡的正当性，以及征服其他地方的正当性；在犹太复国主义关联神话般的过往的拼贴画中，相对来说，这些地方没那么重要。的确，如果我们承认犹太人“回归家园的历史权利”，就很难拒绝将之应用到“古老家园”的核心地。我那些不觉得越过了边界的战友有什么错？在

6　伊萨克·多伊彻（Isaac Deutscher）：《非犹太的犹太人及其他论文》（*The Non-Jewish Jew and Other Essays*），伦敦：牛津大学出版社，1968年，第136—137页。

世俗高中，我们学习《圣经》，把它当作一门独特的历史教育课程，原因不正在于此？那时候，我从未想到，被称作绿线的停火线会那么快从以色列教育部制作的地图中消失，也从未想到以色列下一代的家园边界观念会跟我的相差那么大。我没意识到，我的国家成立伊始就没有边界，有的只是永远提供着扩张可能的流动边界模块地区。 9

一个关于我人文主义政治幼稚性的事例是，我从未想过以色列通过实践《圣经·诗篇》122：3 中“连络整齐的一座城”[7]的说法，敢于正式吞并东耶路撒冷，与此同时，拒绝给予其“统一的”首都三分之一居民平等的公民权，并将这个做法延续至今。我从未想过，我会见证对一位以色列总理的谋杀，只因为那扣动扳机的致命爱国者相信，总理将放弃“犹大和撒马利亚”。我也从未想过，我会生活在这样一个怪异的国家，它那 20 岁时才迁来的外交部长会在整个任期内住在以色列主权边界之外。

那时候，我全然不知，以色列会成功控制庞大的巴勒斯坦人口达数十年，同时剥夺其自主权。我也无法预料，这个国家的大多数知识精英会接受这一状况，资深历史学家、我未来的同事会一直轻易地称他们为“以色列地阿拉伯人”[8]。我从未理解，以色列对本地“他者”的控制竟不是通过歧视性公民身份的那一套——军政府、犹太复国主义－社会主义对土地的征用与犹太化等——如在 1967 年前“好的、老的”以色列所曾实行的那样，而是完全否认他们的自由，为“犹太人民”中的先锋定居者榨取自然资源。此外，我从未想到那种可能，即以色列会成功地把超过 50 万人安置在新征服的地区，以复杂的方

7　本书所引《圣经》句子的译文均取自《圣经》和合本。——编者注

8　在阿尼塔·夏皮拉（Anita Shapira）的作品中可以找到一个典型事例：他提及与“以色列地阿拉伯人”的创伤性相遇。见《从帕尔马赫一代到蜡烛孩子：变动着的以色列身份类型》，载《党派评论》67：4，2000 年，第 622—634 页。

式将他们禁锢起来，使其不与被剥夺了基本人权的当地人接触，从一开始，整个民族事业都凸显出殖民的、族群中心的、隔离主义的特征。简而言之，我根本想不到，我的绝大部分人生会和一个老练
10 而独特的种族隔离军事政权毗邻而居，“文明”世界则部分地由于自身内疚的良心，不得不对它妥协，并别无选择地支持它。

年轻的时候，我想象不到会有一场绝望的因提法达（Intifada，起义），对两次暴动的铁腕镇压，以及残酷的恐怖主义和反恐怖主义。最重要的是，我用了很长时间才理解，犹太复国主义有关“以色列地”概念的力量与今日仍在形成中的以色列特性之间脆弱的关系，才理解一个简单的事实：1948 年，犹太复国主义者与其先祖家园的被迫分离只是暂时的。那时候，我还不是政治观念史和文化史学者，还没开始思考有关土地的现代神话的作用和影响，特别是军事实力和民族化宗教结合后的狂喜所催生的那些神话。

对先辈土地的权利

2008 年，我出版了希伯来语版《虚构的犹太民族》（*The Invention of the Jewish People*）。那是一次理论探讨，试图解构所谓“犹太人是一个流亡民族”的历史超级神话。它被翻译成 20 种语言，众多充满敌意的犹太复国主义批评家对它进行了评论。在一篇评论中，英国历史学家西蒙·沙玛（Simon Schama）认为，我的书“没能剪断古老土地与犹太经验的记忆关联”[9]。他暗示那是我的本意。我得承认，一开始我很惊讶。然而，其他许多学者也不断重复这一断言，说我的目标是毁掉犹太人对其古老家园的权利基础。我认识到，就我的作品所引来的广泛攻击来说，沙玛的论断是一个有代表性的重

9　施罗默·桑德：《虚构的犹太民族》，伦敦：乌尔索出版社，2009 年。评论见《金融时报》，2009 年 11 月 13 日。

要先导。

写作《虚构的犹太民族》时，我从未想到在21世纪初，那么多
批评家会引述先祖土地、历史权利、长达千年的民族渴望等说法，为
犹太复国主义的殖民活动和以色列国的成立辩护。我确信，关于以色
列国的建立，最严谨的根基存在于从19世纪末开始的悲剧时期，那 11
时候欧洲驱逐犹太人，而美国在某个时刻向移民关闭了大门。[10]不过，
我很快认识到，评论家们以多种方式扭曲了我的书。某种程度上，
本书是对我前部书的适度增补，我想要论述得更精确些，想要填补
一些缝隙。

不过，我必须一开始就明确，《虚构的犹太民族》探讨的既非犹太人与古老犹太“家园”的联系，也不是犹太人对它的权利，虽然书的内容直接指向了这些主题。我写作的目标主要是利用历史和史料，质疑种族中心的和非历史的本质主义概念，质疑它在犹太教与犹太身份的过去与现在的定义中所起的作用。虽然很明显，犹太人不是一个纯血统的种族，许多人——尤其是恐犹者（Judeophobes）和犹太复国主义者——仍倾向于宣扬那种错误的和误导性的观点，认为绝大多数犹太人属于一个以种族为基础的古代民族（people），是一个永恒的“民族”（ethnos），定居在其他人民中间，并且在历史的一个决定性阶段，当他们所寄居的社会将之赶出后，开始回归自己先辈的土地。

有许多个世纪，犹太人生活在“选民”的自我形象中，维持和强化了忍耐不断遭受的屈辱与迫害的能力；在几乎两千年的时间里，基督徒坚持把犹太人看作杀害上帝之子的人们的直系后裔；最重要的是，新近出现的新反犹主义与传统反犹敌意一起将犹太人贬为外

10　由于以色列国的成立和它随后与阿拉伯民族主义的冲突，阿拉伯国家的犹太社区也被连根拔起，一些犹太人或被迫或主动地去了以色列。

来不洁种族的成员；在这一切背后，想要解构欧洲文化对犹太人的“族
12 群”陌生化可不容易。[11] 在解构它的尝试中，前一本书采用了一个基本的工作前提：有一个人类单位，其成员来源广泛，被不包含任何世俗文化成分的共有结构编织在一起；无须打造其成员间的语言或文化联系，仅仅通过宗教皈依，包括无神论者在内的人们便可加入这个单位——我的工作前提是，不管以什么标准，这样的单位都不能被看作民族或族群。“种族”概念变得声名狼藉后，学术界热烈地爱上了族群这一概念。

在对术语“人民”的理解中，如果我们一以贯之和符合逻辑，比如在说“法国人民”“美国人民”“越南人民”乃至“以色列人民”的时候，那么，所谓“犹太人民”会显得很奇怪，就像说“佛教人民”“福音派人民”或“巴哈伊教人民”一样。即便有着共同信仰的人们有着共同的命运，且一定程度上团结一致，这样也不会把他们变成人民或民族。虽然人类社会是一种相互关联的聚合体，具有多方面的复杂经验，拒绝任何以数学术语进行归纳的尝试，我们仍需尽力在概念化时采用精确的机制。从现代时期开始，“人民”便被界定为拥有统一文化的群体，包括烹调、口语、音乐等要素。而在整个历史中，犹太人尽管极其独特，对其特性的认定也“仅仅”是不同的宗教文化，包括共同的非口头圣语、共同的仪式和庆典等要素。

虽然如此，我的许多批评者——他们并非巧合地全都声称自己是世俗学者——依旧顽固，将历史上的犹太人及其现代后裔界定为

11 基督教的一些重要人士发现，很难把犹太教当成合法的宗教对手，他们因而更愿意视犹太教徒为一个可憎的群体——有着共同的族群血统，都受到上帝的惩罚。在所谓的世界性“犹太人民”的错误概念化进程中，现代民族的最初成形也间接起到了促进作用。这些现代民族包括东欧的一大批说意第绪语的人们，在 20 世纪被残酷灭绝前，他们正逐渐强盛。

人民；就算不是选民，也还是独特的、与众不同的，无法与其他人民进行比较。要维护这种观点，人们只能给大众一幅犹太人流散的神话图景。据说，它出现在公元前 1 世纪，而事实是学术精英很清楚，此类流散在那个时期从未发生过。因此，关于“犹太人民”被强迫迁离之事，基于学术研究的书一本也没有。[12]

除了保存和宣传系统的历史神话这一实际技术，人们还需要： 13
（1）以一种看上去并非刻意的方式，抹去有关犹太教曾是生气勃勃的、劝人皈依的宗教的全部记忆，至少抹去公元前 2 世纪到公元 8 世纪的此类记忆；（2）无视许多犹太化王国的存在——整个历史上，诸多地区曾有这些王国出现和兴旺过[13]；（3）从集体记忆中排除犹太化王国统治下的大批犹太教皈依者，他们为世界上绝大多数犹太社区提供了历史基础；（4）忽视早期犹太复国主义者的说法，他们清楚流散从未发生，因而把这一地区的绝大多数农民看作古代希伯来人的真正后裔。在他们之中，以色列国父大卫·本 - 古里安最为突出。[14]

就这一种族中心主义的观点来说，其中最极端、最危险的辩护者想寻找一种全世界的犹太后裔所共有的基因，凭此可将他们与其他人分开。这些伪科学家发誓要避免遗漏，将种种资料碎片聚合起

12　罗马人大规模迁离犹太人的传说不仅与《圣经》讲述的巴比伦流散有关，也有其基督教渊源。就后者来说，它似乎源于耶稣在《新约》（《路加福音》21：23—24）中发出的惩罚性预言：“将有大灾难降在这地方，也有震怒临到这百姓。他们要倒在刀下，又被掳到各国去。”

13　这里，我指的是美索不达米亚的阿迪亚贝纳王国、西南阿拉伯的西姆亚里特王国、北非的达亚卡纳王国、印度次大陆南部的克当嘎鲁（Kodungallur）王国，以及南俄罗斯伟大的哈扎尔帝国。说到对这些王国引人入胜的犹太化及王国诸多臣民之命运的尝试性探索——毫不奇怪——连一项比较研究都没有。

14　例如，参见本 - 古里安 1917 年的文章《明确法拉赫的起源》[法拉赫（Felahs），即中东农民。——译者注]，收录于大卫·本 - 古里安：《我们和我们的邻居》，特拉维夫：达法尔出版社，希伯来语，1931 年，第 13—25 页。

来，希望支撑起存在一个古代种族的假说。从血液和其他内在属性中，“科学的”反犹主义曾试图发现犹太人的独特性，但可悲地失败了；我们则见证了一种走上邪路的犹太民族主义愿望：它觉得，或许 DNA 能充分证明，有那么一个不断迁徙的犹太民族，他们最终来到了以色列地。[15]

14 这一立场毫不妥协，其根本但非独一的原因并不复杂——写作这本书时，我对它还不是非常清楚——根据所有文明的世界观默认的一项共识，对自己生活于斯并借之谋生的特定地域，一切民族都享有集体所有权。宗教社团的形形色色的成员散布在各个大陆，他们没有这种权利。

一开始，这种基本的法律 - 历史逻辑对于我并非不言自明。在小时候和少年时代的晚期，我是以色列教育体系的典型产物，毫无保留地相信一个实际上永恒的犹太民族的存在。我曾错误地认为，《圣经》是一部历史书，出埃及的事件曾真实发生；我也无知地确信，圣殿被毁后，“犹太人民”不得不迁离故土，如以色列建国宣言所正式断言的那样。

不过，与此同时，我父亲教给我的是一种基于历史正义感的普世道德规则，所以，我从不认为，我的“流亡人民”对于他们未在其中生活长达两千年的一个地区具备民族所有权，曾在此连续生活许多个世纪的人们反而没有权利。从定义上看，一切权利都以伦理体系为本，后者构成了要求其他人予以认可的基础。我以为，只有本地人同意了“犹太人的回归”，回归才算有了具备道德正当性的历史权利。年幼天真的我相信，一块土地首先属于它的永久居民，他们生于此死于此，其住处在这块土地的边界之内。土地不属于统治

15 参见施罗默 · 桑德：《虚构的犹太民族》，第 272—280 页。

它的或试图从远方控制它的那些人。

比如1917年，新教殖民主义者、英国外交大臣阿瑟·詹姆斯·贝尔福（Arthur James Balfour）向莱纳尔·沃尔特·罗斯柴尔德（Lionel Walter Rothschild）许诺，给犹太人一个民族家园——极显慷慨的他并未提议，将家园建在他出生的苏格兰。事实上，这位现代居鲁士对犹太人的态度没怎么变过。1905年，作为英国首相，他孜孜不倦地为一项严厉的反移民法的通过而努力，该法律首先包括，不许逃 15
离东欧反犹暴乱的犹太移民进入英国。[16]尽管如此，《贝尔福宣言》仅次于《圣经》，被认作犹太人对“以色列地”权利之第二重要的道德与政治正当性来源。

不管怎么说，我一向觉得，企图以几百年或几千年前的样子构建这个世界的任何严肃尝试都意味着将残暴的、欺骗性的愚行引入国际关系的整个体系中。今天会有人鼓励阿拉伯人定居伊比利亚半岛、建立伊斯兰国家吗？——仅仅因为在西班牙的领土收复运动期间，他们的祖辈被赶出了这个地区。数个世纪前，清教徒被迫离开了英国，为什么他们的后代不能大批地回到先辈的土地，建造一个天上王国？会有哪个理智的人支持美国土著对曼哈顿的土地要求，支持赶走那里的白人、黑人、亚洲人、西班牙裔居民吗？说到更晚近些的事，难道因为神圣的1389年英勇之战，或因为仅在两百年前，说塞尔维亚语的天主教徒构成了当地人的绝大多数，我们就觉得有义务帮助塞尔维亚人回到科索沃、重新控制那个地方吗？以这种方式，我们可以轻易地设想到大量愚行，它们受无数有关“古老权利”的断言与认可的驱动，将我们带入历史的深处，到处播撒混乱的种子。

16　参见布里安·克鲁格（Brian Klug）的《做犹太人，做正当事》（*Being Jewish and Doing Justice*）中题为“阿瑟·贝尔福的另一面”的那一章，伦敦：瓦伦坦·米切尔出版社，2011年，第199—210页。

我从不接受这种观点：犹太人对应许之地的历史权利是自明的。进入大学后，我学习了书写发明后的人类历史年代学，在我看来，在超过 18 个世纪之后，“犹太人的回归”构成了一次虚妄的时间跨越。对我来说，它把所征服的土地设想为上帝授予真正的以色列子民的迦南地，其实与清教徒殖民北美或布尔人殖民南非的神话没有根本性的区别。[17]

16 基于此，我的结论是，犹太复国主义的“回归”首先是一种虚构，意图激起西方的同情，尤其是在犹太复国主义者之前就提出了复国设想的新教社团，它想要给一种新的殖民活动披上合法的外衣，也自证了它的效果。由于其潜在的民族逻辑，这样的事业必然会伤害弱小的本地人。无论如何，登陆雅法港的犹太复国主义者怀着与在伦敦或纽约上岸的犹太人不同的意图，后者想的是与新邻居们——新环境中的老居民——共同生活。从一开始，犹太复国主义渴望的就是在巴勒斯坦地区建立一个犹太人主权国家，而那里的绝大多数人口是阿拉伯人。[18] 要完成这样的民族殖民方案，不将相当多的本地人口赶出被占用地区是不可能的。

如我已指出的，经过多年历史学习后，我不再相信犹太人民的过往及其从自己土地的流散的神话，也不相信犹太人源于古代犹大地的假说。也门犹太人和也门穆斯林的惊人相似不会有人弄错，北非犹太人和当地柏柏尔人的情况也一样，类似的还有埃塞俄比亚犹太人与其非洲邻居，科钦（Cochin）犹太人与西南印度的其他居民，东欧犹太人与住在高加索及南俄罗斯的突厥和斯拉夫部族成员。令

17 有关清教徒和布尔人之应许之地的讨论，参见安东尼·D. 史密斯（Anthony D. Smith）:《选民：民族认同的神圣源泉》(*Chosen Peoples: Sacred Sources of National Identity*)，牛津大学出版社，2003 年，第 137—144 页。

18 出于实用主义考虑，犹太复国主义的一些派别不时会提出联邦式的方案，主要是便于实现犹太人多数的目标，而不是寻求与本地人的融合。

反犹者失望的是，犹太人从来不是从远方侵入的外国“民族”，而是本地土著，就绝大多数情况来说，其祖辈在基督教或伊斯兰教到达本地前就皈依了犹太教。[19]

我同样相信，犹太复国主义没有创造出一个世界性的犹太民族，而“仅仅”创造了以色列民族，很遗憾，它一直否认后者的存在。 17
首先和最重要的是，民族主义代表着人民根据独特的世俗文化、在独立的政治主权下共同生活的渴望，或至少是他们的意愿和认同。然而，包括因各种理由认同那个自行宣示的“犹太国家”的人们在内，世界上绝大多数将自己归为犹太人的人们都不愿生活在以色列，他们没做移民这个国家的任何努力，没想在民族文化的名义下与其他以色列人生活在一起。的确，他们中的亲犹太复国主义者很自在地做自己国家的公民，主动参与那些国家丰富的文化生活，同时声称对他们相信永远属于他们的“先辈的土地”拥有历史权利。

不过，为免读者产生误解，我要再次强调：首先，过去和今天，我都未质疑当代犹太－以色列人生活在属于其全体公民的，民主、开放、包容的以色列国的权利。其次，过去和今天，我都未否认犹太信仰的信奉者与其圣城锡安之间强烈而持久的宗教联系的存在。这预先明确的两点并不以任何有约束力的方式随意地或盖然地联系起来。

第一，在我所能判断的范围内，我相信自己对这场冲突的政治立场一直是实用的和现实的：如果纠正过去之事是我们的责任，如果道德上的义务迫使我们承认自己给他人造成的悲剧和破坏，并在

19　上面列出的所有宗教群体都生存在注释 13 提到的犹太化王国统治的区域。例如，参见 20 世纪最伟大的历史学家之一马克·布洛克（Marc Bloch）的著作《奇怪的战败》（*L'Étrange défaite*），巴黎：加利马德出版社，1990 年，第 31 页。另见雷蒙德·阿隆：《回忆录》，巴黎：朱利亚德出版社，1983 年，第 502—503 页。

将来向成为难民的人们支付高额赔偿，那么，从时间上向后倒退只会导致新的悲剧。在这个地区，犹太复国主义的定居活动不仅制造了一个剥削性的殖民精英阶层，也催生了一个社会、一种文化、一个民族，消除这些是不可想象的。因此，无论是主张以色列应从地球上抹掉的激进穆斯林，还是盲目地将它看作世界犹太人国家的犹太复国主义者，只要反对以所有居民的公民与政治平等为基础的以色列国的生存权，那将不仅是倒错时代的愚行，还会是这一地区另一场大灾难的祸因。

第二，政治是进行痛苦让步的场所，历史学术则必须尽可能地
18 避免妥协。我一直认为，对神圣应许之地的精神向往是犹太社团身份的轴心所在，也是理解他们的基本条件。然而，对天国耶路撒冷的强烈思慕存在于受压迫、受屈辱的宗教少数群体的灵魂中，首要的是形而上的救赎期盼，而不是真的为了那里的石头或景观。无论如何，一个群体就算同某个神圣中心存在着宗教联系，那也不意味着它被赋予了这个地方部分的或全部的现代所有权。

撇开诸多的不同，对历史中的其他事例和犹太案例，这一原则同样真实有效。十字军没有征服圣地的历史权利，虽然他们与之有强烈的宗教联系，曾在那里生活很长时间，也曾以它的名义抛洒大量鲜血。圣殿骑士团也没有这样的特权，他们说南部德语，自视为选民，在 19 世纪中叶相信自己会继承应许之地。即便基督教的朝圣大军也从未梦想成为这块土地的主人，他们曾在 19 世纪走进巴勒斯坦，被它吸引，为之狂热。类似的，近些年来，数以万计的犹太人前往乌克兰城市乌曼，到拉比布拉茨拉夫的纳赫曼墓前朝拜，我们可以有把握地说，他们并未声称拥有那座城市。纳赫曼是犹太教哈西德派的创始人，巧合的是，他曾于 1799 年到锡安朝圣，时值拿破仑·波拿巴短期占领这个地区。这位拉比认为，圣地不是他的民族资产，而是创世者挥洒其大能的中心。理所当然的，他谦逊地回到

自己出生的国家，最后在那里死去，并被隆重地安葬。

不过，当西蒙·沙玛像其他亲犹太复国主义历史学家一样，提及“先祖土地和犹太经验之间的记忆关联”时，他是在否认犹太意识所应有的周到体贴。事实上，他指的是犹太复国主义记忆和自己作为盎格鲁－撒克逊犹太复国主义者的极其个人的经验。为表明这一点，我们只需看看他那本有趣的《风景与记忆》的导言，其中，他回忆了为以色列植树造林事业募集资金的经历。当时他还是个孩子，在伦敦上犹太学校：

> 这些树算替我们移民了，树林算替我们扎根故乡了。虽然我们 19
> 觉得，松林比因山羊和绵羊群四处啃吃而光秃秃的山漂亮，但我们并不确切清楚这些树有什么用。相对于满是流沙、裸露的岩石和被风吹起的红土的地方，我们的确知道，已经扎根的树林构成了正与之相反的风景。流散的人是沙子。除了稳固而高大的树林，以色列还能是什么？[20]

很具代表性的是，沙玛没有考虑许多阿拉伯村庄——及其柑橘园、仙人掌地块、周围的橄榄树林——的废墟；正是在这些废墟上，犹太民族基金会植树造林，让树木的阴影遮蔽废墟。不过这里，我们先不管沙玛的忽略吧。他比大多数人都清楚，在东欧的浪漫民族主义认同政治中，基本象征图案便是深深扎根于土地的树林。与典型的犹太复国主义写作一致，沙玛倾向于忘记——在丰富多彩的犹太传统中，植树造林从未被看作对流亡的“流沙”的一种治理方案。

再次强调，应许之地毫无疑问是犹太人渴慕的对象和集体记忆，但他们与这个地区的传统犹太联系从未采取那种民众向往民

20　西蒙·沙玛：《风景与记忆》，伦敦：方塔纳出版社，1995 年，第 5—6 页。

族家园的集体所有权的形式。犹太复国主义者和以色列作家的“以色列地”与我真正先辈——不同于神话中的先辈——的圣地没有任何相似之处，他们的根源和生命深植于东欧的意第绪文化（Yiddish culture）。说起埃及、北非和肥沃的新月地带的犹太人，他们心中对最重要、最神圣的地方充满了深深的敬畏和思慕。由于这个地方在全世界都具有如此崇高的地位，在皈依后的许多个世纪中，他们没想到那里重新定居。根据有作品流传下来的、受过拉比教育的大多数人物的看法，“上帝给予，上帝也拿走”（《约伯记》1：21）；当上帝要派来弥赛亚的时候，事物在宇宙中的秩序都会改变。只有救世主到来时，生者和死者才会聚集到永恒的耶路撒冷。在大多数
20 人看来，加快集体救赎的进程是僭越，应受到严厉的惩罚；对其他人来说，圣地主要是一个不确定的比喻概念，是内在的精神国度，而不是实际的领土。包括传统派、超正统派、改革派、自由派在内，或许在犹太拉比对犹太复国主义运动之诞生的反应中，这一事实有最为清楚的表现。[21]

我们所定义的历史不仅关注观念世界，也考察在时空中展开的人类活动。遥远过去的大众没有留下文字材料；关于信仰、想象、情感等如何引导着他们个人与集体的行动，我们所知甚少。不过，说到他们的决定和优先关注之事，其应付危机的方式为我们提供了一些深入认识的可能。

在宗教迫害期间，当犹太群体被逐出所生活的地区时，比如西班牙大驱逐，他们没有想回到圣地，而是尽力去其他较友好的地区安身。在俄罗斯帝国，当更恶毒、更残暴的原初民族主义屠杀

21　尽管并非偶然，族群中心主义最强烈的圈子中存在着一些更多与“土地”相关的概念，但来自欧洲及中东的少数朝圣客和移民证实了一种趋向，即犹太大众、精英、领导等不愿迁往锡安。

（protonationalist pogroms）开始时，受到越来越多世俗迫害的人们怀着希望，尽力要去新海岸；怀有现代民族主义意识形态的只是一个小小的边缘群体，他们向着巴勒斯坦进发，幻想着去“古老的/新的”祖国。[22]

在可怕的纳粹屠杀前后，这种情况没什么变化。事实上，从1924年的《反移民法》到1948年，正是由于美国拒绝接受欧洲反犹迫害的受害者，那些政策制定者才能将较多的犹太人迁往中东。没有这一严格的反移民政策，以色列国能否建立真不好说。

卡尔·马克思曾重述黑格尔的话说，历史会重复自己，起先是 21
悲剧，第二次是闹剧。20世纪80年代初，美国总统罗纳德·里根（Ronald Reagan）决定，允许苏联难民迁往美国，响应者众多。以色列政府的反应是尽一切手段施压，想要堵上去美国的移民之门。由于移民仍坚持去美国，不想把中东作为目的地，以色列与罗马尼亚统治者尼古拉·齐奥塞斯库（Nicolae Ceausescu）合作，限制他们做出选择的能力。在齐奥塞斯库的安全部门和腐败的匈牙利政府的配合下，超过100万苏联移民去了他们的“民族国家”，一个他们没有选择也不想在那里生活的地方。[23]

我不知道，沙玛的父母或爷爷辈是否曾有机会回到中东，回到“他们先辈的土地”。无论如何，像大多数移民一样，他们也选择向西迁移，继续忍耐“流散”的折磨。我也确信，只要愿意，西蒙·沙

22 从自由派以色列人到国际社会主义者，对于犹太复国主义新的与圣地的伪宗教联系，支持同化的人们不是唯一感到难以理解的群体。在东欧说意第绪语的人群中，崩得（Bund，立陶宛、波兰、俄国犹太劳工联合会。——译者注）是影响最广泛的准民族主义运动，它也对推进犹太人移民中东的努力深感震惊。

23 关于这一不择手段只管目标的犹太复国主义形式，参见纳提夫（Nativ）情报机构头目亚科夫·凯迪米（Yaakov Kedmi）的访谈。他证实：“在苏联犹太人看来，美国、加拿大、澳大利亚甚至德国等非以色列选项总是胜过以色列。”《新消息报》（*Yedioth Aharonot*），希伯来语，2011年4月15日。

玛任何时候都可以迁往他的“古代家园”，不过，他更喜欢用移民树作为替代，而让那些没有能力进入英国或美国的犹太人去以色列地。这让人想起一个意第绪语老笑话，说犹太复国主义者是这样一种犹太人：他向另一个人要钱，捐给第三个人，好让后者移民到以色列地。在今天，这个笑话比以往更现实，其要点我将在整本书中不断提及。

概括地说，犹太人没有在公元 1 世纪被迫离开犹大地，也没有自愿“回归”20 世纪的巴勒斯坦和其后的以色列。历史学家的职责是揭示过去而非预知未来。做出下述预言时，我完全清楚所冒的风险：在 20 世纪，由于民族主义所推动的反犹主义，流亡与回归的
22 神话是一个极其火热的话题，不可能在 21 世纪冷却。冷却能发生在什么时候呢？只有在以色列国改变政策之后，在它停止唤醒恐犹症、引发世界新恐怖的行动与做法之后。

先辈土地的名称

本书的目标之一是回答，作为应由“犹太人民”统治的、一个变动着的领土空间，“以色列地”是如何被虚构出来的？同样，我曾在别处长篇大论，在这里简短论及，“犹太人民”也是经由意识形态建构后发明的。[24] 这块土地对西方来说极具魅力，不过，在进入其神秘深处的理论旅程之前，我必须先提请读者注意它所在的概念体系。

24　有三部著作论及本书主题，不过基本上，它们都给出了不同的见解和结论。参见让－克里斯托弗·阿提亚斯（Jean-Christophe Attias）和埃斯特·本巴萨（Esther Benbassa）：《以色列移民》（*Israel Imaginaire*），巴黎：弗拉马伦出版社，1998 年；埃利泽·施韦德（Eliezer Schweid）：《祖国与应许之地》（*Homeland and a Land of Promise*），特拉维夫：阿莫韦德出版社，希伯来语，1979 年；约阿德·埃利亚兹（Yoad Eliaz）：《土地 / 文本：犹太复国主义的基督教根源》（*Land/Text: The Christian Roots of Zionism*），特拉维夫：莱斯灵出版社，希伯来语，2008 年。

如在其他民族语言中常见的那样，犹太复国主义的事例也包含着自己的语义学操控，充满了令任何批评话语都头痛的时代误植。

对于这个问题多多的历史词汇，在这篇简短导言中我想谈一个突出的例子。术语“以色列地”与以色列国的主权领土并不符合，而且从未符合。许多年来，它曾被广泛用于指称地中海和约旦河之间的地区，而较晚近的时候，它还被用于指称约旦河以东的广大地区。在超过一个世纪的时间里，这个流动的术语是犹太复国主义进行领土想象的动力源泉和导航仪器。对于不在希伯来语环境生活的人们来说，这个术语的分量和它对以色列人意识的影响很难被充分理解。从教科书到博士论文，从严肃文学到历史学术写作，从诗与歌曲到地理政治学，这个术语一直发挥着规范的作用，将以色列的政治感受和文化产出的各分支统一起来。[25]

在以色列书店和大学图书馆的书架上，无数册书谈论着相关的 23
主题，如“史前以色列地”“十字军统治时期的以色列地”“阿拉伯占领期的以色列地”等。在外语书籍的希伯来语版本中，“巴勒斯坦”一词被系统地换成了“以色列地”。西奥多·赫茨尔（Theodor Herzl）、马克斯·诺尔道（Max Nordau）、伯尔·伯罗霍夫（Ber Borochov）及其他许多重要的犹太复国主义人物与绝大多数他们的支持者一样，使用标准的术语“巴勒斯坦”（Palestine），或者很多那时的欧洲语言使用的拉丁语形式“Palestina”；然而，即便是他们的

25　在现代希伯来语中，这个术语还用作形容词，例如，与以色列人经验相对的“以色列地经验”“以色列地诗歌”“以色列地景观”等。多年来，以历史和地理学科为基础，一些以色列大学成立了单独的科系，其领域是排他性的“以色列地研究”。有关对这一教育内容的意识形态正当性的支持，参见耶胡沙·本－阿里：《作为历史－地理研究课题的以色列地》（“The Land of Israel as a Subject of Historical-Geographic Study”），见《反映在其过去之中的土地》（*A Land Reflected in Its Past*），耶路撒冷：马格尼斯出版社（Magnes），希伯来语，2001年，第5—26页。

作品被翻译为希伯来语时，人们也将那个词改为“以色列地”。有时候，这种语言政治会显得荒唐可笑，比如说，天真的希伯来语读者搞不明白，20 世纪初犹太复国主义运动讨论在乌干达而不是在巴勒斯坦建立犹太国时，反对这一计划的人们为什么被称为是“巴勒斯坦中心主义的”。

一些亲犹太复国主义的历史学家还试图把这个术语引入其他语言。这里，西蒙·沙玛依然提供了显著的例子，他把自己纪念罗斯柴尔德家族殖民事业的书命名为“两位罗斯柴尔德与以色列地”[26]，而不顾所涉及的历史时期的事实：不仅所有欧洲语言都习惯用“巴勒斯坦”一词，沙玛的书讨论的所有犹太人物也是如此。英裔美国历史学家伯纳德·李维斯（Bernard Lewis）是另一位忠实的犹太复国主义事业支持者，他在一篇学术论文中走得更远；为尽可能少用“巴勒斯坦”这个术语，他写出了下面的句子：“犹太人把以色列地（Eretz Israel）这个国家称作以色列地（the Land of Israel），用以色列和犹大指称所罗门王死后分裂成的两个王国。”[27]

24 毫不奇怪，犹太－以色列人确信，这个名称具备永恒的清晰本质，在理论上和实践中其所有权都全无质疑的余地，他们相信自上帝许诺它以来一直有效。如我在别处以略显不同的方式论述的那样，与说希伯来语的人借助“以色列地”的神话来思考相比，神话式的以色列地更多地通过这些人来思考自己，而且在这么做的时候，塑造出一种带有政治与道德意味的民族空间的形象，而我们或许不是总能注意到它。[28] 自 1948 年建国以来，以色列地与以色列国的主权领土

26 《两位罗斯柴尔德与以色列地》（*Two Rothschilds and the Land of Israel*），伦敦：柯林斯出版社，1978 年。

27 伯纳德·李维斯：《巴勒斯坦：一个名称的历史与地理》（“Palestine: On the History and Geography of a Name”），载《国际历史评论》2：1，1980 年。

28 施罗莫·桑德：《名称与土地：以色列知识分子和民族主义神话》（*The Words* (转下页)

从未有过相符的时候，这一事实有助于我们洞察绝大多数犹太－以色列人典型的地理政治心态和对待边界或边界缺失状况的态度。

历史有时令人啼笑皆非，尤其是涉及一般传统的发明，或者具体而言，语言传统时。人们很少注意到或不愿承认，《圣经》文本中的以色列地不包括耶路撒冷、希布伦、伯利恒及其周边地带，而仅仅指撒玛利亚及其相邻地区。换言之，它仅指北方以色列王国的土地。

由于从来不存在一个包括古代犹大和以色列的统一王国，涵盖二者地域的希伯来语词汇也从未出现过，结果是，所有《圣经》文本都采用埃及法老式的名字指称这一地区——迦南地。[29] 在《创世记》中，上帝向第一个皈依犹太教的人亚伯拉罕许诺："我要将你现在寄居的地，就是迦南全地，赐给你和你的后裔，永远为业。"（《创世记》17：8）以同样鼓励的、父辈般的口吻，他后来命令摩
西道："你上这亚巴琳山中的尼波山去，在摩押地与耶利哥相对，观 25
看迦南地。"（《申命记》32：49）以这种方式，这个常见的名字出现在 57 处文字中。

相比之下，耶路撒冷总是位于犹大地。作为一个地理政治名称，犹大随着大卫家族小王国的成立而确定下来，在《圣经》中出现过 24 次。《圣经》诸卷中，没有哪个作者梦想把上帝之城的周围叫

（接上页）*and the Land: Israeli Intellectuals and the Nationalist Myth*），洛杉矶：塞米欧泰克出版社，2011 年，第 119—128 页。

29 关于统一王国的从未存在，参见以色列・芬克尔斯坦和尼尔・A. 西伯曼：《考古发掘映照下的〈圣经〉》，纽约：试金石出版社，2000 年，第 123—168 页。"迦南地"一词曾出现在美索不达米亚尤其是埃及的材料中。《创世记》中有一处，迦南用来指"希伯来人之地"（40：15）。由于对指称这个地区的圣经名字感到不安，犹太复国主义者做了一些努力，以在一定程度上"纠正"书写文本。见约哈南・阿哈罗尼（Yohanan Aharoni）：《圣经时代的以色列地：历史地理学的考察》（*The Land of Israel in Biblical Times: A Historical Geography*），耶路撒冷：比亚利克出版社，希伯来语，1962 年，第 1—30 页。

作“以色列地”。因此，《历代志下》记述道：“他又拆毁祭坛，把木偶和雕刻的像打碎成灰，砍断以色列遍地所有的日像，就回耶路撒冷去了。”（《历代志下》34：7）与犹大地相比，以色列地被认为是更多罪人的家。它还出现在另外 11 处文字里，多是以批评的口气提到的。最后，《圣经》作者们说到的这个基本空间概念与古代时期的其他材料相符合。在任何文本或考古发掘中，我们都未发现用术语“以色列地”指向确定的地理区域的情况。

对于以色列史学所谓“第二圣殿时期”这个更广泛的历史时期，上述概括依然适用。根据我们掌握的一切文字资料，无论是公元前 167—前 160 年成功的哈斯蒙尼起义，还是公元 66—73 年失败的奋锐党反抗，都不是发生在“以色列地”。从《马加比》上下两卷或别的次经文本中[30]，从亚历山大的斐洛的哲学文章或弗拉维乌斯·约瑟夫斯的历史写作中，人们都找不到这个术语。在某种形式的犹太王国——无论是拥有主权的还是在别人保护下的——存在的许多年里，这个名字从未被用来指称从地中海到约旦河的地区。

地区和国家的名称会随着时间而变，有时候，用后来的历史所给予的名字指称古代地域是常见的。不过，只是在所说的地方没有已知的或已被接受的名字的情况下，人们才采纳这一语言学惯例。
26 例如我们都知道，汉谟拉比统治的是巴比伦而不是永恒的伊拉克地，尤利乌斯·恺撒征服的是高卢而不是伟大的法兰西地。然而，很少有以色列人意识到，杰西的儿子大卫和约西亚王统治的地区是迦南或犹大，马萨达的群体自杀不是发生在以色列地。

不过，以色列学者若无其事、毫不犹豫地重复着这种语言上的时代错误，不受其问题多多的语义学上的“过去”的困扰。耶胡达·埃

30 《托比传》（*Tobit*）看起来写于公元前 2 世纪纪初，曾有一次用“以色列地”来指以色列王国的土地。（14：6）

利茨乌（Yehuda Elitzur）是巴尔伊兰大学的《圣经》与历史地理学资深学者，他以罕见的坦率总结了那些以色列学人的民族主义－科学立场：

按照我们的观念，我们与以色列地的关系不应简单等同于其他民族与祖国的关系，其中的区别不难觉察。我们还未进入这块土地时，以色列就已经是以色列了。进入流散期许多个世代之后，以色列还是以色列。甚至在一片荒芜的时候，这块土地依然是以色列地。别的民族不是这样的。人们之所以是英国人，凭依的是他们生活在英国的事实；英国之所以是英国，原因是那里住着英国人。在一代或两代人以后，离开这个国家的英国人就不再是英国人了。如果英国没有了英国人，它也不再是英国了。所有民族都是这样的。[31]

正如“犹太人民”被看作永恒的“民族”，“以色列地”也成为实体，像它的名字一样不会改变。在所有关于《圣经》和“第二圣殿时期”文献的上述书籍的解读中，以色列地被描述为一块确定的、稳固的、受到认可的领土。

下面的例子将证明这一点。2004 年，《马加比二书》的一部高质量希伯来语新译本出版了，在其导言和脚注中，“以色列地”出现了 156 次。哈斯蒙尼人自己可不知道，他们是在叫着那个名字的地方领导的起义。耶路撒冷希伯来大学的一位历史学家做了类似的跨越，他出版了一部学术著作，名为“哈斯蒙尼文献中作为政治概念的以 27
色列地”，虽然其所说的时期并不存在那个概念。近些年里，这一地理政治神话极其盛行，以至于弗拉维乌斯·约瑟夫斯作品的编辑们

31　耶胡达·埃利茨乌：《〈圣经〉思想中的以色列地》，见耶胡达·夏维夫（Shaviv）：《埃里兹·纳克哈拉》（*Eretz Nakhala*），耶路撒冷：世界米兹拉西中心，希伯来语，1977 年，第 22 页。

大胆地将术语“以色列地”用在了所译的文本之中。[32]

事实上，作为指称这个地区的许多名字之一——其中一些同样为犹太传统所接受，如圣地、迦南地、锡安地、瞪羚之地等——“以色列地”一词是后来的基督徒和犹太拉比发明的，原意是神学而非政治的。我愿谨慎地指出，它首次出现是在《新约》的《马太福音》。显然，如果这个基督教文本作于1世纪末的假设是正确的，那么术语“以色列地”的使用的确可以看作是突破性的：“希律死了以后，有主的使者，在埃及向约瑟梦中显现，说：‘起来，带着小孩子和他母亲往以色列地去。因为要害小孩子性命的人已经死了。’约瑟就起来，把小孩子和他母亲带到以色列地去。”（《马太福音》2：19—21）

这里，用“以色列地”一词指称耶路撒冷周边的用法是孤立的、一次性的。它很不寻常，因为《新约》的绝大多数地方用的是“犹大地”。[33] 新术语的出现或许源于第一批基督徒，他们把自己看作以色列之子，而不是犹太人。此外，我们也无法排除另一种可能，即它是在很久之后才被塞入这个古老文本中的。

术语“以色列地”扎根犹太教是在圣殿被毁后，当时，由于三次反异教徒起义的失败，在整个地中海地带，犹太一神教显示出衰落的迹象。只是在公元2世纪，当犹大地按照罗马的命令成为巴勒斯
28 坦后，当彼时的一个重要阶层皈依基督教后，在《密西拿》和《塔木德》中，我们才看到术语“以色列地”首次犹疑不定的出现。而且，

32 《马加比二书》（*The Second Book of Maccabees*），导言部分，乌里尔·拉帕鲍特（Uriel Rappaport）翻译和评注，耶路撒冷：伊萨克·本－兹维研究所，2004年，希伯来语；多伦·曼德尔斯（Doron Mendels）：《哈斯蒙尼文献中作为政治概念的以色列地》（*The Land of Israel as a Political Concept in Hasmonean Literature*），图宾根：莫尔出版社，1987年。比如，参见《犹太人反抗罗马战争史》（*History of the Jewish War against the Romans*），华沙：斯提贝尔出版社，1923年，第2卷，4：1和1—15：6。更晚近的译本见第7卷，3：3，拉马特甘：马萨德出版社，希伯来语，1968年，第376页。

33 例如，见《马可福音》1：5，《约翰福音》3：22和7：1，《罗马书》15：31。

这个名词的采用还可能由于一种深切的担忧：担心巴比伦的犹太人中心不断增长的力量，担心它对犹太知识分子越来越大的吸引力。

不过，如上面提到的，尽管基督教和拉比使用了这个术语，它与民族主义时期犹太人与这个地区相关联的那个词含义仍不尽相同。古代和中世纪有一些概念，如“以色列人民”“特选子民（人民）”“基督教子民（人民）”“上帝子民（人民）”等，它们与今天在说“现代人民”时的含义大相径庭；类似的，在犹太和基督教传统中，“应许之地”“圣地”跟犹太复国主义者的“祖国”也不一样。从尼罗河到幼发拉底河，上帝许诺的土地包括了半个中东，而在《塔木德》的以色列地中，宗教的和有限的边界区分出的总是一些不连续的小地块，并被赋予不同的神圣级别。犹太人的思想传统漫长且多样化，但是，这些分界从未被设想为政治主权的边界。

只是到了 20 世纪初，在新教的熔炉出现多年之后，神学概念“以色列地”才最终转变和提炼为明确的地理民族概念。从拉比传统中，在某种程度上是为了取代“巴勒斯坦”一词，主张移民开拓的犹太复国主义借用了这个术语。如我们已看到的，那时候巴勒斯坦一词不仅在整个欧洲广泛使用，第一代犹太复国主义领袖也都使用它。而在移民者的新语言中，以色列地成为指称这个地区的唯一名字。[34]

这一语言学工程是民族中心主义的记忆建构的一部分，这种记忆建构后来涉及地区、地段、街道、山脉、河床名字的希伯来化。它让犹太民族主义记忆后退了惊人的一步，略过了这个地区漫长的
非犹太人历史。[35] 不过，对我们的讨论来说更有意义的是一个事实： 29

34　甚至 19 世纪 80 年代末的歌曲《希望》用的也是“锡安地”，而不是“以色列地”。指称这一地区的所有其他犹太名字都出局了，从民族话语文化中消失了。

35　1949 年，大卫·本－古里安解释了做这一努力的理由：“为了国家，我们必须 （转下页）

这一地域的命名既不包括也不涉及当地的大批人口，因此这一命名更容易将他们看作承租人的聚合或暂时的住户。术语“以色列地”帮助塑造了一种广为接受的空地意象——“没有人民的土地”永远是为“没有土地的人民”准备的。这个虚假意象流传很广，但其实是福音派基督徒发明的；对它的批判性审查能使我们更好地理解1948年战争期间难民问题的形成，理解1967年战争后开拓定居的复兴。

之所以写这本书，我主要是想解构犹太人对以色列地的“历史权利”概念，解构相关的民族主义叙事，它们的唯一目的是构建领土攫取的道德正当性。从这个角度看，本书努力想要批判犹太复国主义的以色列体制的官方史学，并在此过程中，追踪逐渐萎缩的犹太教内犹太复国主义重大范式革命的后果。从一开始，犹太民族主义对犹太宗教的反抗就牵涉对后者词汇、价值、象征、节日、仪式等的稳步增长的工具化。世俗犹太复国主义的移民事业从一开始，就需要一件正式的宗教服饰，既用来维持和加强“民族”的边界，也用以定位和认同其“先辈土地”的边界。与犹太复国主义的社会主义梦想的消失一道，以色列的领土扩张使得这件正式服饰更显重要。到20世纪末，在政府和军队中，它支撑着以色列民族宗教的意识形态体制的地位。

不过，我们不应被这一相对晚近的进程欺骗。揭开这块土地神秘面纱的不是上帝之死，而是上帝的民族化，它把土地变成了新犹太民族能随心所欲地践踏和建设的一片土壤。如果对犹太教来说，

（接上页）去除阿拉伯名字。正如我们不承认阿拉伯人对这块土地的所有权，我们也不承认他们的精神所有权和他们的名字。”引自梅隆·本维尼斯提（Meron Benvenisti）：《神圣的风景：1948年以来圣地被埋葬的历史》（*Sacred Landscape: The Buried History of the Holy Land since 1948*），伯克利：加利福尼亚大学出版社，2000年，第14页。

形而上的流亡的反面首要是弥赛亚救赎，是拥有与这块土地的精神 30
联系，而不是对它提出实际的要求，那么对犹太复国主义来说，想象的流亡的反面已经得以显明，即通过创造一个地理的、实实在在的现代祖国，实现对土地的主动救赎。然而，由于缺乏永久的边界，这一祖国对其居民和邻居都很危险。

第一章

制造祖国：生物学需要还是民族资产？

什么是国家？通常是由非自然边界围起来的一块土地。英 31
国人在为英国而死，美国人在为美国而死，德国人在为德国而死，俄国人在为俄国而死。如今，有五六十个国家正在这场战争中战斗。肯定有不少不值得为它而死的国家。

——约瑟夫·海勒，《第22条军规》，1961年

国家的“外在疆界”必须变为“内在疆界”，或者说，外在疆界必须不断想象为内在集体人格的投射和保护者；两个说法是一回事。每个人都将那集体人格藏于内心，它使我们能够生活在我们总是觉得并将一直觉得像在家里一样自在的国家土地上。

——埃提安讷·巴利巴尔（Etienne Balibar），
《民族形式：历史与意识形态》，
见《种族、民族、阶级：含糊的身份》，1988年

在20世纪末和21世纪初，对于现代祖国的构建，有关民族和民族主义的理论探讨仅仅分出了一点点注意力。国家实现其主权的“硬件”即领土空间，没有获得像“软件”那样的学术关注；所谓软件，我们指的是文化与政治主权的关系，或是历史神话在塑造民族实体过程中发挥的效用。不过，正如没有一种政治机制或虚构的历史，

民族制造的项目就无法开工，这些项目还需要有对领土的地理－物理想象，使之成为思乡记忆的恒定中心，并自我支持。

什么是祖国？“它是甜蜜的和适于”死去的地方，像贺拉斯说
32 的那样？在过去两个世纪中，许多民族主义志士引用过这句著名格
言[1]，虽然意思不同于公元前 1 世纪那位杰出诗人所想表达的。

今天使用的许多术语源于古代语言，我们很难区分它们在过去的精神实质和当下的感受。不经细致的历史编纂学努力，一切历史概念化都有时代倒错的可能。“祖国”（homeland）概念就是一个重要事例；如我们已指出的，它存在于很多别的语言中，所具有的道德含义不尽相同。

在古老的希腊方言中，我们找到了术语 patria（祖国）和稍晚些的 patris，后来，它们以 patria 的形式进入古拉丁语。这个术语源于名词“父亲”（pater），它在许多现代欧洲语言中留下了印记，如意大利语、西班牙语、葡萄牙语中的 patria，法语中的 patrie，以及其他语言中的变形。它们全都来自罗马人的古代语言。这个拉丁术语的含义催生了英语中的“祖国”（fatherland），德语中的 vaterland，还有荷兰语中的 vaderland。不过，一些同义词将其祖国概念的基础放在母亲（mother）一边，如英语中的 motherland，或是放在家（home）的概念上，如英语的 homeland、德语的 heimat、意第绪语的 heimland。对照来看，在阿拉伯语中，术语 watan 的词源则与财产权或继承权相关。

1 “Dulce et decorum est pro patria mori.” 贺拉斯，《颂歌》3.2，见《颂歌与抒情诗》，剑桥：哈佛大学出版社，洛布古典丛书，2004 年，第 144—145 页。这些句子写于公元前 23 年到前 13 年。在犹太复国主义者对它的转用中，同样的情感用“为我们国家而死是好的”来表达。人们认为，说这句话的是约瑟夫・特鲁皮多尔（Josef Trumpeldor）；1920 年，这位犹太定居移民先锋死于跟当地阿拉伯人的冲突。年轻时，特鲁皮多尔学过拉丁语，因此，可能他死前是在引述贺拉斯的话。

犹太复国主义学者构建了现代希伯来语，他们的母语一般是俄语和 / 或意第绪语。这些人从《圣经》中借用了 moledet 一词，显然追随的是俄语 rodina 的例子，其含义接近于出生地或家庭起源。Rodina 与德语的 heimat 较相似，带着些浪漫的或许还有些性期盼的意味，与犹太复国主义者同神话化的犹太祖国的关系是一致的。[2]

不管怎样，从古代地中海经中世纪欧洲，祖国概念抵达了现代 33
时期的大门口。一般来说，与之关联的种种含义跟民族主义兴起以来它被理解的方式并不一致。不过，在深入探讨之前，对于人和他们居住地区的关系，我们必须首先承认并排除一些流传甚广的先入之见。

祖国——自然生存空间？

1966 年，人类学家罗伯特 · 阿德利扔出了一枚小小的社会生物学炸弹，在当时来说相对广泛的读者群中，意外地激起了强烈反响。他出版了一本书《领地冲动：对财产权与民族的动物起源的个人探询》[3]，意图挑战我们思考领土、边界和生存空间的方式。到那时为止，人人都相信，保卫家、村庄或祖国是观念兴趣（conscious interest）和历史文化发展的产物。阿德利则想证明，明确的空间和边界意识深深扎根于生物学和进化之中。他认为，人类有一种本能冲动，要尽力占据领地并保护它，而这一遗传冲动决定着不同环境下一切生物的行为方式。

经过对各种动物的长期观察，阿德利得出结论：许多动物有领

2　关于俄语词 rodina 和德语词 heimat 的关系，参见皮特 · 毕克乐（Pater Bickle）：《Heimat：有关德国祖国观念的批判理论》，纽约：凯姆登出版社，2002 年，第 2—3 页。

3 《领地冲动：对财产权与民族的动物起源的个人探询》，纽约：阿斯纽姆出版社，1970 年。

地冲动——如果不是全部的话。不同物种的动物对领地的要求是一种经变异和自然选择发展而来的先天本能。细致的调查研究显示，领地动物会向穿越其生存空间者发起凶猛的攻击，特别是对同物种动物。学者们以为，在特定地域，雄性动物间的冲突似乎展示的是对雌性的竞争，但那其实是残酷的领土之争。更令人惊讶的是，阿
34 德利发现，对领地的控制令控制者充满了试图侵入者所缺乏的能量。绝大多数物种中存在着“对领地权的普遍认可”，它限制和决定着各物种中的所有权力关系系统。

阿德利问道，动物为什么需要领地？两个最重要的原因是：首先，动物会选择靠近食物和水源的特定地域，以维持自己的生存；其次，领地有着防卫缓冲区的功能，面对其他掠食者，动物能以此保护自己。这些原始的空间需求源于长期的进化发展，已成为“领地主义者”基因遗传的一部分。这一自然遗传产生了边界意识，提供了鱼群和牛羊等群体存在的基础。保卫生存空间的动物需求驱动着它们的集体社会化，会使统一的群体跟同物种的其他群体进行战斗。

如果阿德利仅仅讨论动物，他的研究将只是动物行为学专家之间的辩论主题，受到的关注不会那么大——虽然他表现出了引人注目的修辞技巧和丰富多彩的语言能力。[4]不过，他的理论目标和结论有着大得多的雄心。越出动物学领域的经验假设，他还希望理解一代代传下来的人类行为“游戏规则”。阿德利相信，对生物世界领地方面的揭示能使我们更好地认识世界上的民族，认识历史上民族之间的冲突。在此基础上，他得出了下述重大结论：

4　对此的更多讨论，参见杰弗里·格里尔（Geoffrey Gorer）：《阿德利论人类本性：动物、民族、责任》（“Ardrey on Human Nature: Animals, Nations, Imperatives”），收录于阿希礼·蒙塔古（Ashley Montagu）主编：《人类与侵略》（*Man and Aggression*），伦敦：牛津大学出版社，1973 年，第 165—167 页。

> 如果我们保卫土地的所有权或国家主权，那么，与低等动物相比，我们的理由没什么区别，同样是内在的，同样是根深蒂固的。当一只狗从主人篱笆后向你吠叫时，其动机就是主人建造篱笆的动机。[5]

因此，人类的领地欲望是一种古老的生物冲动的展示，塑造着 35
人类行为的那些最基本方面。阿德利还往前走了一步，认为“相较于人与他同床共枕的女人的关系，人与他走在其中的土地的联系更牢固”。他用设问句支撑这一论断 :“在你一生所认识的人中，有多少为他们的国家死了？有多少是为女人死的？”[6]

最后的设问让我们清楚知道了作者生存的年代。作为生于 1908 年的美国人，阿德利成长在第一次世界大战及其后时期，他了解战争导致的伤亡。成年后，他认识许多“二战”一代的人，还见证了朝鲜战争和越南战争。他的书写于“越战”初期，包含了 20 世纪 60 年代国际局势的一些重要方面。去殖民化进程发端于“二战”的结束，其将那时存在的“国家领土”扩充了一倍多。虽然“一战”后也出现了新国家的成立浪潮，但这一进程的顶点是所谓第三世界国家的出现。此外，在印度、中国、阿尔及利亚、肯尼亚等地，民族解放战争志在争取确定的独立国家领土，绘制出一幅无所不包的斗争场景。到战斗停下来时，在西方之外，民族主义情感的传播赋予地球以广泛的多样性，给它装点了近两百面色彩斑斓的国旗。

一般来说，社会生物学的科学想象对历史的理解完全是错的。首先，像其他社会科学一样，社会生物学最后也要修改术语，使之适应该领域学者在生命历程中看到的社会与政治进程带来的概念副产品。不过，社会生物学家往往没有注意到，历史中后来发生的事

---

5 阿德利 :《领地冲动》，第 5 页。

6 同上书，第 6—7 页。

经常能解释以前的事，反过来则不然。从社会经验中，这些自然研究者借用了他们的绝大多数术语，再为增进对所考察的生物环境的
36 认识而剪裁它们。其次，他们将焦点重新放在人类社会，试图通过使用自然世界的术语和意象来更好地理解它，而这些术语和意象最初借自与历史进程相伴并由之导致的概念化。举例来说，想想 20 世纪 40 年代为领土而战的民族主义战争，40 年代末到 60 年代为民族家园而进行的激烈斗争，想想看，它们是如何被看作催化剂，根深蒂固地内在于绝大多数生物的进化过程中。

社会生物学的生物决定论与同样有名的地理决定论路径之间既有显著的区别，也存在一些相似之处。德国地理学家和民族志学者弗里德里希·拉采尔（Friedrich Ratzel）及后来的卡尔·豪斯霍夫（Karl Haushofer）等人发展了地理决定论。“地理政治学”一词不是拉采尔造出的，不过，人们认为他是创造者之一。在地理政治学中，一些人坚定地加入了对生物条件的复杂思考，拉采尔位列其中最早的一批。虽然他不赞成简单的种族主义理论，但他相信，低等民族必须为拥有先进文明的民族服务，通过这样的接触，前者将达到其文化与精神的成熟状态。

作为前生物学家，达尔文主义的忠实信徒拉采尔也相信，民族是个有机体，其发展需要经常改变领土边界。正如成长的时候，一切生物的皮肤都会延展，祖国也要扩大，也必须扩张其边界——尽管它也会收缩乃至消失。“民族不是在同一块土地上一代代保持不变的，”拉采尔宣布，“它必须扩张，因为它会生长。”[7] 虽然他相信，扩张伴随着文化活动而来，并不必然是侵略行为，但他是“生存空间”

7　引自大卫·托马斯·墨菲（David Thomas Murphy）：《英雄的地球：魏玛德国时期的政治地理思想，1918—1933 年》（*The Heroic Earth: Geopolitical Thought in Weimar Germany, 1918–1933*），美国俄亥俄州：肯特州立大学出版社，1997 年，第 9 页。

（lebensraum）一词的发明者。

卡尔·豪斯霍夫再向前推进一步，发展了民族生存空间理论。两次世界大战的中间时期，在深受领土困扰的德国，他的研究领域地理政治学很受欢迎，这并非偶然。在英国、美国乃至更早些的斯堪的纳维亚地区，这个专业有许多支持者，他们希望以自然进程类型为基础来说明国际上的权力关系。20 世纪，民族－国家间的紧张 37
关系不断加剧，在试图对它进行总体解释的理论工具箱中，对地域的渴望成为重要的一环。

地理政治学逻辑认为，在人口的稳定和增长时期，每个民族都需要生存空间，亦即需要对原民族家园进行扩张。德国的人均领土占有面积低于周边国家，因此它有扩展边界的民族与历史权利。按照设想，扩张应发生在一些经济贫弱地区，在扩张发生时或者过去，它们曾是属于一个“族群”的德国人民的家园。[8]

19 世纪末，德国较晚加入了殖民竞争，这为流行的“生存空间”理论的繁荣提供了适宜的环境。德国人觉得，在帝国主义列强的殖民地分赃中，德国吃亏了。“一战”结束后，这个国家被迫接受了和平协议，德国人更是觉得遭受了挫折。由此，根据上述理论，德国不得不进行领土扩张，那符合整个历史中国家关系所遵循的自然法。起初，非德国地理学家对这一前景很有热情。

不过，当自然法完全基于族群起源和土地时，它催生了地理政治学与族群中心主义之间极不稳定的关系。其结果是，德国的局势迅速爆炸了。表面上，豪斯霍夫及其同事们并未直接影响希特勒和他的政权，然而实际上，他们间接地为元首无尽的征服欲望提供了意识形态上的正当性。纳粹遭到军事失败后，他们的理论被“科学地”

8 更多有关豪斯霍夫的内容，参见《英雄的地球：魏玛德国时期的政治地理思想，1918—1933 年》，第 106—110 页。

消除了。[9]阿德利的流行理论也被很快忘记，虽然社会生物学理论仍不时地受到很多关注，但它在家园变迁之事上的应用不断消退。阿
38 德利的分析颇具吸引力，但最终，动物行为学离弃了作为阿德利及其部分同事的领土行为路径之特征的严格决定论。[10]

首先，很明显的是，像黑猩猩、大猩猩、狒狒等与人类最相近的高级灵长类动物，它们根本不是“领土主义者”，其行为与环境的关系也跟阿德利的描述相距甚远。鸟类据称是最注重领地的动物，但也更多地受制于环境的变化，而不是遗传冲动。人们就动物生存条件的改变做了一些实验，它们证明，当地理－生物变化发生时，侵略行为可能会有其他表现方式。[11]

拥有广阔历史知识的人类学家需要时刻记得，就我们所知，人类起源于非洲，人口的增长与繁盛只是由于这样一个事实——他们没有固定在熟悉的地域，而是用轻快的腿脚四处迁徙，不断征服世界。随着时间的前行，为找寻新的生存之地和鱼类资源更丰富的海岸，狩猎者和采集者不停前进，越来越多地用部落群体填塞这个星球。只是在自然界满足了他们的基本需求后，人们才在某个地方停下，在某种意义上将它变为家园。

后来，是什么以一种稳定和持久的方式将人们固定在土地上的？

9　地理政治学用了很长时间才从纳粹统治的经历中恢复。到 20 世纪 70 年代末，它再次成为正当的研究领域。参见大卫·纽曼（David Newman）:《地理政治学的复兴：领土、主权和世界政治地图》（“Geopolitics Renaissant: Territory, Sovereignty and the World Political Map”），收录于大卫·纽曼主编的《边界、领土和后现代性》（*Boundaries, Territory and Postmodernity*），伦敦：F. 卡斯出版社，1999 年，第 1—5 页。

10　尤其参见康拉德·洛伦兹（Konrad Lorenz）的知名著作《论侵略》（*On Aggression*），伦敦：梅苏恩出版社，1967 年。

11　关于这一主题，参见约翰·胡莱尔·克鲁克（John Hurrell Crook）:《领土侵略的本性与作用》（“The Nature and function of territorial aggression”），见蒙塔古主编：《人类与侵略》，第 183—217 页。

不是获取永恒领土的生物学倾向，而是农业种植的兴起。从游牧到定居，这一转变首先发生在河流冲积地带，在那里，不需要一般而言应有的复杂人类知识，河流自行改进了农业用地。逐渐地，越来越多的人熟悉了定居生活。土地耕作独自奠定了领土文明发展的基础，这是由一些后来成长为大帝国的社会率先进行的。

不过，在美索不达米亚、埃及、中国等地，此类早期王国并未 39
发展出在土地上劳作的全部人口共有的集体领土意识。不像分割农民或奴隶生存空间的边界，这些庞大帝国的边界不存在于民众的意识中。我们可以设想，在一切农业文明中，土地对食物生产者都是重要的。我们还可以设想，这些人和他们工作于其中的土地有着某种精神联系。不过，对于更广阔的王国边界，他们是否有与自己相关联的感受？这很值得怀疑。

在游牧和农业的古代传统文明中，土地有时被想象为女性神祇，她负责生育，负责创造生存在土地上的一切事物。[12] 各大陆都有一些部落或村庄，它们将自己土地的某些部分看成神圣的，但这种神圣地位的赋给与现代爱国主义毫无相像之处。土地几乎总是被认为属于神，而不是属于人。许多事例表明，古代人自视为暂时使用土地的雇工或租户，与主人毫不沾边。通过其宗教代理人，诸神——或一神教兴起后的上帝——将土地授予信徒们，并在他们遵行仪式有亏时自由地收回土地。

出生地还是公民共同体？

阿德利将民族领土主义的起源追溯到生物界。跟他不同，历史学家把我们今天所知的“祖国”的诞生与这个术语在古代文本中的

12 例如，希腊神话中最早的土地女神盖亚、迦南的女神阿舍拉（Asherah）。

出现联系起来。研究过去的学者广为接受的一种做法是，写到民族时，好像它从文明一开始时就存在了一样。的确，不仅许多通俗历史书籍，甚至许多历史学术著作也描述了永久的、普遍的祖国。

不同于人类学家，历史学家最基本的原材料是书写文本。因此，从通常称作原始材料的东西出发并以它为基础，历史学家开始对过
40 去进行构建。当然，历史学家对谁制作了材料的问题很有兴趣，也想了解材料制作的环境。人们都承认，“好”历史学家首先必须是小心细致的文献学家。虽然如此，我们难得遇见这样的学者：他从未忘记一个事实，即如果材料留存到了今天，一代代传下来的材料也几乎都是人数很少的、受过教育的精英提供的，而他们只占全部前现代社会的极小一部分。

这些文字极其重要，没有它们，我们将对历史知之甚少。虽然如此，无论是文学的、法律的还是其他社会活动领域的材料，若不考虑一切文字证据的主观性和狭隘的知识分子视角，任何有关过去世界的假设、判定、结论终究没什么大的价值。即便历史学家意识到了自己叙事重构的技术，他们也必须承认，自己永远无法了解在土地上劳作的人们的真正思想和感受，后者是所有过去社会中未留下文字痕迹的沉默多数。我们知道，每个部落、村庄、山谷都有各自的方言。游牧部落成员和被土地束缚着的农民仅有极其有限的交际手段，他们缺乏基本读写知识，不需要发展出复杂词汇去应付工作、生育乃至祈祷之事。在农业世界，交流通常以直接接触、手势、嗓音为基础，而不是无所不包的抽象概念，后者由共同体的少数有教养的成员发明和记录在书写文本中，其中一些我们今天还能看到。

王室书吏、哲学家、教士、神父等为下一代准备了丰富的信息，从文化和社会方面来说，他们与土地贵族、城市富裕阶层、军事阶层有着共同的利益。问题在于，考虑基本体系的概念化和就整体而

言的社会实践时，历史学家太过经常地把这种材料看作易于获取的、无偏差的全面资料库，这导致了普遍的将术语错误地、不加区别地应用于前现代社会的情况，如“种族”、“民族”（ethnos）、“国家”、“民众的迁徙”、“民族国家”等。

原始材料像探照灯的光束，在吞噬一切的黑暗海洋中，它照亮 41
的是小块儿的个别地带。一切历史叙述最终都是文字遗存的俘虏。细致的研究者知道，他们必须小心翼翼地航行在此类人工制品中；他们的工作必须排除错觉，清楚自己的写作依靠的是指向一小群精英之精神的历史产品，代表着冰山的一个小角——这座冰山已经融化了，再不可能完整地重建了。

这一部分将简要考察一些古代地中海文本和有名的欧洲文本。虽然很遗憾，下面的讨论是极其欧洲中心主义的，不过，狭窄视角更多地源于我知识的有限，而不是我个人的意识形态立场。

我们从古代地中海社会开始，正是在这里的相对较早的文献中，我们见到了祖国（homeland）的概念。在史诗《伊利亚特》中，当古典诗人荷马提到某人的出生地时，他重复使用着术语 patrida。被深爱着的祖国也是远方参加战斗的战士们思念的地方，那里有他们的妻子、孩子、父母和别的亲属。它是神话英雄想要回归的家，因为，虽然他们英勇无畏、忍耐力惊人，但毕竟也疲倦了。它也是神圣的父辈们的埋骨之地。[13]

约三百年后，在现存最古老的悲剧《波斯人》中，埃斯库罗斯激情描述了著名的萨拉米斯之战，该战役发生于公元前 480 年希腊联军和波斯军队之间。剧中，作者让他的英雄们喊道：“希腊的儿子们，前进！ / 解放祖国（fatherland），/ 解放孩子和妻子，/ 父辈们

13 例如，参见荷马：《伊利亚特》，安娜堡：密歇根大学出版社，2007 年，5.212；9.41，46。

的神龛，/ 先祖埋葬的地方。/ 为我们所有的一切而战！” 入侵的波
斯军队的残兵败将也回到 patrida，回到亲属那里，为自己的惨败
哀伤。[14] 不过，我们必须注意一个事实，即希腊和波斯都不是战士
42 们的祖国。祖国是他们的家、城市所在之处，是他们出生的那个小
地方，是他们的孩子、后代和亲密邻居拥有第一手自然知识的地方。

从公元前 5 世纪开始，在索福克勒斯的《安提戈涅》和欧里庇德斯的《美狄亚》等较晚的戏剧以及其他作品中，祖国也被渲染为有着无比重要性的地方，不管付出什么代价也不能放弃。被迫离开祖国总是被看作一大灾难，像不得不离开温暖安全的家一样，像不常见的、比死更糟糕的流放一样。人们了解祖国，它是安全的、熟悉的，在它之外，一切都是陌生的、具有威胁性的、异样的。[15]

不久，当锡拉库斯的战士们同雅典人战斗时，修昔底德写道，前者为保卫祖国而战，他们的对手雅典人则为了吞并异国土地而发动战争。[16] 在《伯罗奔尼撒战争史》中，祖国的概念出现过多次，但它不是对所有希腊人而言都一样的一个地方。虽然希腊民族主义的现代支持者不喜欢这样，不过，古典文学中的 patrida 并不等同于希腊的土地，它也不能被想成那样。使用“祖国”一词时，历史学家指的仅仅是某个城邦国家、某个特定城市。因此，在修昔底德为伯里克利所写的著名葬礼演说中，被描述为钦羡和崇拜对象的是雅典。[17]

14　埃斯库罗斯 :《波斯人》，纽约 : 牛津大学出版社，1981 年，第 59 页。希罗多德的著作《历史》也在几处用了这个术语，主要指出身之处。例如，参见希罗多德 :《历史》，芝加哥 : 芝加哥大学出版社，1987 年，3.140，4.76。

15　例如，参见索福克勒斯 :《安提戈涅》，第 2 部，183，200 ; 欧里庇得斯 :《美狄亚》，第 2 部，34，797 及以下。

16　修昔底德 :《伯罗奔尼撒战争史》，6.69。

17　修昔底德:《伯罗奔尼撒战争史》,2.34—46。斯多葛学派有时用“祖国”指整个世界。此外，虽然希腊从未被承认为一个祖国，但一些受过教育的希腊人获得了一种共有 （转下页）

希腊对祖国观念的指谓提示着将某地域政治化的一种独特有趣的形式。祖国及其情感内容不仅与地理位置相关，也经常应用在特定的政治框架内。正如地域被政治化了一样，希腊政治也总是地域化的。为更好地理解这一点，我们把注意力转向柏拉图的逻辑。

像修昔底德那样，这位雅典哲学家用“祖国”一词指称个别城邦，43
而不是更大的希腊。在这里，主权城邦国家与体制、法律系统一起，构成了真正的 patrida。柏拉图多次使用这个术语，不仅仅是在出生地或有着令人向往的风景的自然地域的简单意义上，而主要指的是政治实体，包括公民管理的整个机构。例如，在著名的对话录《克里提亚斯》中，柏拉图让苏格拉底用下面的话警告其对话者：

> 难道像你这样的哲学家会看不到，比起母亲、父亲或任何祖辈，我们的国家更可贵、更伟大、更神圣？在诸神和明理之人的眼中更值得重视？……如果她领着我们在战斗中受伤或死去，我们追随着她，觉得理所当然，谁都不应投降、撤退或离开队列。无论在战斗中还是在法庭上，或是在其他任何地方，他都必须做城市或国家命令他做的事；若非如此，他就必须改变有关什么是正义的观点，而且，如果他不会对父亲或母亲施暴，对国家施暴就更不用提了。[18]

如在其他地方一样，这里，柏拉图的祖国是城市，它有着超越一切价值的最高价值，它的独特性和道德力量在于它是由主权公民进行自我管理的地区。由于成员们在这一政治实体中拥有重大个人利益，他们需要保卫祖国，保卫他们的共同体。之所以需要圣化它，

(接上页) 文化身份的意识，这种意识出自“共同血缘”或文化和仪式上的相似。例如，参见希罗多德:《历史》(*The Histories*), 8.144；以及伊索克拉底:《颂词》, 50 中的有名句子。

18 柏拉图 :《苏格拉底的受审与死亡 : 四篇对话》(*The Trial and Death of Socrates: Four Dialogues*), 本亚明・乔伊特译，纽约 : 多夫出版社，1992 年，第 51 页。

将它与宗教仪式相结合，在节日中礼拜它，缘由即在于此。柏拉图无条件的爱国要求以一个城市－祖国为中心，它让个人利益服从于集体的需要和价值。

从许多方面看，雅典关涉祖国的话语和今天对这个词的理解很相近。对某地的忠诚、奉献精神和在它名义下牺牲的意愿被视为神圣的
44 价值，不可置疑，不许以嘲讽的口吻谈论它。表面上，这一话语代表着民族主义意识的开端，后者在过去两个世纪里主导着人类社会。不过，修昔底德、柏拉图及其他雅典人的祖国真的是贝尼托·墨索里尼、夏尔·戴高乐、温斯顿·丘吉尔及其他上百万的20世纪民族主义者的民族国家吗？在日子的尽头，太阳底下真的没有新事吗？

事实上，两种祖国化身的区别同它们的相似之处一样多。正如古代雅典社会采用的不是代议制民主，而是直接参与的民主制，它也完全不理解现代的抽象民族主义祖国概念。古代希腊民主国家的祖国观念局限于对城市（polis）的爱国忠诚，城市则是极小、极真切的城邦国家，所有公民对其面积和边界都有第一手知识，且非常熟悉其居民习俗和自然风光。每天，他们会在市场遇到其他居民，参加集会、节庆、戏剧表演时也会在一起。通过无中介的经验，有如实质的爱国情感密集地在城市播撒，构成他们社会意识中最重要的部分。

当然，他们的通信水平和有限的文化传播手段不足以促成大规模民主祖国的出现。根据亚里士多德那些被人们频繁和松散地翻译出来的格言，本质上，人是政治动物；可是，古典的人形动物是城邦国家的公民，而城邦国家没有什么形式，没有精确的地图，没有报纸、广播、义务教育以及其他类似的东西。因此，在马其顿的亚历山大的领导下，当后来希腊世界统一之时，旧的城市爱国主义便消散了，正如民主维度从多数希腊地区的日常生活中消失了一样。

此外，对照现代民主制的政治边界，古代城邦国家划分民主的

伦理界限大相径庭。在包括雅典居民和耕作城外土地的农民的总人口中，主权公民只占一小部分。父母都拥有公民权的自由男性才被视为本地人，才能参加选举和被选入政治机构。女人、移民、异族通婚产生的后代、众多的奴隶都没什么权利，自主权不属于他们。普遍的人类观念孕育和长成于现代时期，而地中海世界属于富裕的、 45
文雅的和彻头彻尾的精英，其对此闻所未闻。[19]

在共和时期的罗马，人们写出了一些文学作品，其中表现了对祖国的忠诚，形式是对拥有代议政府的公民联盟的热爱。共和国消失和转变为庞大帝国的前夕，无数学者用言辞装点和称许它；这些言辞将保留在欧洲文化中，直到现代时期。我们已提到贺拉斯的著名宣言：在《颂歌》中，他说起为祖国而死的甜蜜。不过，伟大的诗人不仅要圣化民族土地，他更想做的是表达对共和国祖国（res publica）的热爱——就在尤利乌斯·恺撒将它永远埋葬后不久。

罗马历史学家盖乌斯·萨鲁斯特·克里斯普斯（Gaius Sallustius Crispus）是恺撒的忠实追随者。在《卡提林阴谋》（*The Catiline Conspiracy*）中，他把祖国等同于自由——远非少数人的统治。[20] 马尔库斯·图里乌斯·西塞罗也是如此；在挫败那场反共和国阴谋的斗争中，这位政治家所做的贡献为他赢得了“祖国之父”的显赫地位。他发表了反对阴谋者的著名演说，谴责对手道：

19 关于本土主义和雅典政治的复杂关系，参见尼古拉·洛劳克斯（Nicole Loraux）引人入胜的著作《大地的诞生：雅典的神话与政治》（*Né de la terre. Mythe et politique à Athènes*），巴黎：塞维尔出版社，1996 年；以及马塞尔·德提安纳（Marcel Detienne）：《本地人的存在》（*Comment être autochtone*），巴黎：塞维尔出版社，2003 年，第 19—59 页。关于斯巴达令人吃惊的空间概念和对待先辈土地的独特态度，参见艾拉德·马尔金（Irad Malkin）：《斯巴达地中海的神话与领土》（*Myth and Territory in the Spartan Mediterranean*），剑桥大学出版社，1994 年。

20 盖乌斯·萨鲁斯特·克里斯普斯：《卡提林阴谋》，58 页。

> 要是父母畏惧你，憎恨你，固执地不理你想要和好的努力，无疑，你只能退到某个他们看不见的地方。可是现在，国家——我们全体人的共同父母——憎恨你，畏惧你，一直把你看作弑父母者，看作想毁灭她的人。你会既不尊重她的权威，听从她的劝告，也不惧怕她的力量吗？[21]

46 共和国是西塞罗心中最珍视的，这位演说家以敏锐的修辞著称，极受欢迎，最终死于导致共和国衰落和消亡的那些事。不过，就在去世前，他以苏格拉底式的对话体写下对祖国的坚定信念，在现代时期前夕的许多西欧作品中产生了回响。在有名的《法律篇》中，西塞罗二元论般地思考了祖国和共和国的一般关系：

> 我要说，加图（著名罗马政治家）和像他那样的城市公民有两个国家，一个是他们的出生地，一个是他们自己选择的……同样的，我们可以正当地把国家的名义给两个地方，一个是我们来自的地方，一个是我们与之联系起来的地方。不过，我们必须把自己的情感优先给予后者，以共和国之名，它是我们所有人的共同国家。为了这个国家，我们应牺牲自己的生命；为了她，我们应毫无保留地奉献自己；为了她，即使我们的全部财富和希望都陷入危险，我们也应在所不惜。不过，有那么一块儿曾是我们婴幼儿期摇篮的本土地域，普遍的爱国主义并不禁止对它的柔情。[22]

只要人们还能在罗马共和国做自己的主人，是统治集体的平等

21　西塞罗：《卡提林阴谋》，《演说》部分，4.7，收录于威廉・敦坎（William Duncan）：《英译西塞罗演说选集》（*Cicero's Select Orations Translated into English*），伦敦：G. G. J. 和 J. 罗宾逊及 J. 伊文思出版，1792 年，第 127 页。

22　西塞罗：《马尔库斯・图里乌斯・西塞罗政治作品》（*The Political Works of Marcus Tullius Cicero*），伦敦：爱德蒙・斯波提克出版社，1841 年，第 78—79 页。

伙伴，对它的忠心就像对希腊城市的热忱一样是最高价值、最值得颂扬的秉性，甚至超越了对出生地和儿时风景的思念之情。在这里可以征召远不同于雇佣军的公民自愿军，可以要求个人为它而死。为公共利益牺牲个人是正当的，因为公众就是个人主权的展示。如上文说过的，在前现代世界，这种政治祖国的概念很独特，类似于现代民族主义时期的祖国。

的确，在 18 世纪，许多启蒙知识分子着迷于他们从古代地中海 47
世界找出的爱国宣言，视之为理想的自由政体的证据、没有暴君或国王的国家的证据。不过，在这些思想家中，有一位那不勒斯哲学家和历史学家詹巴蒂斯塔·维科（Giambattista Vico），他提醒读者，罗马贵族“为了其不同的祖国，毫不犹豫地将自己和家庭圣化为法律意志，通过维护祖国的公共安全，确保了各自对家庭的某种私人的、君王般的统治”[23]。维科也没忍住对自己的拉丁先祖进行批评，注意到“真正的祖国（fatherland）是一小部分父亲的利益……”[24]

事实上，西塞罗的共和国祖国是寡头国家，由有限的公民组成，其选举人和被选举人总是属于同一小撮精英。在我们对祖国概念的讨论中，最重要的是这一点：只有身在首都的人才能参加选举，住在这个城市之外的公民被剥夺了选举权和被选举权。由于在西塞罗的时代，绝大多数公民住在城市之外，他们无法在自己深爱的祖国发挥积极作用。

随着帝国罗马的扩张和权力的增长，它抛弃了与公民祖国的联系。从许多方面看，帝国是由很多城邦国家组成的庞大联盟，每个

---

23 托马斯·G. 伯尔金（Thomas G. Bergin）和马克斯·H. 费希（Max H. Fisch）主编：《詹巴斯蒂塔·维科的新科学》（*The New Science of Giambattista Vico*），伊萨卡：康奈尔大学出版社，1984 年，第 23—24 页。

24 同上书，255 页。

城邦都没有实际的独立性。公元3世纪，帝国的非奴隶居民转变为公民，他们缺乏参与主权运作的权利，这进一步模糊了他们与共和国祖国的情感和政治联系。由此，这一转变同连接各个特定圣地的纽带一起，促进了一种普世一神教的巩固与传播，后者将以不同的心理机制和知性联系为基础。

基督教会的创建者试图把人们的忠诚从共和国祖国转向天国。
48 因为上帝面前人人平等。表面上，奴隶主对希腊城市和罗马共和国的热忱将被对此世生命之后的永恒生命的热忱所取代。早至奥古斯丁，我们便看到了一种观念：就公民权一词的真正的、纯粹的含义来说，它只能在上帝之国找到。如果为祖国而死是恰当的，其缘由在于，它是上帝天国的虔诚信徒奉献的牺牲。[25] 在教会的各大圈子里，这种热爱永恒祖国（patria aeterna）的态度震荡回响，成为基督教信仰的核心根基。

随着帝国的扩张，罗马共和国的公民军队消失了，雇佣军举着罗马的旗帜，不仅行进在地中海周边，也深入被征服的欧洲大陆。这一历史性相遇引发了沉睡中的森林大陆的变迁，尽管最终，从罗马枷锁下解放欧洲部落和土著的正是帝国的虚弱与分裂。只是到了这个时候，我们才看到一个渐进的漫长进程的开启，它最终诞生了一种有着完全不同的社会关系结构的新的文明。新生的欧洲封建主义没有公民，不提倡英勇的爱国主义死法，没有制造对政治－领土型祖国的忠诚。虽然如此，经由各种渠道，尤其是通过基督教会的作品及教会不断增长的实力，地中海概念世界的成分还是渗透了欧洲文化和语言。

在《国王的两具身体》（*The King's Two Bodies*）中，恩斯特·康

25 参见奥古斯丁在《上帝之城》（*The City of God*）中的探讨，5.16，17。

托洛维茨（Ernst Kantorowicz）的描述令人印象深刻：在忠诚与个人依附占主导地位的社会中，雅典和罗马共和国的祖国概念完全消退了。[26] patria 一词虽然很常见，但一般用来指某人的出生地或居住地。“祖国”成为“小国”的同义词，在法国方言中是 pays，德国方言中是 heimat，指某人的家所在的地区：孩子在那里被生育和抚养，人口众多的家族世代在那里定居。

国王和王公以不同的方式使用这个术语。社会精英人士将此概 49
念用于各种政治实体，把王国、公国、伯爵领地、税收和司法管辖区都归入“祖国”。教廷也不落人后地使用它，不时号召人们解救祖国，以保卫基督教的和谐，保卫一切信徒的安全。

一般来说，骑士们赴死的意愿是奉献给封建领主、教会或后来的国王和王国的。13、14 世纪，惯用语“为了国王和国家”（pro rege et patria）变得越来越流行，直到现代革命时期还被人用。不过，即使在组织化程度较高的王国，效忠天国和忠诚于民族身份之间也存在着持久的紧张关系；民族身份一直是等级结构中地位较低的一个。此外，在前现代欧洲社会中，军事精神包含着对祖国的热忱，其形式是名声、光荣、为某人的牺牲意愿所准备的合适经济回报等实际的价值。

封建社会的缓慢衰落和教会内部的剧变也导致了尴尬的 patria 概念的复兴。在中世纪，城市的逐渐兴起使许多西欧人把它看作第一祖国，那里不仅是商业和金融中心，也是地区劳动分工中的一支活跃力量。按费尔南德 · 布罗代尔（Fernand Braudel）的说法，这些

26 恩斯特·康托洛维茨:《国王的两具身体》，普林斯顿：普林斯顿大学出版社，1981 年，第 233—234 页。另见康托洛维茨的出色论文《中世纪政治思想中的为祖国而死》（“*Pro Patria Mori* in Medieval Political Thought”），载《美国历史评论》56：3，1981 年，第 472—492 页。

城市是新生的爱国主义之原初形式成形的地方，而爱国主义唤醒了后来的民族意识。[27]

与此同时，由于文艺复兴社会对地中海古典传统的喜爱，在不同的人文主义者尝试将“祖国”概念运用于作为寡头共和国而出现的新城市国家时，对古代“祖国”的虽不新鲜但很广泛的又一次求助开始了。[28] 在一个极具启示性的历史时刻，马基雅弗利甚至冲动地
50 将它用于整个意大利半岛。[29] 不过，在这里，祖国观念从未获得像在古代雅典或罗马共和国那样的反响，更不用提在后来城市国家的领土语境里了。

绝对主义君主国正在形成，它也不能产生忠诚表达和为祖国牺牲的意愿，而这种意愿在这些君主国消亡后的现代时期为人们所熟悉。比如，想想孟德斯鸠和伏尔泰，两位 18 世纪思想家清楚地意识到王国不能被看作祖国的原因，并向读者做了解释。在 1748 年的著作《论法的精神》(*The Spirit of Laws*) 中，有着丰富历史知识的孟德斯鸠断言：

> 这个国家一向不知道对祖国的爱，对真正荣誉的渴望，自我弃绝，为最关切的利益做出的牺牲。只是在古代人那里，只是在道听途说中，

27　费尔南德·布罗代尔：《1400—1800 年的资本主义与物质生活》(*Capitalism and Material Life 1400–1800*)，格拉斯哥：柯林斯出版社，1973 年，第 399 页。

28　关于文艺复兴时期的人们，参见毛里茨欧·维罗利 (Maurizio Viroli)：《为了对国家的爱：论爱国主义和民族主义》(*For Love of Country: An Essay on Patriotism and Nationalism*)，牛津：克拉伦登出版社，1995 年，第 24—40 页。

29　尼可罗·马基雅维利 (Niccolò Machiavelli)：《从野蛮人那里收回意大利和解放她的呼吁》(“An Appeal to Take Back Italy and Liberate Her from the Barbarians”)，见《君主论》(*The Prince*)，韦尔斯利：丹特大学出版社，2003 年，第 131—134 页。虽然马基雅弗利写了这一章，还写了其他作品中的一些评论，但像威廉·J. 朗顿 (William J. Langdon) 在《政治学、爱国主义和语言》(*Politics, Patriotism and Language*) 中所做的那样，将马基雅弗利刻画成理想化的意大利爱国者仍属夸张。纽约：皮特·朗出版社，2005 年。

我们才知道这些英雄品质。[30]

伏尔泰的历史知识像孟德斯鸠一样广阔。1764年，在诙谐的《哲学辞典》(*Philosophical Dictionary*)中，他谈起了“祖国”的价值：

> 祖国是几个家庭的组合，没有利益冲突时，出于自爱，我们通常站在我们的家庭一边；我们把自己的城镇或村庄称作祖国，并且，出于同样的自爱，我们支持它。祖国越大，我们对它的爱越少，因为分开了的爱是弱小的。对于人口多到我们都不认识的家庭，我们不可能有温柔的爱。[31]

虽然是很敏锐的分析，但两位思想家都深深扎根在那个即将逝
去的时代。对应用于人们与其出生地和成长地关系的术语，他们相 51
当熟悉，但完全不知道这种个人的精神联系将会变形，将会转入宏大的政治结构。君主国形成于现代前夕，它们把行政语言——不久会成为民族语言——引入离心运动，为民族主义的兴起奠立了基础。就此处的分析而言，最重要的是这一事实：尽管伴随民族民主制的兴起而出现的领土意识还未成形，但在一些事例中，君主国已开始绘制未来的祖国边界。

孟德斯鸠和伏尔泰都是自由派先驱，坚定无畏地鼓吹人类自由。可是，两人也展示了明确的反民主倾向。他们对作为政治主体的文盲大众没有兴趣，也无法想象大众集体认同一个王国或政治祖国的情形。

在欧洲启蒙运动中，第一位理论爱国者在很多方面也是第一位反自由的民主主义者。这不是巧合。让－雅克·卢梭大量使用了祖

30 查理·德·斯康达特·孟德斯鸠：《论法的精神》，剑桥：剑桥大学出版社，1989年，第25页。

31 弗朗索瓦·伏尔泰：《哲学辞典》，纽约：企鹅经典丛书，2004年，第327页。

国这个词，但并不系统，因为他觉得对阐明他的意图来说，这个概念不算必要。不过，他的一些作品包含着有关保留爱国价值的明确劝勉，使用的修辞带有更多现代政治家而非 18 世纪哲学家的特征。

动人的《致日内瓦共和国》一文写于 1754 年，他用作《论人类不平等的起源》一书的导论。文中，他解释了他喜欢的那类祖国——如果能选择的话：

> 我会选择……一个国家，在那里，所有个体都相互认识，不论隐晦的恶行还是谦虚的美德都无所遁形，逃不脱公众的注意和判断……因此，我寻求一个宁静幸福的共和国做祖国；不知怎的，它的古代消
> 52 失在时间的暗黑幽深处了……我愿选这样一个祖国，它幸运地缺乏凶猛的征服欲……我寻求一个国家，在那里，立法权属于全体公民，因为，说到适合他们共同生活在一个社会里的条件，谁比他们更清楚呢？……此外，如果上天许可，它还位置宜人，气候温和，土地肥沃，有天下最可爱的景色；为使我的幸福完美无缺，我愿只在这幸福祖国的怀抱中享受这一切，平静地与公民同胞生活在这甜蜜的社会。[32]

终其一生，卢梭渴盼着主权平等的社会的创建，它作为天然的祖国有着确定的边界。与此同时，在《社会契约论》中，这位日内瓦的共和之子展示了他的诸多内在矛盾，他毫不迟疑地想着："若非通过形同犯罪的篡夺，一个人或民族怎能占据一大片土地，将其他人赶走呢？因为，此举剥夺了其他人在自然给予所有人的住处与食物中的份额。"[33]

虽然有这些道德的和"无政府主义的"宣言，卢梭仍是一个彻底

32 让－雅克·卢梭：《论人类不平等的起源》，印第安纳波利斯：哈克特出版公司，1992 年，第 2—5 页。

33 让－雅克·卢梭：《社会契约论》1.9，纽约：企鹅经典丛书，1968 年，第 67 页。

的政治思想家。他的人类平等观念和作为其基础的普世主义视野引领着他，只在政治领域寻求他一直珍爱的自由，亦即从政治共同体的创建中寻找。不过，这位现代民主观念之父也认为，他寻求的自由只能在小的单位中实现，或者更准确地说，只能在直接民主的形式中实现。因此，按照卢梭的基本理论，理想的祖国必须是小的、可触知的。[34]站在民族主义时代的门前，卢梭是位等着门开的先知，以他所在的伟大高度和距离，热切地注视着民族主义的大门，却无法进入。

民族实体的领土化

16 世纪末、更多的是在 17 世纪初，在低地国家反抗西班牙王国 53
的起义中，人们听到了爱国主义的战斗呼唤。在 16 世纪中叶的英国革命中，激进的平等派将祖国等同于自由的社区，后者会在反抗君主专制的运动中充分动员。如果说在美国革命伊始，反抗者把英国看作祖国，那么到革命结束时，他们的态度变了，爱国主义的新观念开始占据他们的头脑。“自由之地和勇敢者之家”[35]逐渐成形，很快将在历史上留下记号。

无疑，在祖国的现代时期新的光明历程中，最重要的里程碑之一是法国革命，尤其是它的共和阶段；如果说此前祖国概念是政治和知识精英——如国家官员、使节、学者、诗人、哲学家等——的一个参照点，那么现在，它自信地踏入了人民的小巷。比如说，《马赛曲》由阿尔萨斯的一名下级官员创作，是抵达马赛的大批革命军队爱唱的歌曲，很快被更多的人学会。“自由之地的祖国儿郎，光荣

34 不出所料，在给面积相当大的波兰联邦的建议中，卢梭同样提出了矛盾的意见：实施侵略性的爱国政策，包括对大众的教化。例如，参见《对波兰政府的思考》（1771 年），巴黎：弗拉马伦出版社，1990 年，第 172—174 页。

35 节引自美国的爱国主义抒情诗《星条旗》，它作于 1814 年，1931 年成为美国国歌。

的日子到了！专制暴政压迫我们。”1792年9月，自愿军战士唱着这首歌，大踏步行进在瓦尔米战役的战场上，与旧世界的雇佣军交战。在大炮齐射的火力中毫发无损的人们甚至能唱完它：“神圣的祖国之爱，支持我们复仇的臂膀。战士们，为珍爱的自由而战！”理所当然，这首歌后来被用作法国国歌。[36]

不过，与此同时，在法国之外，拿破仑的征服激起了新一波爱国主义浪潮，比如在德国和意大利未来的领土上。一个接一个，民
54 族主义的种子播下了，很快将欧洲变成了民族的、因而也是祖国的壮观花园。

从法国疾风暴雨般的18世纪90年代，到21世纪初第二个十年的开端震动阿拉伯世界的民众反抗运动，几乎所有的革命者和起义者都发誓热爱自由，同时宣告他们对祖国的忠诚。在1848年的欧洲民族之春，祖国再次大规模地出现；在1871年，它统一了巴黎公社的起义者。虽然俄国革命为其国际主义骄傲，但在踏进反抗纳粹入侵的生存之战的检验场时，苏联复活了爱国主义，使之成为服务于大规模动员的有效意识形态机制。两次世界大战是20世纪的残酷冲突，它们是在同一种指导性的超级意识形态的名义下发生的战斗：这种意识形态把国家看作负责保卫祖国的实体，或者至少试图通过扩展它的边界来增进它的利益。如我们已看到的，从20世纪40年代到70年代，在席卷世界的去殖民化大战中，领土的获取被视为民族主义斗争的主要目标。第三世界的社会主义者和共产主义者首先以及主要是爱国者，只是到了后来，他们才将注意力集中于社会政治联盟的区别上。

36　关于革命期间爱国意识的觉醒，参见菲利皮·康塔米纳（Philippe Contamine）：《为祖国而死：10—20世纪》，收录于皮埃尔·诺拉（Pierre Nora）主编：《记忆之场》（*Les Lieux de mémoire*），第2卷《民族》，巴黎：加利马德出版社，1986年，第35—37页。

基本的问题依然有待回答：面向小而熟悉的自然区域的深刻情感是如何转入一个概念的复合体，并转向人们永远无法直接地整体了解的广阔领土的？答案或许存在于民族主义时代的缓慢但具有决定性意义的政治领土化进程。

尽管有着巨大的历史重要性，但英国革命中的爱国者、法国革命时期唱着《马赛曲》走向战场的自愿军、针对拿破仑的占领的反抗者，甚至1848年欧洲各国首都的革命者，这些人都是展开行动的人口中的少数——人数很多，但还是少数。而且，即便在动荡的首都，祖国变成了一个关键概念，绝大多数人仍是土地的耕作者，基本不为政治领导的品质所动；那时候，后者已经开始发出现代性的文化和语言学调子。

将他们召入新祖国的是什么？或者更准确地说，开始在他们的
意识中构建民族领土概念的是什么？是出自政治中心、适用于全部 55
领土的立法。这些法律免去了大批农民的封建义务、赋税和其他负担，在一些事例中，还果断认可了他们对耕地的所有权。在将君主国和大块领地转为日益稳固的民族－国家的过程中，以及作为其结果，在导致向多维度祖国地区的演化方面，首要的手段就是新的土地法和土地改革。

大规模城市化引起了19、20世纪的诸多社会变迁，使大批人群与其“小型祖国”分离了。它构成了让许多人接受陌生的大型民族领土的另一个重要前提——至少在观念中接受。人群的流动产生了那时闻所未闻的各种社会归属需求，而满足这些需求的是民族认同：它给出了颇具诱惑的许诺，要促使个人与集体固着、扎根在一个更大的地理区域。

这些以及许多其他的政治、法律、社会进程仅仅是发令枪或邀请函，在扩张着的想象祖国里找到安全天堂前，受邀人还有漫长的艰苦路途要走。

我们需要记住，祖国并不产生民族主义，情况恰恰相反，祖国是从民族主义中诞生的。它将证明，自己是现代时期令人惊异的，或许是最具破坏力的创造物。对于所统治的地区和将它们区分开的边界，新创建的国家输入了新的意义。借着给一个民族群体构建深沉的归属感，从地区文化和语言的各种混合中，一种文化 - 政治进程制造了英国人、法国人、德国人、意大利人和后来的阿尔及利亚人、泰国人、越南人。无一例外，这一进程催生了关于某个确定的自然空间的诸多感情。风景成为集体身份的基本成分，可以说是家的墙壁，形成中的民族受邀入住其中。在描述暹罗民族 - 国家的形成时，泰国历史学家崇差・维尼查库（Thongchai Winichakul）为这一动力提供了令人信服的分析。他争辩道，新民族的“地缘实体”（geo-body）
56 是它自身形成的一个前提，而对促进这个地理实体的产生而言，首要的是现代地图的绘制。[37] 习惯上，历史学家被认为是民族的第一位权威代理，但这一名号也必须授予为它绘制地图的地理学家。虽说历史编纂帮助民族国家规训了原初历史，但制图学把它的想象和领土权力变成了现实。

扩展领土想象的物质技术前提是大众通信的缓慢发展与传播。通过创造促进意识形态形成与播撒的有效国家工具，政治和文化代理人完成了这一进程。15 世纪，印刷业发生革命，之后变得日益复杂，演化为全面的和咄咄逼人的多渠道媒体；从那时开始，到 19 世纪末 20 世纪初学校的开办和义务教育的开启，精英文化与大众文化的关系彻底改变了，城市中心与边远乡村文化的关系也彻底改变了。没有印刷术，王国的地图和地理学家的越来越复杂的图表就只有极少人能看到。没有为所有人提供的公共教育，知道且能认出自己国家

---

37 崇差・维尼查库：《绘制暹罗：一个民族地缘实体的历史》（*Siam Mapped: A History of the Geo-Body of a Nation*），火奴鲁鲁：夏威夷大学出版社，1997 年。

边界的就只有一小部分人。地图绘制和教育成为自然的、和谐的复合体，雕凿出一个确定的、熟悉的空间。为此，在今天，宣传祖国边界并把它深深灌入每个学生意识的地图仍然装饰着教室的墙壁。通常，地图旁还挂着表现祖国不同地区的大幅风景画。这些复制品和照片的特征是山谷、山脉、村庄，但从来没有城市场景。[38]对家乡的视觉表现几乎总是伴随着对扎根土地的久远过去之浪漫怀想的触动。

作为强烈的大众民族化的一部分，向人们灌输热爱祖国的想法
自然有赖于地理知识。就像自然绘图学帮助人类征服了地球，获取 57
了它的许多宝藏，政治绘图帮助国家俘获了公民的心。如我们已看到的，在关涉民族实体过去的历史课程旁边，地理课程建立和雕刻出它的领土象征。通过这些手段，在时间和空间中，民族实体被同时想象出来并被赋予形体。

它的诸多后果之一，是义务教育法和义务兵役制法之间展现出复杂的关系。以前，为保卫自己的领土或占据别人的领土，君主国必须雇佣军队，而后者不了解雇主的领土和边界。逐渐地，利用义务兵役制，现代民族国家解决了这个问题，其基础是绝大多数公民自愿在军队服役——只要存在着一个他们控制下的明确领土。这样，现代战争持续的时间长了，本质上越来越“全面”了，其结果是，战争吞噬的生命呈几何级数增长。在古代地中海世界，为祖国而死的意愿只是少数人的特权，如今，在新的全球化世界，它是所有人的权利和义务。

如此多的人成为热忱的爱国者，仅仅是现代统治精英灌输和操纵的结果吗？如果得出这样的结论，我们就错了。若没有通过报纸、

---

38 保罗・吉尔伯特（Paul Gilbert）：《民族主义哲学》（*The Philosophy of Nationalism*），博尔德：西点出版社，1998 年，第 97 页。

书籍和以后的广播、新闻短片实现的系统机械化复制，没有全面的国家义务教育体系的集中教化塑形，那么对于民族空间在自己生活中的角色，公民们仍不会很了解。要认同自己的祖国，人们必须会读会写，必须吃下大批“食堂”提供的、名为“民族文化”的健康“食品”。因此，我们的结论是，作为国家意识形态机构，新的学校和通讯媒体直接负责祖国和爱国者的系统制造。

说到为人民和他们生活于其中的土地牺牲的义务，大众普遍赞同的主要原因是什么？原因在于 18 世纪末开始的、向全球传播的非
58 凡民主化进程。纵观整个历史，帝国、王国、领地等属于个人，希腊城邦和罗马共和国由少数人控制。但在今天，人们认为，无论是自由民主制还是权威民主制，现代国家服从其公民的法定权力。从特定年龄开始，所有居民都拥有了公民权，原则上成为国家的主权和法定统治者。公民主体拥有国家的集体所有权也意味着拥有其领土空间的集体所有权。[39]

如我们知道的，资产阶级所有权建立的初始条件之一是伴随着刑法和民法体系形成的现代国家的出现。在现代国家，随着民主进程和主权的扎根，私有财产的合法化得以巩固和加强。换句话说，在国家边界内，社会对土地的集体所有权的抽象感受间接强化了对社会富裕阶层积聚的资本的认可，而且，不仅国家对暴力的垄断促进了资本的繁荣，它对领土的绝对控制也是如此。

在此意义上，领土是民族主义“企业”全体业主的共有资产。哪怕是赤贫者也拥有属于自己的什么东西，对于庞大的民族资产，再小的业主也是它的主人。这种集体所有的概念产生了一种满足感和安

39　对于主权与领土关系的最初一些探讨，参见让·格特曼（Jean Gottman）引人入胜的、非历史的著作《领土的意义》（*The Significance of Territory*），夏洛特维尔：弗吉尼亚大学出版社，1973 年。

全感，任何政治乌托邦或对未来的许诺都比不了。这一动力被19世纪的社会主义者和无政府主义者忽略，但在20世纪获得了证明。在残酷的民族主义战争中，工人、职员、手艺人、农民并肩前进，心中激荡的政治想象加固了他们的坚定立场：为脚下的祖国土地而战，为正式代表国家的领导者而战。作为领导者的民主代表受托管理民众资产，亦即保卫国家赖以存在的领土。

这把我们引向强烈集体情感的源泉之一，它将激起和点燃民族 59
的现代性。19世纪末，塞缪尔·约翰逊（Samuel Johnson）宣布："爱国主义是恶棍最后的避难所。"他准确地预见了主导后两个世纪的政治修辞类型：谁把自己装点成民族资产最忠实的看守人，谁就能成为现代民主制的无冕之王。

正如一切资产都有法律限制，民族空间也都局限于国际法认可的边界。不过，虽然包括土地在内的私人财产的精确价值可以量化，这对集体民族财产却不可行，因为这一资产没有买卖市场，很难算出准确的价值。

19世纪初，拿破仑还能把北美广袤的路易斯安那领地卖掉，而没有引起刚刚成为法国人的当地人的抗议。1867年，俄国以720万美元的可笑价格卖掉了阿拉斯加，俄国人没有抱怨，一些美国人还反对交易，认为那无谓地浪费了他们的钱。后来，这种凭金钱衡量和转交国家财产的做法完全失去了正当性，再也无法在20世纪复制。

与此相对照，20世纪初以来，新的爱国战争带走了数量庞大的牺牲者。一个事例是1916年的凡尔登战役，"一战"最残酷、最激烈的战役之一。在一小块仅数平方公里的无人居住地，超过30万法国士兵和德国士兵在数月内阵亡，负伤和残疾者远远超过50万。当然，并非人人自愿留在潮湿、腐臭的战壕里。不过，尽管到所谓的大战的那个阶段想要战争的人远少于战争爆发初期，但大多数人仍忠于保卫祖国的无上使命，充满了爱国热望，拒绝放弃哪怕一公里领土。在20世纪，为祖国而死的前景激励着男兵，让他们感到，其他死法都无法企及那种永恒的崇高。

作为空间资产界限的边界

60 “无疑，领土是个地理概念，但它首先是法律－政治的：某种力量控制的地域。”[40] 米歇尔·福柯的这一评估虽然准确，却没能把握民族空间的真实状况。民族领土的最终形成是通过从臣民转变而来的公民的热情支持实现的，亦即由它法律上的所有人完成。它还需要邻国的同意，并在某个阶段需要国际法的授权。如一切社会－法律表现的那样，边界首先是权力关系的历史产物，在某个时间点被认可和固定下来。

历史上，大小领土之间的流动边界一直存在，但现代时期的情况不一样。曾经，它们不是几何线条，而是缺乏定义和持久性的宽阔条带。使用山脉、河流、山谷、森林、沙漠等自然物时，边界是这些将不同王国区分开的自然整体。在过去，许多村庄归属哪个政治权力是不清楚的，而且很多人没兴趣知道。统治者才是既得利益者，才会统计那些不是一直都忠诚的付税者。

今天的许多国际边界是武断、随意地画出的，时间在边界里的民族兴起之前。通过战争结束后的外交协定，帝国、王国、领地等划分它们控制的地区。不过，在过去，无数的领土冲突并未导向漫长的世界大战，许多情况下，武装冲突的首要动力不是占有土地的欲望。在民族主义兴起前，任何时候领土边界都不是无法妥协的问题。

---

40 米歇尔·福柯：《权力 / 知识：访谈及其他作品选，1972—1977 年》（*Power/Knowledge: Selected Interviews and Other Writings 1972–1977*），科林·戈登（Colin Gordon）主编，纽约：万神殿图书公司，1980 年，第 68 页。

对此，皮特·萨林斯（Peter Sahlins）提供了令人信服的洞见，
他的作品展示了大量经验研究。[41] 对 17 世纪以来法国和西班牙在
比利牛斯山脉的边界演变，萨林斯做了细致的追踪，他发现在旧制 61
度下，主权主要是针对居民而非领土的。边界的形成长久且缓慢，
开始于以断断续续的石头这种极不精确的方式标示出的想象线条，
直到法国革命时才改变。到 1868 年，人们就最终边界达成了协议，
领土成为国家的正式资产。从断裂的边疆地带到明确界定的领土，
它代表着对空间的驯化，代表着空间向祖国的转变。[42]

在开创性的《想象的共同体》一书中，本尼迪克特·安德森提出了同样的观点：

> 按照现代观念，在依法划定的领土内，国家主权充分地、绝对地、均衡地散布在每一平方厘米。但在国家由地区中心界定时的旧想象中，边界是不明确的、可渗透的，一个主权向另一个的过渡难以觉察。[43]

像早期资本家对待最初积累的财富那样，在民族－国家形成的第一阶段，它们全都渴求空间，努力扩张边界，增加土地资产。以美国为例，一开始它便有吞并更多领土的内在倾向。事实上，它拒绝确认自己的边界，只承认灵活的“边疆”地区，那是它测度可在将来某个时候吸收进来的地方。这是殖民国家的典型做法，无论在非洲、澳大利亚，还是在中东。[44]

---

41 皮特·萨林斯：《边界：法国和西班牙在比利牛斯山脉的形成》（*Boundaries: The Making of France and Spain in the Pyrenees*），伯克利：加利福尼亚大学出版社，1989 年。

42 同上书，第 6—7、191—192 页。

43 本尼迪克特·安德森：《想象的共同体：民族主义的起源与散布》（*Imagined Communities: Reflections on the Origin and Spread of Nationalism*），伦敦：乌尔索出版社，1996 年，第 19 页。

44 关于边界与边疆地区的不同，参见普利斯科特（J. R. V. Prescott）：《政治边疆与边界》（*Political Frontiers and Boundaries*），伦敦：安温·海曼出版社，1987 年，第 12—51 页。

另外，法国革命认定的是“自然边界”的观点。以此为基础，朝着往往离其“人工”边界很远的大山大河的方向，革命者着力扩
62 张他们的国家。以这种方式，法国的革命想象和之后的拿破仑帝国想象都宣称，莱茵地区和低地国家是大法国的有机组成部分。在德国，从一开始，国家社会主义革命便乞灵于“生存空间”的逻辑。对纳粹来说，它包括波兰、乌克兰和西俄罗斯。这决定性地影响了第二次世界大战的爆发。

并非偶然，第一批民族－国家也是最初的殖民列强。它们扩张领土的缘由和条件是什么？无疑，是经济驱动力，是西欧不断增强的实力与技术优势。不过，就将更大的领土纳入帝国控制的无尽动力来说，爱国大众对殖民扩张的热情支持也很重要。与此同时，在一些错过了殖民地瓜分的国家，大批民众的受挫感将他们推入更具侵略性的激进民族主义的怀抱。

在反对殖民统治的第三世界，从激烈的边界冲突中，新兴的民族－国家也开始构建自己的领土。比如说，与一个世纪前英国与法国、法国与普鲁士、意大利与奥地利的冲突相比，越南和柬埔寨、伊朗和伊拉克、埃塞俄比亚和厄立特里亚的争端没什么实质区别。为“纠正”旧的大陆边界，东欧的民主民族主义浪潮引发了前南斯拉夫的最后战争。

通常，把土地转变为民族资产的进程从统治中心开始，随后进入更广大的社会意识，自下而上地支持和推进攫取土地这一进程。与前现代社会不同，大众自身就成了新神圣土地的高级祭司和看护者。如在过去的宗教仪式中一样，神圣土地跟周边的世俗地带清楚地区分开来。于是，在新世界，公共资产的每一厘米都属于圣化的民族领土，永不能放弃。这并不是说，外部的世俗空间不能变为内部的和神圣的——把更多土地并入民族领土一直被视为爱国主义的典型行为，不过，从祖国拿走哪怕一小块土都是不允许的。

一旦边界成为民族资产面积的标志物——不仅是土地表面的一 63
条线，连带它深入地下和伸向空中的延伸线一起——一种实质性的荣誉氛围和崇高感立刻降临。一些标志物的基础是久远的历史，另一些有赖于纯粹的神话。由此，只要体现了现代民族的所谓核心或多数“族群”在任何一块土地上的存在或对它的控制，一切琐碎的久远知识都被用作吞并、占领、殖民化的借口。只要有可能引出一丝丝领土权利和划分的正当性，一切微不足道的神话和传说都成了意识形态武器，都成为民族记忆建构的重要一环。[45]

古代战场成了朝圣地，王国的独裁创建者和残暴反叛者的墓地都成了官方的国家历史遗址。一向世俗的民族主义鼓吹者给单调的风景注入了原始乃至超自然的成分。包括宣扬各民族兄弟情的社会主义者在内，民主的革命者求助于对君王的、帝国的甚至宗教的过去的怀旧记忆，以确立和巩固他们对尽可能大的领土的控制。

在主动的、即时获取的所有权之外，普遍必要的还有引出时间的广延维度，以之包含民族空间，赋予它一种永恒存在的氛围。大规模的政治祖国相对比较抽象，总是既需要时间中的稳定指向，也要有真实可见的空间特征。因此如前面断言的，与历史学家一样，地理学家也参与了新的教化神学。根据这种神学，民族土地分得了神的长期霸权，并在一定程度上改变了上天：在现代时期，人们可用讽刺的口吻谈论上帝，远远多过讽刺地对待先辈土地的情况。

在 19、20 世纪的国家和国际政治中，大规模的抽象祖国是最具
优势的力量。数百万人死在它的名下，其他人则为它而死，大批人 64
想要只在它的边界内生活。不过，像其他一切历史现象一样，它的力量既非绝对也不是永恒的，后一点或许不必明言。

45 关于从完全不同的理论路径对这一主题的讨论，参见安东尼·J. 史密斯，《民族与民族景观》，见《民族的神话与记忆》，牛津：牛津大学出版社，1999 年，第 149—159 页。

祖国不仅有划分其领土的外部边界，也有限制其心理存在的内部边界。在为生活压力搏斗或是无法有尊严地供养家庭时，人们会想要移民别的国家。这样，他们也更换了民族领土，就像大多数人扔掉一件曾经漂亮但现在旧了的衣服一样，虽然有些怀旧，但也很坚决。

大规模移民不但发生在人口民族化和祖国的创建时期，在现代化阶段同样突出。尽管有被连根拔起和走向未知目的地的痛苦，面对贫困、经济压力、迫害及其他现代时期的威胁时，数百万人走向看起来承诺了比原籍更稳定的生机的地方，重新定位生存空间。扎根在自己选择的新祖国的艰苦历程也把移民变成了爱国者，而且，即使第一代移民不总是很成功，在他们后代的心中和头脑中，新祖国也无疑会扎下更深的根。

纵观历史，种种政治现象先是兴起，最终消失得无影无踪。民族祖国成形于 18 世纪末，它发展为所有成为其公民的人的“正常”与标准空间；到 20 世纪末，它才显示出衰退的迹象。当然，这一现象离消失还很远，在地球的“遥远”角落，人们仍在为祖国土地而死；不过，在其他地区，传统边界已开始消解。

许久以前，市场经济曾摧毁小型祖国，在民族祖国的创建中，在为它们画出不可逾越的边界时发挥了重要作用。如今，在政治精英，以及很大程度上在视听与网络媒体的协助下，市场经济已开始部分侵蚀其从前的创造物。作为创造经济财富的一种手段，农业工作的价值在下降，这也削弱了过去爱国主义的心理力量。今天，当
65 法国人、德国人、意大利人离开祖国时，国家及其看护者都不会出现在边界。如今，欧洲人游走于其中的领土空间有了全新的边界。

凡尔登可能是 20 世纪爱国主义蠢行的象征，现在成了受欢迎的旅游名胜。讽刺的是，今天在凡尔登，没有谁会注意欧洲游客的护照或国籍。虽然欧洲新颁布的土地边界更具雄心，甚至残酷程度可

能不比先前的小，但是，其中的领土不再有旧政治祖国的全部特征。

显然，法国人再也不会为法国而死了，德国人极不可能再为德国杀戮了，反过来说同样如此。至于意大利人，他们极有可能继续约瑟夫·海勒的《第22条军规》中愤世嫉俗的意大利老人喊出的话语所体现的传统，本章用那段话做了章节前的题词。

在核武器时代，传统的大规模杀戮变得越来越成问题，越来越复杂。不过，我们无法排除那种可能：未来的人们发现杀戮与被杀的新方法。若果真如此，最可能的理由会是为了一种未知的新版政治。

第二章

土地神话：起初，神许诺了这块土地

67 你们在那地住久了，生子生孙，就雕刻偶像，仿佛什么形象，败坏自己，行耶和华你神眼中看为恶的事，惹他发怒。我今日呼天唤地向你们作见证，你们必在过约旦河得为业的地上速速灭尽！你们不能在那地上长久，必尽行除灭。

——《申命记》4：25—26

这三项劝诫的目的是什么？一是以色列不要站在高处；一是上帝，愿他的名被称颂，要求以色列不要反抗世界上的民族；一是上帝，愿他的名被称颂，要求偶像崇拜者（世界上的民族）不要过于压迫以色列。

——《巴比伦塔木德·婚书卷》13：111

在《圣经》中，“祖国”（moledet）一词出现了19次，几乎一半在《创世记》中，意思都是某人的出生地或熟悉的居住地，全无人们在希腊城邦或古罗马共和国文化中见到的那种民事的或公共的含义。“圣经英雄”从来不曾为获得自由而保卫祖国，也未表达过对它的公民之爱。他们不了解“至高牺牲”和为祖国而死的“甜蜜”的含义。总之，北地中海海湾的爱国主义观念在南岸很少有人知道，在肥沃的新月地带更少有人知道。

19世纪末，热衷于犹太复国主义观念的人们出现后，遇到了一

个棘手的问题。巴勒斯坦很快将变成“以色列地”，他们把《圣经》 68
用作地契；原本是想象的、据称是所有犹太人流亡起点的外国土地，现在他们需要使用一切手段，把它变为神话先辈曾经拥有的古代祖国。为实现这一目标，《圣经》开始有了民族主义书籍的特征。这部神学经文集包括一些历史情节和神的奇迹，原本是为了向读者灌输信仰，如今变成了历史学文集，只有一点点不重要的宗教意义。在此语境下，他们必须最大限度地遮掩上帝的超自然存在，从中提炼出全然爱国主义的人格。至少一定程度上，所有犹太复国主义知识分子都是世俗人士，对深入的神学探讨没有兴趣。他们认为，存在基础已遭破坏的上帝向“特选子民”许诺了一块土地，以回报后者对自己的虔诚信仰。于是，他转变为历史电影里的某种画外音，指导着一个民族争取一个祖国，并向那里迁徙。

当应许者的力量正在消失或在许多人看来已经消失的时候，坚持使用“应许之地”这一术语有点儿困难。[1]将想象的爱国主义植入民族主义精神一点儿也不熟悉的神学作品，这不是件容易的事。这事虽然很复杂、很麻烦，但最终成功了。不过，目标的实现不是全凭犹太复国主义思想家和作家的才干。成功的秘密在于当时的历史环境，我将在本书后面部分予以讨论。

天才的神学家授予自己一块土地

《圣经》诸卷不曾提到民族祖国的政治维度。[2]与后来的基督教不

---

1 借着短文《没有上帝，但他许给我们了这块土地》（“There Is No God, but He Promised Us the Land”）的题目，阿农·拉兹－克拉克次金（Amnon Raz-Krakotzkin）巧妙地说出了这一点。见《米塔姆》（*Mita'am*）3，2005 年，希伯来语，第 71—76 页。

2 “以色列地”能否被看作犹太人的祖国？以希伯来语发表的三篇资料丰富的质疑文章的理论基础和结论与这里提出的有所不同，参见扎里·古里维茨（Zali Gurevitz）和吉迪恩·阿兰（Gideon Aran）：《现场（以色列人类学家）》[“On the Spot （转下页）

69 同，它们没有教导道真正的祖国在永恒的天堂。不过，故事中领土的地位的确突出。《圣经》中，“土地”一词出现了一千多次，在大多数篇章中都有着重要的意义。

不同于“摩西五经”没有提到耶路撒冷[3],《创世记》一开始就介绍了迦南地。它是目的地，行动和补偿的场所，是遗产、被选中的地方,以及其他角色。它被描述为“极美之地”(《民数记》14:7),“那地有小麦、大麦、葡萄树、无花果树、石榴树、橄榄树和蜜”(《申命记》8 : 8)。当然还是“流奶与蜜之地”(《利未记》20 : 24,《出埃及记》3 : 8,《申命记》27 : 3)。犹太和非犹太大众的基本假设是，这地已授予“以色列子民”，直到日子的尽头。无数《圣经》段落肯定了这一假设。

如人类文学史中的其他经典一样,《圣经》字句可以有不同的解读，歧义性正是它们的一种力量之源。不过，这不意味着每一段都能用完全矛盾的方式解释。有趣的是，虽然基督徒记录了他们在犹大地的耶稣信仰追寻历程,《圣经》篇章却一次次指出，雅威宗教既非诞生于上帝许给他选中的人群的地域，也不是在那里发展起来的。对于西半球的犹太 - 基督 - 伊斯兰教文明，无论理论上还是实际上，在确立上帝信仰以及奠定一神教的根基方面，神的最初两次现身起着决定性作用，然而，它们都令人惊讶地没有发生在迦南地。

(接上页)(Israeli Anthropology)”]，载《两千年》(*Alpayim*) 4，1991 年，希伯来语，第 9—44 页；丹尼尔 · 伯亚林(Daniel Boyarin)和约纳丹 · 伯亚林(Jonathan Boyarin)：《以色列人民没有祖国：在犹太人的地方》(“The People of Israel Have No Motherland: On the Place of the Jews”)，载《理论与批评》(*Teorya Uvikoret*) 5，1994 年，希伯来语，第 79—103 页；哈盖 · 达甘(Hagai Dagan)：《“祖国”概念与犹太精神：不和谐音编年史》(“The Concept of ‘Homeland’ and the Jewish Ethos: Chronicles of a Dissonance”)，载《两千年》18，1999 年，希伯来语，第 9—23 页。

3 在《圣经》中,耶路撒冷出场较晚,最初是作为《约书亚记》(10:1)中的一个敌对城市，后来在《士师记》(1 : 8)中被犹大部落征服和焚毁。

第一次，上帝出现在位于今日土耳其的哈兰，对亚兰人亚伯兰
说："你要离开本地、本族、父家，往我所要指示你的地去。"（《创
世记》12：1）于是，雅威的第一位追随者放弃了家乡，开始了去往
未知的应许之地的行程。由于灾荒，他没在那里停留太久，很快又 70
去了埃及。

根据有关一神教初创基础的神话，在出埃及期间，第二次重大相遇发生在沙漠。[4]雅威交给摩西托拉律法时，于西奈山直接向他现身。交托了"十诫"，发出别的指示、命令、建议之后，上帝还说到应许之地："看哪，我差遣使者在你面前，在路上保护你，领你到我所预备的地方去……我的使者要在你前面行，领你到亚摩利人、赫人、比利洗人、迦南人、希未人、耶布斯人那里去，我必将他们剪除。"（《出埃及记》23：20，23）虽然听者早应知道，那土地不是空无人烟的，但神的承诺第一次包括了一项明确的保证，要除掉可能影响殖民的原住居民。

也就是说，民族之父亚伯拉罕和首位伟大先知摩西——两人与上帝有密切的、排他性的关系——不是生在这块土地，而是从别的地方迁来的。雅威信仰多次强调，其创立者和以后在这里建立政治实体的人们来自国外，这迥异于原住民神话：后者称许本地居民的古老历史，以此表达对土地的所有权。

亚伯拉罕和他的亚兰妻子一起，从美索不达米亚迁到迦南。当这位"改宗者"想为爱子娶妻时，他吩咐仆人："不要为我儿子娶这迦南地的女子为妻。你要往我本地本族去，为我的儿子以撒娶一个

4 其实较早的时候，在阿拉伯半岛的米甸，燃烧的荆棘这个有名的故事讲述了上帝私下向摩西的现身。这里，上帝引人注目地对摩西说："你站立的地方是圣地。"（《出埃及记》3：5）更早的时候，在迦南地，他还有一次不那么重要的现身，不是在地上，而是在雅各的梦中。（《创世记》28：12—15）

妻子。”（《创世记》24：3—4）于是，仆人回到主人的祖国，从国外引来了迷人的利百加。后代们延续着不爱国的惯例，利百加跟公公一样来自国外，她对年迈丈夫说的话反映了这一点：“我因这赫人的女子，连性命都厌烦了；倘若雅各也娶赫人的女子为妻，像这些
71 一样，我活着还有什么益处呢？”（《创世记》27：46）以撒屈服于强势的妻子，对年长的儿子说：“你不要娶迦南的女子为妻。”（《创世记》28：1）

孝顺的雅各别无选择，只能离开迦南，去美索不达米亚，去祖父、祖母和母亲的祖国。在距离不算太远的流散地，他娶了利亚和拉结，两个当地的姐妹，也是雅各最近的堂亲，与她们生了12个儿子和1个女儿。儿子中的11个和约瑟的两个儿子一样，与以色列各支派族长同名，都生在不同的地方，只有一个生在迦南。如我们看到的，四位“民族之母”都来自一个遥远的祖国。根据传说，亚伯拉罕、他的妻子、他儿子的新娘、孙子的妻与妾、几乎所有的重孙都是北方肥沃新月地带的当地人，听从造物主的命令，移民到了迦南地。

随着故事的发展，不爱国的传说在继续。如我们所知，雅各的儿子全“下到”了埃及，其后的400年，他的所有后代、全部“以色列子民”都生在那里，为时长过从英国清教革命到原子弹发明的时期。像先辈一样，他们也毫不犹豫地娶了当地女子，这是被允许的，只要不是迦南人就可以。一个值得注意的例子是约瑟，其妻是法老所赐的亚西纳。亚伯拉罕的妾夏甲也是埃及人，不是迦南人。“以色列子民”的第一位伟大领袖是摩西，他娶了米甸人拿坡拉。这样的婚姻与以后的习俗完全不同，但作为其结果，毫不奇怪，“以色列

人生养众多并且繁茂，极其强壮，满了那地”（《出埃及记》1：7）[5]。我们要记住，这里所说的地是埃及，不是迦南。因此，根据《圣经》 72
故事本身，从人口学的角度说，“人民”没有初生在许给他们的地方，而是根据古代文化地图，兴起于一个繁荣的、值得称许的文化中心。在伟大的法老王国，摩西、亚伦、约书亚出生，受教育，转变为雅威的虔诚信徒，其中约书亚领着人民去了迦南地。

如我们看到的，必须结合另一种必要的动力，才能理解在这块土地之外的“神圣民族”神话的、反土著的构成。《圣经》作者不仅反对土地上的居民，还一再表现出对他们的强烈敌意。绝大部分《圣经》作者憎恨当地（“民众”）部族，后者耕作土地，是偶像崇拜者。这些作者一步步为部族灭绝铺下了神学基础。

如我们注意到的，较早的时候，雅威于西奈山交出“十诫”，承诺赶走当地土著，给选民腾出空间。[6]在多个场合，前埃及王子摩西重述了上帝的许诺。《申命记》中，先知不断向“以色列子民”强调，他们的神“将列国之民剪除的时候，耶和华你神也将他们的地赐给你，你接着住他们的城邑并他们的房屋”（《申命记》19：1）。更有甚者，在发布了包含着对被征服的非迦南居民较为和缓政策的指示后，

---

5 耶路撒冷希伯来大学的瑟吉奥·代拉·珀格拉（Sergio Della Pergola）是世界犹太人口专家，最近他说：“《圣经》提到，跟雅各一起下埃及的有70人，430年后离开的是60万人。这种估计在人口学上完全可能……”引自阿米拉姆·巴卡特（Amiram Barkat）：《从出埃及到现代的世界犹太人口追踪研究》（“Study Traces Worldwide Jewish Population from Exodus to Modern Age”），载《国土报》（*Haaretz*），英文版，2005年4月29日。指出下面的计算会很有趣：在同一时期，用古埃及的当初全部人口乘以大约是8600的同样因数，得到的人口至少有40亿或50亿。

6 当此历史时刻，上帝还展示了一种复杂的战略：“我要打发黄蜂飞在你面前，把希未人、迦南人、赫人撵出去。我不在一年之内将他们从你面前撵出去，恐怕地成为荒凉，野地的兽多起来害你。我要渐渐地将他们从你面前撵出去，等到你的人数加多，承受那地为业。”（《出埃及记》23：28—30）这一承诺是在交出“十诫”仅两章后做出的，它表明，主导性的圣经精神是一种群内道德，根本不是普世性的。

摩西再次强调："但这些国民的城，耶和华你神既赐你为业，其中凡有气息的，一个不可存留。"(《申命记》20：16)

"抹去"、"剪除"、取走"凡有气息的"生命等是明确的命令，
73 不过，整部《圣经》中，指出要完全消灭这块土地上的居民时，用得最多的词是"彻底毁灭"。的确，根据《圣经》传说，以色列各部落渡过约旦河和征服耶利哥、进入应许之地后，对当地人口的肉体消除立刻开始了。就是这个时候，"他们又将城中所有的，不拘男女老少、牛羊和驴，都用刀杀尽"(《约书亚记》6：21)。每座城陷落后，这种事情都会发生。经书写道："这样，约书亚击杀全地的人，就是山地、南地、高原、山坡的人，和那些地的诸王，没有留下一个。将凡有气息的尽行杀灭，正如耶和华以色列的神所吩咐的。"(《约书亚记》10：40)征服结束于大肆抢劫、流血遍地："那些城邑所有的财物和牲畜，以色列人都取为自己的掠物；惟有一切人口都用刀击杀，直到杀尽，凡有气息的没有留下一个。"(《约书亚记》11：14)

大规模杀戮后，征服者的军队平静了些，出生于埃及的"人民"再次分裂为各部落，在他们之间分割了这块土地的各个部分。现在，这块"土地"比上帝许给摩西的大，突然包括了约旦河的另一边。两个半部落住在河东，标志着他们在应许之地的本地历史的开端；如已指出的，应许之地比迦南地大。带着极大的想象力，《圣经》详述了这段历史，充满了对不断的犯罪行为的谴责。罪行导致了双重流亡这一最终惩罚：公元前8世纪，以色列王国居民流亡亚述；公元前6世纪，犹大王国居民流亡巴比伦。很多叙述追溯到迦南地希伯来人的故事，想要找出造成这些创伤性流亡的原因。

这对历史学家和《圣经》学者引出了一系列问题，他们不相信那些书的神圣性，不接受时代倒错的、靠不住的事件编年史：(1)古代文本的作者为什么不断强调，神现身在应许之地以外的地方？(2)在这一引人入胜的史诗中，为什么绝大多数主角不是本地出身？

（3）培植对土著的强烈仇恨的目的是什么？无论怎么衡量，难以置 74
信的大规模杀戮故事令人困扰，为什么要首先讲述它们？

由于《约书亚记》描述的灭绝战役，许多学者对它颇有微词。[7]不过，在相对晚近的时候，它成了很多犹太复国主义圈子喜爱的文字，大卫·本－古里安是突出的代表。从有关殖民化和以色列人民回归应许之地的叙述中，以色列国创建者们获取了力量和激情，他们对《圣经》过去和民族主义现实之间振奋人心的相似性充分利用。[8]

耶西瓦[9]学生一向清楚，《圣经》不能按字面阅读，需要有人指导，需要对上帝严厉而含糊的话语做软化的解释。虽然如此，在以色列学校，9岁、10岁的犹太学生还是得学习约书亚的战役，而且，所学的东西未经塔木德犹太教理性主义和保护性的过滤器过滤，缺了它能带来的好处。以色列教育部从不觉得有必要远离这些可怕的《圣经》篇章，相反，还不加审查地促进对它的教学。由于“摩西五经”和早期先知书被视为历史文本，叙述了远古以来“犹太人民”的历史，人们达成了一项共识，即如果说学习更抽象的后期先知书不是强制性的话，《约书亚记》则是任何时候都不许跳过的。而且，就算从伦理和教育的意义上说，教这段“过去”证明是有危害的，以色

---

7 18世纪，基督教信仰有所衰落，这激励了对《约书亚记》那些令人不安的主题的不赞成的声音。从托马斯·丘伯（Thomas Chubb）等英国自然神论者到法国启蒙人物让·梅叶（Jean Meslier），许多名人表达了对灭绝的《圣经》命令的激烈批评。例如，参见《哲学辞典》作者伏尔泰在“犹太人”条目中的评估。

8 参见大卫·本－古里安：《〈圣经〉思考》（*Biblical Reflections*），特拉维夫：阿莫韦德出版社，希伯来语，1969年；摩西·达扬（Moshe Dayan）：《与〈圣经〉一起生活》（*Living with the Bible*），耶路撒冷：以达尼姆出版社，希伯来语，1978年。在《犹太复国主义的回归：以色列地的神话、政治与学术》（*The Returns of Zionism: Myths, Politics, and Scholarship in Israel*）一书中，加布里尔·皮特伯格（Gabriel Piterberg）也探索了这一主题，伦敦：乌尔索出版社，2008年，第267—282页。

9 耶西瓦（yeshiva），犹太经学院。——译者注

列教育体系也拒绝从课程中删去有关灭绝的可耻叙述。[10]

75 或许幸运的是，最近犹太复国主义的《圣经》学者和以色列考古学家开始表达对这些叙事的怀疑。实地考察提供了越来越多的明确证据，证明从埃及的出走从未发生，在《圣经》所说的那个时期，迦南地没有被突然征服。这些学者发现有理由假设，关于大屠杀的恐怖故事是编造的。如今看起来比较可信的是，从游牧生活到农业劳作，当地居民经过漫长的渐进演变，发展出迦南人和希伯来人构成的当地混合人口，后来产生了两个王国，即较大的以色列王国和较小的犹大王国。[11]

在新学术圈中，已成常识的理论是，征服故事出现于公元前8世纪末，或至少不晚于一个世纪后的约西亚统治时期，出现在耶路撒冷的仪式得到巩固和所谓的发现托拉律法的时候。按照支持这个理论的学者的说法，那些神学－历史写作的主要目标是，向犹大居民和北方王国灭亡后到来的以色列难民灌输一神信仰。在争取一神教的斗争中，一切说服手段都是合法的。其结果之一是，为反对流传广泛的偶像崇拜和伴随发生的道德败坏，它们进行了敌意的和无

---

10 关于以色列对《约书亚记》的教学，参见列维（Galia Zalmanson Levi）:《讲授〈约书亚记〉和征服活动》（“Teaching the Book of Joshua and the Conquest”），收录于泽夫（Haggith Gor Ziv）主编 :《教育的军事化》（*The Militarization of Education*），特拉维夫：巴贝尔出版社，希伯来语，2005年。1963年，特拉维夫大学心理学系讲师塔马林（Georges R. Tamarin）主持了一项开创性调查，调查以色列中小学生对《约书亚记》的理解。研究结果给教育部带来了强烈冲击。那个时候，人们甚至说，这项研究成了塔马林被解雇的主要理由。参见塔马林 :《以色列的困境 : 关于一个军事国家的论文集》（*The Israeli Dilemma: Essays on a Warfare State*），鹿特丹：鹿特丹大学出版社，1973年，第183—190页。另见约翰·哈同（John Hartung）:《爱你的邻居 : 群内道德的演化》（“Love Thy Neighbor: The Evolution of In-Group Morality”），载《怀疑者》3 : 4，1995年，以及理查德·道金斯（Richard Dawkins）:《上帝幻象》（*The God Delusion*），纽约：航海者图书公司，2008年，第288—292页。

11 以色列·芬克尔斯坦（Israel Finkelstein）和内尔·A. 西伯曼（Neil A. Silberman）:《〈圣经〉发掘》（*The Bible Unearthed*），纽约：试金石出版社，2002年，第98、118页。

差别的煽动。[12]

虽然这些假说令人耳目一新，但仍极不可信。它们部分缓解了我们对古代种族屠杀的文学噩梦，却未回答下面的基本问题：为什么《圣经》故事把最初的一神教信徒描述为移民和征服者，相对于 76
抵达的土地，他们完全是外国人。假说也未能帮助我们理解屠杀当地人的恐怖观念是如何出现的。古代的残酷众所周知，许多材料都有反映。在古代亚述人的传说中，在《伊利亚特》中，人们都能找到大规模杀戮的故事，而且，每个历史系本科生都很熟悉，罗马人击败迦太基后对其居民的残忍。不过，虽然文献不时提到灭绝行为，但在实施过此事的群体中，在为此行为夸口或对灭绝全部人口提出了神学或道德辩护的群体中，我未见过哪一个仅仅是为了继承他们的土地。

首先，《圣经》的历史内核写作极不可能早于公元前 6 世纪犹大王国灭国时。灭亡之前，人们不可能讲述一个引人注目的大型王国，其首都有着壮观的宫殿和雄伟的城墙，因为考古发现表明，历史上的耶路撒冷不过是个大村庄，以后逐渐发展成小型聚居区。其次，《圣经》篇章讲到人民对统治王朝的国王们的系统性折服，让他们归向上帝的主权，或更有甚者，归向上帝的尘世代表、那些愤怒宣讲的先知。可是，这些篇章不会是宫廷文士或圣殿祭司写就的，这些人没有任何文化自主权。而且，即便是最小的主权王国，也不乐意接受这样的说法：统治王朝由人民主动发起建立，几乎所有国王都是累犯。第三，一神教革命意义重大，蕴含着丰富的大胆洞见，很难解释它是如何在乏味农业地区的小王国成形的。中东地区有许多文化中心，而耶路撒冷跟它们毫无共同之处。

12 《〈圣经〉发掘》，第 72—96 页。

如很多非以色列学者断言的，如斯宾诺莎从其尖锐逻辑得出的结论，只是在那些离开巴比伦的人们抵达耶路撒冷后，或更晚一些的希腊化时代[13]，人们才写出《圣经》的主要篇章，《圣经》神学才
77 构建起来。几乎毫无疑问，对流亡的意义与惩罚，那些老练的作者具有第一手知识。他们一再表达对此事的震惊，孜孜不倦地力图提出神学解释。在整个“摩西五经”和“先知书”中，以类似于实际经验的方式，流亡不断发出回响，成为一个常在的威胁。且看《利未记》：“我要把你们散在列邦中，我也要拔刀追赶你们。你们的地要成为荒场……你们要在列邦中灭亡。仇敌之地要吞吃你们。你们剩下的人，必因自己的罪孽和祖宗的罪孽，在仇敌之地消灭。”（26：33，38—39）且看《申命记》：“耶和华必使你们分散在万民中，在他所领你们到的万国里，你们剩下的人数稀少。”（4：27）这些句子其实跟《尼希米记》等明确的“后流散”篇章相同：“你们若犯罪，我就把你们分散在万民中。”（《尼希米记》1：8）

作为假设，我们暂且认为，波斯征服者抵达巴比伦时，遇到了跟犹大地有些疏远的流亡者后代，即祭司和前宫廷文隶，二者获得了有关琐罗亚斯德教的经验。而在那个时候，琐罗亚斯德教正与多神论抗争，但依旧忠于二元神论。关于琐罗亚斯德教二元论和一神论雅威教之间决定性的认识论分歧，经典的表达可以在先知以赛亚的话中找到，他断然宣布：“我耶和华所膏的古列……我是耶和华，在我以外并没有别神。我造光，又造暗；我施平安，又降灾祸；造作这一切的是我耶和华。”（《以赛亚书》45：1，6—7）

13　本尼迪克特·德·斯宾诺莎（Bendedict de Spinoza）：《神学政治论》（*Theological-Political Treatise*），剑桥：剑桥大学出版社，2007 年，第 118—143 页。例如，参见英国《圣经》学者菲利普·R. 戴维斯（Philip R. Davies）近期突破性的经典《寻找古代以色列》（*In Search of Ancient Israel*），伦敦：克拉克出版公司，1992 年。

在我看来，按照年轻的一神教表现出的抽象程度，它只可能出现在官方的国家物质文化中，后者对自然有较好的技术控制水平。那个时候，此类控制只能在靠近河流的大文明中实现，如埃及和美索不达米亚。一边是流亡者及其后代，一边是高级文化中心，二者引人注目的相遇看起来为那些开创性理论提供了基础。[14]

如重大知识革命通常表现的那样，受过教育的大胆思想家们不 78
得不在既有的文化圈之外发展其激进观念。通过用一种陌生的语言写作，通过一些人在波斯主权保护下向迦南的移居，面对那些仍是半多神教的、拥有支配权的、怀有敌意的祭司阶层和宫廷作者，他们发现有可能避开直接的冲突。以这种方式，在巴比伦和迦南之间漫长的历史运动中，他们迈出了走向全新神学传统的第一步。

对这些独特的知识分子来说，公元前 5 世纪的小小耶路撒冷成了避难所和知识的温床。一些人留在巴比伦，为移民提供物质与精神支援，帮助编纂革命性的文集。这样，在北方的肥沃新月地带诞生的信仰和地中海地区文化之间，迦南成为一座精神桥梁。在一场将征服大部分地球的浩大神学——犹太人的、基督徒的、穆斯林的——战役中，耶路撒冷成了第一站。

接受了这一假说，有关一神教诞生于应许之地以外的叙述就可信多了，也容易理解多了。至于将一神信仰传入迦南的文学人物亚伯拉罕、摩西等人，我们可以理解为一种传奇性模仿，模仿对象是实际从巴比伦引来一神教的移民，他们于公元前 5 世纪初来到锡安。公元前 5 世纪和前 4 世纪是一个伟大的时期，它见证了希腊哲学和戏剧的诞生、佛教和儒学的传播，也是在此时，西方一神教的先锋聚集在小小的耶路撒冷，开始培植他们的新信仰。

14　死者复活的观念和“宗教”（dat）这一术语也都出自波斯文化。不过，人们仍不清楚，为什么是犹大的流亡者擦出了一神教的火花。

通过以斯拉、尼希米等可敬人物，这一工作是在波斯王国代理人的监视下进行的。所选择的叙事策略意图创造一个忠实信徒社团，与此同时，又要防止这个社团太过强大，威胁到至高的帝国权威。因此，在“犹大省”（Yehud Medinata，阿拉米文），它允许想象以上
79 帝名义征服大片土地，允许梦想不实际的应许之地的边界，直到新移民出发的地方，而在实践中限制对实际主权的要求，满足于一个规模适中的圣殿，不停地感激“慷慨的”波斯统治者，不许新信徒社团的权利过度扩张。

不同于统治他们的君王和曾为当地统治者效力的文化阶层，其父辈曾在犹大和以色列王国生活过的、本土出生的希伯来人与跟他们生活在一起的迦南部族一样，从未流亡到亚述或巴比伦。他们缺乏教育，一直是忠实的异教徒。这些土地耕作者说一种混合语言，不承认雅威的排他性或独一性，尽管也崇拜他，认为他是诸神中一个突出的神明。一神教移民的目标是召集当地偶像崇拜者中的精英分子，说服他们放弃自己的信仰，将他们与大部分当地居民分离，塑造为热忱的信徒团体。其结果是“特选子民”观念的第一次出现。

如巴比伦国王常做的那样，官方的详细事件被编年记录下来，其结构类似于摩押石碑（Mesha Stele）。它们很有可能或留在耶路撒冷，或在灭国后被流亡者带走[15]，融入了从北方肥沃新月地带引进的、丰富的宇宙神话与传统。它们合在一起，成为创世及唯一神之显现故事的核心。上帝自身源于埃洛（elo），被从迦南传统中提升，变成

---

15 《圣经》本身包括一些内容，提及以色列王国和犹大王国编年史的保存，它们为后来的神学写作提供了最初的原始材料。如《列王纪上》14：29：“罗波安其余的事，凡他所行的，都写在犹大列王纪里。”又如 22：39：“亚哈其余的事，凡他所行的和他所造的象牙宫，并所建筑的一切城邑，都写在以色列诸王纪里。”

埃洛西姆（elohim）——上帝的希伯来语名，《圣经》中用得最多。乌加里特诗歌的节奏、韵律、语言结构被借用，美索不达米亚诸王国的法律条文被吸收进《圣经》诫命。甚至连冗长而复杂的划分以 80
色列十二部落的叙述，看起来也以柏拉图表达的希腊政治传统为基础；描述理想的殖民地及其 12 个部分和部落的划分时，柏拉图赋予它一种著名的、熟悉的文学表达形式。[16]

要美化物质上和政治上都很平凡无望的现在，人们需要稳固的、光荣的过去，而且，教育和宣传的目的是推进一神教，它们需要并创造了一种新文体。当希罗多德穿过迦南或他所称的巴勒斯坦时，耶路撒冷和巴比伦的文化圈开始构建教义。不过，他们的作品不能被视为历史的，最好当成原创的"神话史"（mythistory）。[17] 在这一陌生的新文体中，我们再找不到各种神的故事，但我们也找不到把人类事件与行为本身作为目标进行的考察，如希腊世界做的那样。写作的首要动机是一种强烈的需求，想将过去再发明为一神计划和奇迹的证明、人类缺陷的证据：在罪与惩之间，人类注定会永恒地打转。

为此，必须坚决把麦子和麦壳分开，确定哪个国王为上帝所选，其过失可以原谅，哪个国王一直是上帝眼中的罪人，至死都被藐视。必须确定哪些国王一直忠于雅威，哪些永远受诅咒。在此过程中，主要的人物成为历史性的，名字列在详细的编年史中。其他祭司活动于撒马利亚，肯定他们自己与伟大的以色列王国的关系，强化大卫和所罗门统一王国的久远神话，王国因有罪的宗派分子而一分为

16 参见柏拉图：《法律篇》5.744—746。

17 公元前 5 世纪，希罗多德在这个地区旅行，其时他不知道不起眼的耶路撒冷社区，作品中没提过。他把这个国家的居民当作叙利亚人，称作"巴勒斯坦人"。参见希罗多德：《历史》3—4，纽约：企鹅图书公司，2003 年，第 172、445 页。

二。即使北方王国的领袖成了可恨的偶像崇拜者，这也未能阻止窃取其受尊崇的名字——以色列——的行为，并将之分给“特选子民”。

81 尽管有斯宾诺莎开创性的观点，但若是设想那些非凡的文本由一两名作者完成，也是没有道理的。作者群体应该是人数众多、来源广泛的，与巴比伦的中心一直有联系。文本的特征表明，在长达数个世代的时期里，它们不断地被写出和重写，因而有重复的记录、拼凑而成的个人故事、叙事连续性的缺失、记忆错误、风格的改变、对上帝不同名字的使用，以及大量的意识形态冲突。当然，作者们意识不到，有一天，所有文本都会汇集到一部正典中。

人们广泛同意一神的存在，不过，对于应赋予它哪些伦理价值则有许多不同意见。政治上，如何对待外人的分歧也出现了。[18] 与先驱们相比，后来的作者显得不那么排外；在风格上，在有关神圣存在的概念上，申命派与祭司派作者都有不同。不管怎么说，即便这样大量的写作是想要很快创造一个社团核心，它们同时也指向遥远的未来，或许后一意图更为强烈。

在第一批“先知书”和《圣经》的绝大部分篇章中，亚兰－纳哈莱姆（Aram-Naharaim）来人的日益凸显和他们对本地出生的居民的深深厌恶得以反映。他们的祖国在别的地方，在巴比伦或埃及这两个最受推崇的古代文化中心。“以色列子民”的精神领袖来自有着良好声誉、广受尊重的地方，从那里，他们带来了排他性的信仰，带来了上帝最重要的诫命。与他们相比，迦南居民是无知的、堕落

18 参见摩西·维恩菲德（Moshe Weinfeld）:《回归锡安时期的普世主义和孤立主义倾向》（“Universalist and Isolationist Trends during the Period of the Return to Zion”），载《塔比茨》（*Tarbitz*）33，1964 年，希伯来语，第 228—242 页。我们不应忘记，《圣经》也有个别段落与这一总体倾向矛盾，比如“若有外人在你们国中和你同居，就不可欺负他。和你们同居的外人，你们要看他如本地人一样，并要爱他如己，因为你们在埃及地也做过寄居的。我是耶和华你们的神。”（《利未记》19：33—34），另见《申命记》10：19。

的，一次次地重犯崇拜偶像之罪。

对土著的鄙视和疏远最终变成了驱逐和灭绝他们的令人不安的 82
文学描述。第一批抵达迦南的作者没有国家管理权，没有军队。他
们与十字军不同，也没有体制化的宗教裁判所，有的只是想象、文
字和恐吓。

他们不是面向大众的，正相反，文学活动发生在一小批文化精英和有限的好奇听众中，他们在不大的耶路撒冷郊外举行集会。然而一步步的，这个圈子扩大了，“以色列之子”持续繁荣，直到公元前 2 世纪，他们建立了历史上第一个一神政权——小而短命的哈斯蒙尼王国。

否定了应许之地本土居民的所有权和生命权后，《圣经》作者将土地授予了自己和赞同其教义的人们。一神教仍是一种不稳定的信仰，深深担忧多神教构成的威胁。公元前 2 世纪，马加比起义发生后，一神教强大起来。只是在这以后，它才开始传教，不加区别地使信徒身边的不信者改宗。但这个时候，一神信仰团体与周围的偶像崇拜大众进行了激烈的斗争，为对抗这些人，他们形成了不妥协的孤立主义立场。

在“锡安回归者”（shavei zion）中，禁止娶本地女人成为最高
指示。与土著女人联姻的人被命令离婚[19]，移民迦南的人们必须从巴
比伦娶妻。谴责本地人看起来符合波斯帝国的总体战略，后者实施
的是熟悉的分而治之原则。新的“神圣民族”在耶路撒冷及周边地
带活动，不许跟土地上头脑简单的农民融合。因此，在做文学回溯时，
以撒和雅各也不得不娶亚兰处女，约瑟和摩西可以娶埃及人和米甸
人，而不是迦南人。到了“后来”，色心难以满足的所罗门王将美丽 83

19 见《以斯拉记》10：10—11，《尼希米记》13：23—26。

的本地女人加入他的700名妻子和300名妾中，这被雅威认为是不当的，想象的王国也分成了两个。这一点加上其他因素，为以色列与犹大王国的未来存在提供了神学正当性。（《列王记上》11：1—13）

对跟本地大宗族或部落男女结亲的禁令严厉而彻底。只有被赶走的或受诅咒的人才能这么做，如以撒的长子以扫，而这会导致社会地位显著下降。在这里，从上帝诫命的出现到实施，追溯一下它们与《圣经》故事的交织会是有趣的。比如说，摩西发出了这样的指示：

> 耶和华你神领你进入要得为业之地，从你面前赶出许多国民，就是赫人、革迦撒人、亚摩利人、迦南人、比利洗人、希未人、耶布斯人，共七国的民，都比你强大。耶和华你神将他们交给你击杀，那时你要把他们灭绝净尽，不可与他们立约，也不可怜恤他们；不可与他们结亲，不可将你的女儿嫁他们的儿子，也不可叫你的儿子娶他们的女儿。（《申命记》7：1—3）

奇怪的是，上帝先命令彻底消灭本地人，然后又指示不跟已被灭掉的人结亲。在狂热的作者的孤立主义想象中，灭绝与禁止结亲混合在一起，构成了一个牢固的破坏复合体。

叙述了约书亚的灭绝活动后，作者接着告诉迷惑的读者，这次种族屠杀像历史上的任何一次一样，并不彻底。的确，包括传奇性的约书亚征服在内，即便在回归锡安后，许多异教徒依然生活在迦南。我们都知道神显给妓女喇合和基遍人的仁慈，后者变成了劈柴挑水的人。而且，坚定的军事首领约书亚在去世前召集追随者，发
84 出这样的警告："你们若稍微转去，与你们中间所剩下的这些国民联络，彼此结亲，互相往来，你们要确实知道，耶和华你们的神必不再将他们从你们面前赶出，他们却要成为你们的网罗、机槛……"（《约书亚记》23：12—13）

在《圣经》中，《士师记》直接连着约书亚的故事。从这里，我们惊讶地看到，本地人根本没有灭亡，对与本地人同化的威胁的困惑依然挥之不去：

以色列人竟住在迦南人、赫人、亚摩利人、比利洗人、希未人、耶布斯人中间，娶他们的女儿为妻，将自己的女儿嫁给他们的儿子，并事奉他们的神。以色列人行耶和华眼中看为恶的事，忘记耶和华他们的神，去事奉诸巴力和亚舍拉。（《士师记》3：5—7）

不过更令人惊讶的是，在应该更晚些的时候，在《以斯拉记》中，围绕着与已被消灭的古代民族融合这一主题的仍是深深的担忧：

这事做完了，众首领来见我，说："以色列民和祭司并利未人，没有离绝迦南人、赫人、比利洗人、耶布斯人、亚扪人、摩押人、埃及人、亚摩利人，仍效法这些国的民，行可憎的事。因他们为自己和儿子娶了这些外邦女子为妻，以致圣洁的种类和这些国的民混杂。"（《以斯拉记》9：1—2）

唯一神埃洛西姆（Elohim）有人口众多的家族，包括他的妻子
土地女神阿舍拉（Asherah），他聪明的儿子们——粗野的巴力、可
亲的阿斯塔特（Astarte）、狂暴的阿纳特（Anat），以及海神亚姆
（Yam）。将唯一神同他们分离和区别似乎成了一项西西弗斯似的事
业，早期一神信徒需要为之无休无止地努力。为了让唯一至高神深
入人心，过去的诸神必须被连根拔起，如果做不到这一点，如果以
色列的孩子们转去崇拜诸多神祇，他们会受到惩罚，被剥夺授给他 85
们的土地。雅威对自己有正面的认识，即"仁慈的和怜悯的"，但其
实是严厉和复仇的神。像嫉妒的、占有欲强的丈夫，他不原谅背叛
自己的人，信徒犯罪时，惩罚会迅速到来。到故事结束时，经常出
现的毁灭与流亡主题成了现实。

整部《列王纪》想表明，以色列人的流亡源于受憎恨的暗利家族，正如犹大居民的流亡是因为玛拿西王所犯罪行一样。从耶利米和以赛亚到阿摩司和弥迦，几乎所有先知都不懈地发声，警示将落在这个国家的灾祸，警告那灾祸将把它变成荒芜之地，拔去罪人的根，残忍地将他们赶离这块土地。这是《圣经》作者的终极武器，他们不知疲倦地指导和告诫缓慢扩张着的信仰者群体，不要偏离唯一真神。

在《圣经》的神学话语中，对受宠爱的人民的土地承诺几乎总是有条件的。没有什么是永恒的，一切都有赖于他们贴近上帝的程度。应许之地不是一次性的赠予，不是不可收回的礼物。它是一项贷款，从来未被视作领土资产。应许之地永远是上帝的资产，以色列子民从来未被授予它的集体所有权；上帝虽然极其慷慨，但只是把土地有条件地暂时给了他们。

无所不在的神圣地主不断地强调，“全地都是我的”（《出埃及记》19：5）。为消除关于民众占有和所有权性质的一切疑虑，他清楚地断然宣称：“地不可永卖，因为地是我的，你们在我面前是客旅、是寄居的。”（《利未记》25：23）[20] 自约翰·洛克以来，现代政治思想一直将土地看作属于耕作者。不过，圣经哲学不是这样的。土地不
86 是古代迦南人的财产，不是希伯来部落的财产。很大程度上，住在上面的人都是孤儿。

虽然以色列子民的后代与圣城耶路撒冷有着密切的关联，但以色列地从来不是他们的先辈土地，因为如我们看到的，大多数他们

---

20 《圣经》学者威廉·大卫·戴维斯（William David Davies）第一个声辩道，雅威主义有关领土的神圣所有权的观念来自迦南的巴力神传统。参见《福音与土地：早期基督教和犹太领土信条》（*The Gospel and the Land: Early Christianity and Jewish Territorial Doctrine*），伯克利：加利福尼亚大学出版社，1974 年，第 12—13 页。

想象的祖先都出生在别的地方。此外，《圣经》的主角们没有祖国，无论在这个词的希腊－罗马政治意义上，还是在它作为一个熟悉的、受保护的安全地域的有限意义上。根据早期的一神教教义，领土不是普通的或疲惫的人们的避难所、歇脚地。它永远是一项挑战，人们需要证明自己配得上拥有它，哪怕是暂时的。

换句话说，在《圣经》全书中，迦南地从来不是“以色列子民”的祖国；出于这一点加上其他原因，《圣经》各卷从来不把它叫作“以色列地”。

从迦南地到犹大地

今天，大多数以色列人不清楚，就其广泛意义而言，惯用的术语“以色列地”在《圣经》诸卷中从未出现。跟他们不同，《密西拿》和《塔木德》的作者对此事实有敏锐的理解，后者很幸运，无须通过民族主义的中介棱镜阅读《圣经》。一篇极有可能出自公元3世纪的《米德拉什哈拉卡》（Midrash Halakha，《米德拉什》是拉比犹太教的一种《圣经》阐释形式，哈拉卡是拉比文学中阐明犹太律法与实践的一种方式）包含有下述文字：

> 迦南受到称许，这块土地以他的名字命名。不过，迦南做了什么？只是这个：一听说以色列人要进入这块土地，他立刻起身，从他们面前离开。于是上帝对他说：你从我的孩子们面前离开了；为此，我要用你的名字称呼这地。（马基尔塔，皮沙，18，69）[21]

如本书导言所指出的，在《圣经》中，以及在公元70年前的圣
殿未被毁灭的漫长时期里，这个地区之所以被认为是以色列地，原因 87

21　雅各·Z. 劳特巴赫（Jacob Z. Lauterbach）：《拉比伊斯梅尔的律法阐释规则》（*Mekhilta De-Rabbi Ishmael*），费城：犹太出版协会，2004年，第107页。

既不在于其居民的语言，也不在于这些居民的近邻用了这个术语。

不过，地名及其别名并非一直保持不变，社会与人口变迁往往导致新名字的出现。如地球上任何地区经过四个世纪之后会发生的一样，从公元前 2 世纪到公元 2 世纪，迦南地的政治生态发生了变化，越来越多地以犹大地之名为人所知，虽然以前的名字还未完全消失。比如，弗拉维乌斯・约瑟夫斯（Flavius Josephus）写作的时代是公元 1 世纪末；谈论过去时，他使用“迦南地”，但要读者注意一个事实，即这块土地“过去叫迦南”，“现在叫犹大”。[22]

《圣经》写作、编辑、修订于公元前 5 世纪到前 2 世纪。遗憾的是，对这个时期迦南发生的事，我们所知甚少；关于《圣经》诸篇写作时的环境，此类知识能告诉我们很多，使我们能更好地解释它们的意义。由于资料的缺乏，到马其顿的亚历山大征服为止，小小犹大省的居民历史几乎完全不为人所知，希腊化时期刚开始的时候也一样。人们只知道，《圣经》诸书被不断地抄缮，一代代传下来，在以耶路撒冷为中心的一小块地方，雅威宗教的传播也开花结果了。如我们已指出的，到公元前 2 世纪，唯一神已有了很大的信徒团体，他们能坚持自己的观念，甚至还能反抗异教统治者，以维护自己的宗教原则与仪式实践。

在一神教于西方世界的历史性崛起中，公元前 167—前 160 年的哈斯蒙尼起义是核心事件。虽然在战场上，起义者遭受了重大挫败，但塞琉古帝国的衰弱创造了难得的机遇，促进了自治宗教政体的建立。公元前 140 年，后者成为拥有主权的神权王国。虽然犹大王国
88 独立的时间不长，到罗马的庞培抵达这里时仅存有 77 年，但它是犹太教向世界传播的跳板。

22　弗拉维乌斯・约瑟夫斯：《弗拉维乌斯・约瑟夫斯全集》（*The Complete Works of Flavius Josephus*），伦敦：T. 内尔森及其儿子们的出版社，1860 年，第 38 页。

对起义本身，我们的了解只有几种材料可以依托，首要的是《马加比一书》。我们也有后来的《马加比二书》、一些希腊化和罗马历史学家的泛泛评论，以及《塔木德》中的常见格言。弗拉维乌斯·约瑟夫斯的《犹太古史》（*Antiquities of the Jews*）和《犹太战争》（*Jewish Wars*）讲述了这次起义，但基本以《马加比一书》为基础，没有添加什么重要信息。《圣经·但以理书》和被划归“外典”或《次经》的其他一些文本也创作于哈斯蒙尼时期，不过，它们的非历史特征对于重建我们需要了解的事件帮助不大。

《马加比一书》作者或作者们的身份不明，不过学者们相信，他们生活在起义后大约 30 年的犹大地，与约翰·希尔坎（John Hyrcanus）统治时期的哈斯蒙尼人关系密切。文本用希伯来语写成，但犹太传统拒绝接受，未收入犹太经典。[23] 原始文本已佚失，留下的只有七十士《圣经》译本中的希腊语版本。像亚历山大的斐洛和弗拉维乌斯·约瑟夫斯的作品一样，它能保留下来要感谢希腊化基督徒。这是历史的讽刺：如果没有古代基督徒保存古代文献的态度，很有可能我们对从哈斯蒙尼起义到圣殿被毁时的犹太史知之甚少，或根本不知道。

细读《马加比一书》后，在阅读文本本身和以色列教育体系提倡的对起义的解读之间，人们可以觉察出一道明显的裂隙。就像犹太复国主义事业对传统的哈努卡节的民族化一样，它也试图模糊《圣经》文本与起义本身宗教的一面。[24] 古代的叙述没提到在一场同 89

23 某种程度上，伯阿斯·伊夫伦的判断是对的：《马加比书》和弗拉维乌斯·约瑟夫斯的著作实际上不是“犹太的”。参见伊夫伦（Evron）:《雅典和乌兹地》（*Athens and the Land of Uz*），宾亚米纳：纳哈尔出版社，希伯来语，2010 年，第 133 页。

24 例如，在有名的哈努卡节日歌曲《谁能传说》[“Mi Yimalel”，迈纳舍·拉比纳（Menashe Rabina）作词，传统曲调，1936 年] 中，第一句就是《圣经》诗句“谁能传说耶和华的大能？”(《诗篇》106:2）的世俗版。节日流行歌曲《我们举着火把》（转下页）

拉丁外国文化的斗争中爆发的“民族”起义，没提反对外国入侵者、保卫国家的“爱国”反抗运动。而且，正如叙述没提到以色列地这个名字，它也没提“祖国”的概念，尽管有犹太复国主义历史学家的坚持，尽管这部书的作者精通《圣经》，且非常熟悉希腊文学，完全可以从中借用那些概念。

在许多年里，犹太信徒习惯于生活在有不同信仰的人的统治下。不管是波斯的国王还是后来的第一批希腊化统治者，只要允许犹太人自行其是，崇拜自己的独一神，他们没有发起任何在历史中留下痕迹的反抗活动。只是由于安条克四世（Antiochus IV Epiphanes）的极端宗教迫害，由于其对圣殿的亵渎，犹太人才被激怒到发动大胆的起义。玛他提亚（Mattahias）和儿子们起而反对帝国，因为“这时，国王的官员们在加紧实施要犹太人放弃传统做法的法令。他们来到莫得因城，要这里的人们奉献异教祭品”（《马加比一书》2：15）。哈斯蒙尼老祭司没有杀试图采取外国“民族文化”的犹太人，杀的是一名打算向别的神献祭动物的犹大居民。他动员支持者说：“忠于律法、支持圣约的人们，跟我来！”（《马加比一书》2：27）

在流行的犹太复国主义历史编撰学解读中，“希腊化分子”和与之极不同的、真正的“希伯来人”等术语扮演着重要的角色，而要传递它们的意义，《马加比书》的作者需要藏进时间胶囊，来到现代。他显然不看好这个选择，所以这些词汇没有出现在文本中。
90 像之前的《圣经》作者那样，他只是区别了信徒与罪人，区别了上

（接上页）（“Anu Nosim Lapidim”）的歌词也反映了对传统的此类民族化：“从未有奇迹降临我们。我们没找到一点儿石油。我们开采石头弄到受伤流血。‘要有光。’”阿哈龙·泽夫词，莫迪凯·泽拉曲，诺姆·锡安和巴巴拉·斯派特英译，见《不同的光：庆祝哈努卡之书》（*A Different Light: The Hanukkah Book of Celebration*），纽约：德沃拉出版公司，2004 年，第 14 页。显然，歌者没在意从上天之力到人类鲜血的转换。我年轻时也没注意这些。

天喜爱的崇拜者和憎恨的偶像崇拜者及未行割礼者。当时的犹大居民中，实行偶像崇拜或被怂恿着恢复此类仪式的人仍有相当数量，犹太社区领袖觉得必须将自己与他们分开，并彻底压服他们。从整个起义的故事来说，关键处是虔信与对“摩西五经”诫命的干犯之间极度紧张的局面，而非一边是有意识的希伯来文化，另一边是希腊化文化和希腊语。

犹大·马加比鼓动追随者起来，为自己的生命和宗教律法而非他们的土地战斗。(《马加比一书》3：21)。后来，犹大的哥哥西蒙想召集一支新的军队，这样解释道：“你们知道，为了摩西律法和圣殿，我父亲的家族、我的兄弟们和我做了什么。你们也知道我们打过的仗，有过的困难。”(《马加比一书》13:3）他没有说什么“民族”牺牲或为祖国而受难；在犹大地，祖国的概念甚至都不存在。

不同于后来哈斯蒙尼王国的雇佣军，马加比兄弟们的军队由自愿参加的信徒组成，他们受够了首都城市祭司们的道德败坏，受够了塞琉古统治者的重税。强烈的一神虔信加上伦理抗议，赋予了起义者刚毅的斗志，使他们的规模扩大到令人吃惊的地步。虽然如此，比较有把握的估计还是他们一直只占农民人口的一小部分。[25] 经过一系列艰苦的战斗，他们进入了耶路撒冷，解放了圣殿。他们清洁了圣殿，为独一神新建了祭坛，使自己的胜利更显圆满。在那些年里，一种犹太宗教节日见证着圣坛的奉献。

有趣的是，征服耶路撒冷后，信一神的犹太人与异教的非犹太人的斗争仍在继续。在此背景下，起义军越过了犹大地的边界，侵入了加利利、撒马利亚、内格夫以及约旦河那边的吉拉德等遥远地 91
域，将虔诚的犹太人带回“他们的土地”，使他们能平静地敬拜上帝，

25 关于这个问题，更多的内容请参看威廉·大卫·戴维斯：《犹太教的领土维度》(*The Territorial Dimension of Judaism*)，伯克利：加利福尼亚大学出版社，1982 年，第 67 页。

不受邻居们偶像崇拜的干扰。到战争末期，通过吞并相邻的地区，犹大地膨胀起来，由新的祭司王朝管辖。(《马加比一书》10：30，41）塞琉古王亚历山大·巴拉斯（Alexander Balas）批准了吞并行为，在他的王室的保护下，他任命玛他提亚的一个儿子约翰做最高祭司。

到冲突与战斗告一段落时，新的国王安条克七世派来一位使者，要求归还马加比兄弟们吞并的一些地区。作者将下面的话归于西蒙祭司、哈斯蒙尼王国的统治者："我们从来不曾拿走别国的土地，不曾没收属于别人的任何东西。相反，我们只是收回了继承自先辈的财产，收回了敌人此时或彼时不正当地从我们这里拿走的土地。"(《马加比一书》15：33）这段不寻常的宣言在文本中很突出，指示着对本地人权利的新的认可，开始超越传统的圣经观念，将我们带到离希腊化分子的领土主义遗产更近的地方。

文本中有些重要的成分，如西蒙宫廷里的服饰、金子、回信等，如对支持哈斯蒙尼人的希腊化领袖的友善——它们表明，这位宫廷作者虽然对宗教虔诚，但对于新祭司国度展开的希腊化并不心怀敌意。最高祭司西蒙可能是作者的赞助人，他不无道理地采用了常见的希腊名希尔坎（Hyrcanus）。哈斯蒙尼王朝中，他是所有继承人效仿的先驱，后者都将选用非希伯来名字，采取这个地区其他统治者的做法。最终，哈斯蒙尼王国加快了耶路撒冷居民的文化希腊化步伐，其执行力度不比它以有效、有时是残酷的方略保留一神信仰时少。

与此同时，我们必须记住，从其原初政治意义上说，术语"我们父辈的土地"（nahalat avoteium）与祖国（patris）概念的含义大不相同。在马其顿的亚历山大征服之前，祖国概念产生于独立的城邦，
92 表达了主权公民与其城市的联系；如今，在希腊化时期，它被剥夺了原来的爱国含义，变成了一个与褪色的历史现实渐行渐远的回声。直到被罗马征服以前，与世袭的祭司政权一起，统治着犹大王国的

王朝君主跟民主的希腊城市选出的领袖毫无共同之处。

与第一部相比，《马加比二书》更加希腊化，神学上的犹太特征更加突出。遗憾的是，它的历史性也更少。[26]之所以说它有更多犹太特征、更少历史性，是因为在其叙述中，上帝发挥了重要作用，公然指导起义。它更为希腊化的原因是，不像第一部，它出人意料地使用了“祖国”这一术语，并以此作为起义的一个理由。在较晚的时候，《马加比二书》用希腊语写出，最可能是在希腊化的埃及写的。相对于在耶路撒冷写成的第一部，在犹大的动员演讲之后，它告诉我们，犹大的追随者“愿意为他们的宗教和国家而死”(《马加比二书》8 : 21)。[27]这种说法对希伯来语是完全陌生的；它并未将文本变为特别爱国的宣言，因为在这里，起义的主要目标仍是净化圣殿，而不是建立独立的城邦或犹太“民族 - 国家”。《马加比二书》从圣坛献祭开始，结束时是塞琉古敌军首领尼加纳被斩首，以及将胜利日作为犹太人感恩上帝所作所为的一个节日。

从纯粹宗教性的起义到主权犹太王国，这一变形令人着迷。然
而，转变的证据不仅苍白含混，也很难用于准确历史的再现。无论 93
如何，哈斯蒙尼国王们的地理空间概念完全不同于起义者，这不必用私下的细致谋划来证明，从他们的军事与宗教行动就看得出来。

26 《马加比二书》最初用希腊共同语（Koine）写成，时间在晚得多的公元前 100 年，地点在埃及或北非某个更偏远的地区。它是昔兰尼人耶孙（Jason of Cyrene）所作五卷本的缩写本，原作未能留存下来。

27 注意在律法和圣殿部分中，这一文本是如何加入术语祖国的。(见《马加比二书》13 : 11，15）我最初查阅的是丹尼尔・施瓦茨（Daniel Schwartz）编辑的版本，《马加比二书》，耶路撒冷：本 - 兹维研究所，希伯来语，2004 年。这里，导言和脚注中也使用了术语“以色列地”，多达 38 处，但它从未在古代文本中出现过。关于希腊概念对《马加比二书》作者的影响，参见伊萨克・海纳曼（Yitzhak Heinemann）：《犹大 - 希腊化文学中一个民族与其国家的关系》(“The Relationship between a People and Its Country in Judeo-Hellenistic Literature”)，载《锡安》13—14，1948 年，第 5 页。

如我们在《马加比一书》中看到的，随着每一次战场上的胜利，祭司西蒙对领土的欲望越来越大。如这一地区的其他所有政治实体，犹大王国也尽可能扩展边界，其努力也成功了。到哈斯蒙尼国王不断进行的征服战争结束时，也就是说到他们统治的顶峰时，这块土地包括了撒马利亚、加利利及以东地区。犹大王国已接近于法老的迦南地的大小。

为巩固在新领土中的存在，新犹太人采用了不同于先辈的战略。后者作为孤立主义的“锡安回归者”，极有可能应对将约书亚塑造为毁灭者负责。如我们看到的，早期的世代害怕并疏远他们的异教邻居。不过，犹大的希腊化统治者更有自信，无视有关灭族的《圣经》指示。相反，他们积极地迫使相邻的被征服地区居民皈依。内格夫的以东人和加利利的伊特林人（Iturean）被迫割去了包皮，成为完整意义上的犹太人。这样，犹太信徒社区的规模和力量都有增长，犹大地也扩大了。

大批人群的皈依不仅发生在犹大王国。由这个时期开始，特别是作为一神教与希腊文化丰富成果的相遇的结果，犹太教变成一种积极传教的宗教，在地中海周边散布开来，获得很多新信徒。[28] 公元前 5 世纪以来，巴比伦一直有一神教社团，如今在三个世纪以后，移民启程离开犹大地，去所有希腊化世界的中心，大规模地传播他们的信仰。

94 一方面是犹大移民和新犹太教皈依者，另一边是逐渐变为犹大地的迦南地，二者是什么关系？正是在此时，这个问题产生了；直

28 这点请参看乌里尔·拉帕鲍特（Uriel Rappaport）:《第二圣殿时期的犹太宗教宣传与传教》(“Jewish Religious Propaganda and Proselytism in the Period of the Second Commonwealth”)，博士论文，耶路撒冷：希伯来大学，希伯来语，1965 年。虽然很重要，但这一研究并未以书的形式出版。

到现代时期，在接受了一神教的社区和王国的犹太教研究中，它一直存在。对犹太教信徒和《圣经》之地的各种联系做一番评估能使我们更好地理解这种宗教。不过，由于资料的贫乏，本书将只关注开创性的犹太知识分子心中的犹大地，或者更明确地说，关注它在两人心中的位置，虽然他们或许算不上更大圈子里的重要代表。对这里的讨论而言，最重要的是这样一个事实：我们有可能确定，在多大程度上两人的作品代表了大批犹太教皈依者的心声。他们生活在皈依者之中，与后者一起在新犹太会堂中祈祷。

不算《圣经》各先知书和传道书的作者的话，亚历山大的斐洛可以看作第一位犹太哲学家。这位原创性犹太知识分子不懂希伯来语，但《圣经》的希腊语版使他能构建出系统的神学教义；就吸引有文化的多神教徒到犹太一神教而言，希腊语《圣经》的作用不可或缺。无论如何，这位重要的思想家不仅希望让全世界皈依，也不隐瞒自己与耶路撒冷的内在关联。[29]

如我已强调的，术语“以色列地”未曾出现在希腊化犹太文学中，而在《圣经》篇章中，术语“圣地”（Holy Land）看起来应用范围有限，不过，此时变得很平常，斐洛使用得很频繁。[30] 他的作品也用到希腊术语“祖国”，虽然原则上且很合逻辑地，他并未把他珍爱的圣地与民族祖国的观念联系起来：

> 圣城被他们视为母城，那里有至高神站立的圣殿。但还有另 95
> 一个地方，是他们从父亲、祖父、曾祖父和更远的先辈那里获得

29 参见斐洛：《论摩西的生平》（*On the Life of Moses*）1.41—42。

30 例如，参见《面见盖乌斯的出访团》（*On the Embassy to Gaius*），第 202、205、230 页。在《马加比二书》1：7 和《所罗门的智慧》12：3 中，这一概念已经出现。术语“圣地”（Holy Ground）出现于《西比尔神谕》（*Sibylline Oracles*）3.267 的希伯来语版中，收录于《外典》第 2 部，特拉维夫：马萨达出版社，希伯来语，1957 年，第 392 页。其他文本中也出现过。

的；这是他们出生和成长的地方，他们生活在这里，把它看作祖国（fatherland）。[31]

某种意义上，斐洛的话令人想起西塞罗几年前所做的区分。这里，我们也发现了非政治的祖国，人们在这里出生和成长，完成性格塑造；在它一边还有另一个渴望的地方，人们和它的关联同他们和所认同的第一个地方的关联并不冲突。不过，对西塞罗来说，这"另一个"地方是他工作的城市空间，其所展示的公民主权胜过了家乡（homeland）。斐洛的另一个地方则是遥远的、宗教期盼的焦点。西塞罗代表的是正在消亡的政治想象，斐洛表达的则是一种新的宗教想象，它会在几个世纪后成形。

就像古希腊城市对殖民地的希腊居民很亲切一样，在世界所有虔诚犹太人心中，耶路撒冷都是心爱之地，比圣地更神圣。他们不会忘记，它是犹太教的源泉。不过，它不是他们的家园，虔敬的犹太人从来不曾梦想住在那里。

斐洛一生都住在埃及的亚历山大，离渴望的圣地不很远。他甚至可能去耶路撒冷朝圣过，只是我们无法证实。他活着的时候，圣殿尚未毁灭。要是愿意，他可以去那里生活。那时候，像埃及一样，犹大王国也在罗马的统治下，两地间的旅行自由且安全。然而，正如尼罗河之地成千上万的犹太人不曾梦想移居不远处的圣地，亚历

---

31 见《弗拉库斯》（"Flaccus"）46，收录于霍斯特（Pieter Willem Van Der Horst）：《斐洛的弗拉库斯：第一次大屠杀》（*Philo's Flaccus: The First Pogrom*），莱登：布里尔出版社，2003 年，第 62 页。在《特殊律法》68 中，斐洛描述了一个去耶路撒冷的朝圣者，他很痛苦，因为不得不"放弃他的国家、朋友、亲戚，移民到遥远的地方"。另见耶胡沙·阿米尔（Yehoshua Amir）：《斐洛版的耶路撒冷朝圣》（"Philo's Version of Pilgrimage to Jerusalem"），收录于阿哈龙·奥本海默（Aharon Oppenheimer）等编：《第二圣殿时期的耶路撒冷》（*Jerusalem in the Second Temple Period*），耶路撒冷：本－兹维研究所，希伯来语，1980 年，第 155—156 页。

山大的哲学家自然也选择生活并死在原来的家乡。

斐洛可能是第一个热心建立虔诚犹太人的关联的人：不仅是与 96
自己的家乡的关联，还有与圣城耶路撒冷的联系。许多人追随斐洛，深化和扩宽了他的思路，并为这种关联的感受引进新的成分。不过，这一关系的核心没有多大改变，因为圣城永远不会变成犹太人或犹太教皈依大众的家乡，后者加入了犹太人群体，使“特选子民”阵营扩充到成千上万人。

很久以后，斐洛有关耶路撒冷与犹大地的认识的另一面将出现在基督教中。不同于犹太教，基督教采纳和保存了斐洛·朱迪乌斯的作品。如我们已指出的，对斐洛来说，那里不只是一块地，它是精神之都，全世界犹太人都渴慕它的神圣。不过，他的宗教想象把他带得更远，引领他争辩说永恒的圣城既不在这地上，也不是“木头或石头”造的。[32] 论断令人惊奇，但与他的观点是一致的：真智者的真家园是“天国”，物质的“地上住所”不过是“像在国外住一阵子”的地方。[33] 如前一章讨论过的，四个世纪后，奥古斯丁把这个作为特选文化群体的精神遗产的天国转变为所有信徒的祖国。

犹太复国主义史学尽了一切努力，想把哲学家斐洛描绘成犹太爱国者。[34] 要对弗拉维乌斯·约瑟夫斯这样做则困难得多，因为这位伟大的犹太史学家背叛了战友，越过敌人的防线，加入了罗马阵营。虽然如此，犹太复国主义史学还是最大限度地利用了约瑟夫斯

32　斐洛：《论梦，它们是上帝送来的》（*On Dreams, That They Are God-Sent*）2.38，250。

33　斐洛：《论变乱口音》（*On the Confusion of Tongues*）17.77—78。

34　例如，参见阿耶·卡谢尔（Aryeh Kasher）：《斐洛民族意识中作为“都会”的耶路撒冷》（“Jerusalem as a ‘Metropolis’ in Philo’s National Consciousness”），载《圣座》（*Cathedra*），希伯来语，1979 年，第 45—46 页。虽然是有趣的学术文章，但它花了太多力气把斐洛刻画为爱国的哲学家。关于不太民族主义的、更加“社团”定位的路径，参见勒贝尔（Mireille Hadas-Lebel）：《亚历山大的斐洛：流亡思想家》（*Philon d’Alexandrie: Un penseur en diaspora*），巴黎：法亚德出版社，2003 年。

的主要作品，好把公元 66 年的反抗描述为“伟大的民族起义”。在对犹太反抗运动的现代渴望中，起义和结束时对马萨达的围困成了
97 一座历史性的里程碑，成为犹太复国主义采之不竭的骄傲的源泉。

古代犹大的异质人口说一种混合语言，他们不理解公民权、主权、民族领土的概念；对这些事实，犹太复国主义的记忆代理人毫无兴趣。许多年来，以色列学校的孩子们念着“马萨达永不再陷落”，成年后，他们被寄予响应“责任”这一民族号召的希望，自愿献出生命。在希律因担忧臣民反抗而建的防卫墙的废墟上，犹太孩子一起看声光秀（son et lumiere）；被以色列国征召为士兵后，在马萨达山顶的中央，他们宣誓忠于《圣经》。同一个地方，那位放纵的犹太以东王曾建有娱乐宫和罗马浴室。

无论是以色列学校的孩子还是士兵都没意识到，在许多个世纪里，他们真正的先辈甚至不知道马萨达的名字。关于圣殿被毁的叙事深深烙进了犹太宗教社群的集体记忆；与此不同，拉比传统一直不承认约瑟夫斯的著作，也不认可书中记载的事件。然而，仅仅通过这些作品，现代民族主义的鼓吹者了解了埃拉扎尔・本 - 亚尔（Eleazar Ben-Yair）及其尖刀会（Sicariis）同伴进行的集体杀戮和自杀。这些愚蠢的行为是否发生过很值得怀疑，但无论如何，马萨达都不是犹太传统中值得效仿的榜样，那些事不是为称颂上帝的名而做的。[35]

35 另见约瑟夫斯作品的曲解犹太缩写版，书名为“约西芬或约西庞”（Josiphon or Josippon）（这是一本从亚当到罗马皇帝提图斯的犹太编年史，10 世纪时以希伯来语汇编。——译者注），霍米纳（H. Hominer）编，耶路撒冷：霍米纳出版社，1967 年。它略去了自杀，改了主角的名字，让他们在战斗中被杀。参见皮埃尔・韦达尔 - 纳奎特（Pierre Vidal-Naquet）：《弗拉维乌斯・约瑟夫斯与马萨达》（“Flavius Josèphe et Massada”），收录于《约瑟夫斯的现场回忆录》（*Les Juifs, la mémoire et le présent*），巴黎：马斯派洛出版社，1981 年，第 43—72 页。就民族记忆的构建而言，马萨达是在传统集体记忆中没有根基的极端事例。

约瑟夫斯是土生土长的耶路撒冷人，比斐洛晚一或两个世代。他生活在这个城市，但在它毁灭后再未回来过。说起我们对公元66年起义的知识，他是主要和近乎唯一的来源，因此，他的祖国观特别重要。当然，我们必须记住，他是作为舒适地生活在罗马的犹太 98
人，而不是作为在起义中发挥了积极作用的犹太人进行写作的。

如果我们倒着看编年史，从约瑟夫斯《犹太反罗马人战争史》（*History of the Jewish War against the Romans*）的悲剧结尾处读起，我们读到的是一篇出乎意料的、具有爱国口吻的演说，作者将它归于埃拉扎尔·本－亚尔，在马萨达自杀的尖刀会成员。为说服同伴们杀死妻子和孩子后自杀，埃拉扎尔谈起自由战争和死的意愿，不是为了上天，而是为了不当罗马人的俘虏。[36]与此同时，约瑟夫斯没忘提到就在登上马萨达前，在因盖迪（Ein Gedi），尖刀会毫不犹豫地杀了700名犹太男人、女人和孩子。

列举起义原因、分析其进程和领导者时，约瑟夫斯不认为他描述的事件是一场民族起义。虽然使用的术语包括来自希腊化遗产的表达方式，如“祖国”或“先辈土地”，虽然珍爱的是贵族自由，他仍把起义者看作最后的“爱国者”。

在混合城镇中，犹太信徒和异教的“叙利亚”邻居关系紧张，这是起义的第一个原因。哈斯蒙尼国王已迫使其征服的大多数人口皈依，不过，一旦一神教徒开始强迫城市里崇拜偶像的、文化上希腊化了的居民皈依，巨大的困难便出现了。起义的第二个原因是，不同于过去，如今，针对犹太信仰，罗马总督采取了不负责任的破坏性政策，严重威胁圣殿的神圣性。此外，严苛的税收政策也造成了社会不满和阶级骚动。各种客观社会状况结合起来，为弥赛亚派

36 弗拉维乌斯·约瑟夫斯：《犹太战争：耶路撒冷毁灭史》（*The Wars of the Jews: History of the Destruction of Jerusalem*）7.8.6—7，遗忘图书出版社，2008年，第534—540页。

的、极端主义的宗教群体带来了机会，使他们在一些贫穷农民中播下动乱的种子，并在后者的帮助下控制了耶路撒冷。

起初，约瑟夫斯参加了起义，但后来他反对并痛斥起义者，认为
99 他们应对失去祖国负责。[37] 他称他们为盗贼和恶棍，谴责他们不管在哪里都散播恐怖，杀了许多犹太同胞。他认为，西蒙·巴尔·吉奥拉（Simon Bar Giora）和吉斯卡拉的约翰（John of Giscala）亵渎了《圣经》诫命，破坏了先辈遗产。[38] 犹太人中的传统领导极力安抚“外国”统治者：耶路撒冷的陷落和圣殿被毁不是他们造成的，应对此负责的是不妥协的、暴躁的、极端主义的宗教狂热分子。

在另一部作品中，针对一些批评者认为守安息日造成了耶路撒冷的陷落的说法，约瑟夫斯捍卫了安息日律法。他觉得有必要强调——以略微不同的口气——虔诚的犹太人“总是将遵行律法和面向上帝的宗教放在保全自己和国家之前”[39]。

约瑟夫斯把犹大看作他的土地，是他所珍爱的，耶路撒冷是他先辈的城市。尽管如此，我们也必须承认，在对起义发生的地域的描述中，他划分了三个不同的地方，即加利利、撒马利亚和犹大。[40] 他认为，三个地区不构成单一的领土单位，他的作品也未提过“以色列地”的概念。

此外，在第二部重要著作《犹太古史》中，他不时地“纠正”《圣经》作者，还添加了自己的想象。他想要重建从上帝对亚伯拉罕的许诺以来的希伯来人史。“我授予全地的管辖权，”他以上帝的名义宣布，“在太阳照到的地方，他们的后代将充满全部土地和海洋。”

37　弗拉维乌斯·约瑟夫斯：《犹太战争：耶路撒冷毁灭史》，4.5.3，332。

38　同上书，7.8.1，528—530。

39　弗拉维乌斯·约瑟夫斯：《驳阿庇安》（*Against Apion*）1.22.21。

40　弗拉维乌斯·约瑟夫斯：《犹太战争》3.3，迪吉利兹出版公司，2010 年，第 136—137 页。

他接着写道：

> 有福的人啊，你们是怎么从一个父亲那里发展到这么多的？的
> 确，如今还不算太多，迦南地还住得下，但要知道，整个世界都将成
> 为你们永久的居住地。你众多的后代将在海岛和大陆生活，数量多过 100
> 天上的星星。[41]

用这些字句，约瑟夫斯表达的观点类似于亚历山大的斐洛的世界性宗教观，虽然他写作的时间略晚。那个时期，在整个地中海区域和美索不达米亚，犹太人和犹太教皈依者的存在达到了高峰。衰落前不久，犹太人的空间感受获得了新的维度。犹太人的土地不是小而有限的领土，而是包括了整个世界。每个地方都能找到犹太信仰的追随者，且并不是惩罚皈依的结果。约瑟夫斯完全清楚，虽然犹太人受到了大挫折，但其人口并未遭到流放：从一开始，他们就是接受了上帝的指示去履行自己的职责的。

约瑟夫斯是祭司的后代，移居到了罗马。在他看来，上天的救赎的确关涉回归锡安，但不是将犹太人聚集到民族领土上。对于新圣殿的建造，他持末世论观点，因此，尽管跟《密西拿》和《塔木德》的作者们有知识与精神上的距离，约瑟夫斯其实分享着他们对救赎的深刻信念；大约同一时间，在犹大地和巴比伦，那些作者们开始“培育”口传律法。

约瑟夫斯细致考察了奋锐党（Zealot）起义，虽说有着意识形态、神学与文学方面的幼稚表现，他的书仍尽其可能地示范了历史写作的方法。尽管如此，约瑟夫斯不具备宽广的历史视野，没能在此框架下认识公元66年起义。只是在后两次重要反抗运动遭到决定性失

41　弗拉维乌斯·约瑟夫斯：《犹太古史》1，4，哈弗夏尔：华兹华斯编辑有限公司，2006年，第37、145—146页。

败后，人们才有可能评估弥赛亚式的一神教涌动的真实意义：公元纪年的最初几个世纪里，它席卷了地中海南岸。三次起义发生在 70 年内，可令人惊讶的是，直到今天犹太复国主义的学院派学者仍拒绝将它们理解为一种现象的各个部分，即一神教与异教的斗争。

101 由于大规模的皈依，犹太教的实力增强了。这样，在整个罗马帝国的主要城市中，希腊化犹太人与崇拜偶像的邻居间的宗教矛盾加剧了。经恺撒里亚和亚历山大，从安条克到昔兰尼加，矛盾持续激化，直到公元 66 年至 73 年在犹大地的第一次爆发。不过，对耶路撒冷起义的压制只是另一次更大的血腥暴动的前奏，后者发生于 115 年至 117 年。

在北非、埃及、塞浦路斯，扩张着的、生机勃勃的犹太宗教再次挑战罗马异教，而没有据称存在于犹大地的“爱国”情感的一丝痕迹。犹太复国主义史学称犹太社团的起义为“流亡地的反抗”，以强调想象中的“民族”焦点。可是在反抗运动中，我们没有发现对回归先辈土地的渴望，没有发现对遥远的起源之地的忠诚或与之相关的迹象。在冷酷的起义期间，人们相互杀害，系统地毁灭神殿和会堂，这既表明了社团的强烈一神信仰，也指示着狂热和对弥赛亚的渴盼。它们也象征着即将成为一种世界现象的一神教的剧烈阵痛。

公元 132 至 135 年，巴尔·科赫巴（Bar Kokhba）起义在犹大地爆发。它标志着武力反抗异教的、孤注一掷的弥赛亚式努力的终结。在地中海周边，起义的彻底失败加快了希腊化犹太教的衰落和消亡，加快了它被年轻的、后弥赛亚的兄弟取代的步伐；基督教拿起的是不同的武器，但保留了关于上天一维本质的、颇具诱惑力和动员能力的一神教观点。

不过，从耶路撒冷往东，基督教不是很成功，而且宗教的武力失败导致了和平主义的拉比犹太教的繁荣。自《圣经》出现以来，《密西拿》是用希伯来语写成的最重要的犹太经典。它于公元 3 世纪初编纂完成，地点显然在加利利。《耶路撒冷塔木德》和《巴比伦塔木德》的写作时间是公元 3 世纪末到 5 世纪末，后者的最终成书时间可能更晚些。它们写作的地点在锡安和巴比伦之间，是希腊语言和文化不那么强势的地方，这一点并非偶然。

有关这个地区，主要的拉比文献持什么立场？现在，我们转向 102
对此的探讨。到目前为止，这个地方被称作犹大省、犹大地，巴尔·科赫巴起义后，根据罗马帝国法令，它以叙利亚巴勒斯坦省之名为人所知。

犹太宗教律法文献中的以色列地

像其他犹太宗教律法文献一样，《密西拿》、两部《塔木德》、《米德拉什》都不曾使用术语“祖国”。这个词的含义以希腊 - 罗马传统为基础，经由基督教抵达欧洲，但没能侵入拉比一神教。与前辈们一样，《圣经》作者和《密西拿》与《塔木德》学者都不是爱国者。与整个地中海地区的数百万犹太人和犹太教皈依者一样，住在巴比伦的人们不觉得有必要移民圣经之地，尽管相距很近。不过，虽然不同于希腊化的犹太文献，犹太律法文献中没有“祖国”的概念，但那里第一次出现了术语“以色列地”。[42]

长老希勒尔（Hillel）帮助奠定了阐释犹太教的基础。公元前 1 世纪，他从巴比伦移居耶路撒冷。不过，从 2 世纪起，流动基本朝着相反的方向进行。“这地的民”依然留在这地，但学者的迁徙显然是四处蔓延的基督教化的结果，这令犹大和加利利的宗教中心很担忧；与其他内容一起，它导致了拉比的“以色列地”的诞生。

42　当然，是与其他名称一起出现。关于这一主题，参见古特曼（Yichiel Michel Guttman）：《〈密西拿〉和〈塔木德〉中的以色列地》（*The Land of Israel in the Midrash and the Talmud*），柏林：鲁文马斯出版社，希伯来语，1929 年，第 9—10 页。

这个术语是什么时候发明的？出现的直接原因是什么？很难准确判定。起初，它的使用可能源于巴尔·科赫巴起义后罗马人对犹大省一名的废弃，源于古名巴勒斯坦（同其他许多古名一起）的启用。而且，由于传统上加利利不被视为犹大的内在组成部分，当地
103 的拉比开始把这个术语结合进他们的教学。它也可能是用来加强加利利的研究中心的地位的，虽然经过了哈斯蒙尼的征服，但加利利从未真正整合进犹大地。最有可能的是，由于耶路撒冷的毁灭，由于禁止犹太人进入这个城市，“以色列地”一词的重要性显著增加。

以赛亚·加夫尼（Isaiah Gafni）是《塔木德》时期犹太教领域领军的历史学家，他提出，在犹太宗教律法文献中，“圣地”成为中心之事可能是个相对较晚的现象：

> 在到公元132—135年巴尔·科赫巴起义为止并包括起义时期的早期坦纳（tannaim）[43]言论中，涉及圣地事务的比例非常小。看看归入拉班（Rabban）[44]的约哈南·本-扎凯、拉比约书亚、埃利泽、阿扎利亚甚至拉比阿基瓦等圣贤的数百条陈述，有关这地之特征与超自然属性的指涉少得惊人，类似的，这地相对于流散地的中心地位的暗示也很少，也几乎没有随之要求的、犹太人对这地的忠诚。
>
> 而且，同样是这些拉比，他们却有无数陈述涉及“适合这地的诫命”——考虑到这些，上述情况就更令人吃惊了……[45]

根据加夫尼的观点，公元135年的巴尔·科赫巴起义后，情况开

43 坦纳，《密西拿》里提到的学者。——译者注

44 拉班，成就、声望特别突出的拉比。——译者注

45 以赛亚·加夫尼：《土地、中心和流散地：古代晚期的犹太构建》（*Land, Center, and Diaspora: Jewish Constructs in Late Antiquity*），谢菲尔德：谢菲尔德学术出版有限公司，1997年，第62—63页。

始变化。虽然没有明言，但从他的话中可以得出结论，即由此开始，与犹大地和迦南地等久远的名字一起，独特的新术语“以色列地”成为这个地区的常用名。

加夫尼还细心地强调，由于巴比伦社区的地位不断提升，对犹
大地拉比的领导权构成了威胁，因此，以色列地开始被赋予前所未
闻的重要性。的确，在《密西拿》中，我们已读到此类的话，如“以
色列地比所有地方圣洁”（《洁净部·器皿卷》1：6），“以色列地是
洁净的，它的仪式浴是洁净的”（《洁净部·洗洁池卷》8：1）。[46]《耶 104
路撒冷塔木德》（《节期部·舍客勒卷》15：4）肯定了这些断言，还
加了很多别的。

《巴比伦塔木德》强化了与圣地相关的仪式，并提供了新的说法，如“圣殿高过整个以色列地，以色列地高过所有别的国家”（《圣职部·牺牲卷》54：2）；“十份智慧降临这个世界，以色列地拿走九份，世界其他地方只有一份”（《妇女部·婚约卷》49：2），等等。

不过，除了《巴比伦塔木德》的这些说法外，我们还看到评论者的不同说法，例如：“正如禁止离开以色列地去巴比伦，离开巴比伦去别的国家也是不允许的。”（《妇女部·婚书卷》111：1）它们甚至还有关于公元前6世纪流亡的独到解说：“为什么流散巴比伦的比流散其他所有国家的以色列人多？因为，如丈夫会把有缺陷的妻子送归她的父亲，他们的父亲亚伯拉罕正是从那里离开的。”（《托塞夫塔·前门卷》7：2）将“以色列的民”与被送回父母家的离异妻子相提并论？这很不符合在陌生外国土地上的流散与苦难的形象。

在《塔木德》和《米德拉什》文本中，我们还能找到很多矛盾之处。与历史上其他神圣经典的情况一样，矛盾成了拉比的权力源

---

46 菲利普·布莱克曼（Philip Blackman）：《密西拿》（*Mishnayoth*），第6卷，伦敦：密西拿出版社，1955年，第32、572页。

泉。多样化的文献包含着所能想象的最不具历史性的文本汇集，我们很难准确地判定每种说法写出来的时间，或提出它的拉比生活和工作在什么时期。即便如此，我们仍能谨慎地假定，由于犹太宗教在犹大地的影响力萎缩，由于基督教对它的取代，特别是在公元 4 世纪，这个神圣中心的重要性增强了，人们对它的精神崇拜加剧了。无论如何，圣书是在这里最后编成的，著名的先知们是在这里提出预言的。

105 此外，这个地区的大小并不总是清楚的。一般来说，它从北部的阿卡边缘延伸到南部阿士克伦的外围，两个都是异教城市。根据犹太律法，《圣经》里迦南地的许多部分不包括在这块神圣土地之中。例如，贝特谢安和恺撒里亚及其周围地带都不被认为属于圣地，因为有太多来自阿卡的人。[47]《圣经》与《塔木德》学者摩西 · 温费尔德（Moshe Weinfeld）声称，“放弃以色列地某些地区以满足救济穷人（如果不是圣地，穷人便可以接受一些庄稼）的诫命的意愿反映了一种态度，即土地本身不是目的，而是达成目的的手段。”[48]

而在《圣经》作者看来，以色列地是个需要遵守一些依附于土地的特别诫命的地方，包括对于不洁的特殊律法监督，神圣礼物的分配，以及安息年的遵守，即有关七年农业周期的第七年的种种规定。对这个时期的犹太农民来说，在被认为属于以色列地的地方，耕作和谋生非常困难。公元 3 世纪，我们还看到，犹太人开始将遗体送回圣地安葬。根据《圣经》，雅各和约瑟的遗体都被从埃及带回了，而且埋在以色列地被认为是好的，是加速死者进入未来世界的手段。

---

47 关于犹太律法中以色列地的边界，参见亚科夫 · 苏斯曼（Yaakov Sussman）:《以色列地的边界》（“The Boundaries of Eretz Israel”），载《塔比茨》45 : 3，希伯来语，1976 年，第 213—257 页。

48 摩西 · 温费尔德 :《应许之地 : 以色列人对迦南地的继承》（*The Promise of the Land: The Inheritance of the Land of Canaan by the Israelites*），伯克利 : 加利福尼亚大学出版社，1993 年，第 75 页。

因此，如果负担得起，犹太经学院的首脑和社区名流去世后，都会被带到贝特谢利姆（Beit She’arim）和后来加利利的太巴列（Tiberias）安葬。[49]

不管出现的是何种期盼，它总会更多地聚焦于耶路撒冷城，而
不是整个地区。如早些时候在斐洛的例子中看到的，《密西拿》和 106
《塔木德》的作者们将有关耶路撒冷和锡安的说法整合进数百条格言和阐释之中。它们出现的频率远超这块土地，主要在仪式性的农业律法的语境下，人们才会提到后者。前面提到的摩西·温费尔德强调，与基督教相比，即便犹太教保留了作为重要自然成分的圣地，

> 到第二圣殿时期结束时，这地的概念经历了精神化的过程，耶路撒冷也一样。它被理想化地解读为“天国”“天上的耶路撒冷”，而且类似的，继承这地被解读为领受了未来世界的一块地。[50]

在绝大多数犹太社区，《巴比伦塔木德》成为有约束力的、统辖性的文本，因此，它也是犹太经学院的主要学习材料。其结果是，在很多犹太圈子里出现的与这地的关联多以《塔木德》对《圣经》的阐释为基础，远超阅读《圣经》本身的情况。那里的每句话都是

---

49 例如，参见《巴比伦塔木德》有关埋葬拉比胡纳（Huna）的叙述，以及以赛亚·加夫尼：《带到这地埋葬——概述一种习俗的起源和发展》（“The Bringing Up of the Dead for Burial in the Land— Outlines of the Origin and Development of a Custom”），载《圣座》4，希伯来语，1977 年，第 113—120 页。同一时期，一种信念从卡巴拉派的灵魂转世（gilgul hamekhilot）的概念中产生，认为到死者重生的时候，义人的骨会沿着地下通道滚到以色列地。

50 温费尔德：《应许之地》（*Promise of the Land*），第 221 页。对此，权威犹太历史学家西蒙·杜布诺夫（Simon Dubnow）问道：“这地是基督宗教的中心，是福音书中的神圣之地，到处是教堂、修道院、朝圣者、修道士。它是如何变成阿莫拉和王公们（amoraim and princes）活动的中心的？如何在精神上一直是以色列王国的？”西蒙·杜布诺夫：《永恒的人民编年史》（*Chronicles of the Eternal People*），第 3 卷，特拉维夫：德夫尔出版社，希伯来语，1962 年，第 140—141 页。

神圣的，每项判决都成为范例。流散与救赎、报应与惩罚、罪与忏悔的概念的根在《圣经》，但在《塔木德》中有诸多解读。

《托塞夫塔》里有一个重要宣告："人们总应生活在以色列地，哪怕在偶像崇拜者占多数的城市，也不要离开这地，住在多是犹太人的城市。"（《损害部·异教卷》5:2）不过，关于信徒对圣地的态度，犹太律法还有一项很不一样，但同样非常重要的警告。在《巴比伦塔木德》的《婚书卷》里，我们发现了下面的说法：

> 这三项劝诫的目的是什么？一是以色列不要站在高处（集体移居
> 107 圣地）；一是上帝，愿他的名被称颂，要求以色列不要反抗世界上的
> 民族；一是上帝，愿他的名被称颂，要求偶像崇拜者（世界上的民族）
> 不要过于压迫以色列。（《婚书卷》13：111）

这些命令与《雅歌》里的三段重复经文相关："耶路撒冷的众女子啊，我指着羚羊或田野的母鹿嘱咐你们，不要惊动，不要叫醒我所亲爱的，等他自己情愿。"（《雅歌》2:7）无论理论上还是实践上，它们都是神圣的法令。第一句禁止犹太人在弥赛亚到来前移居圣地中心。第二句是历史教训，来自犹太教针对偶像崇拜者的三次失败起义。第三句是昭示世界各国统治者的命令，要他们对犹太人仁慈，不要害其性命。[51]

现代民族主义出现前，极少有人敢忽略这些诫命。"反犹太复国主义"的拉比犹太教立场将长久地持续下去，在犹太社团历史上的

51　关于犹太传统中三项劝诫的作用，参见艾维泽·拉维茨基（Aviezer Ravitzky）信息丰富的《弥赛亚主义、犹太教和犹太宗教激进主义》（*Messianism, Zionism and Jewish Religious Radicalism*），特拉维夫：阿莫韦德出版社，希伯来语，1993 年，第 277—305 页。另见莫迪凯·布鲁尔（Mordechai Breuer）：《关于最近数个世代中的三项誓言的讨论》（"The Discussion Concerning the Three Oaths in Recent Generations"），收录于《乌迈迪纳救赎》（*Geulah Umedina*），耶路撒冷：教育部，希伯来语，1979 年，第 49—57 页。

每个重要关头挺身而出。它不是一直拒绝移民圣地的理由，而是一个受欢迎的神学借口。

“流散”与对圣地的渴望

如本书导言指出的，圣殿被毁后，犹太人没有被迫离开犹大地，因此，他们也没有努力“回归”。甚至在圣殿被毁前，坚持摩西托拉的虔诚犹太人已大量增加，散布到了所有希腊化世界和地中海世界。这是他们能在相当程度上成功传播其宗教的原因。理所当然，犹太皈依者大众与圣经之地的联系的基础不是对祖国的渴望，那里不是他们或他们先辈的祖地。不过，虽然维持着与其文化和实际出生地的日常联系，他们的精神“流散”生存状态并未削弱他们与作为渴 108
慕对象的一个“地方”的关联。事实上，在某些方面，这还强化了圣地的意义，将它保存为一个犹太圣处。[52]

在犹太教中，这个地方不断加强的重要性是离心运动的结果。随着联系变得越来越遥远，越来越象征化，它摆脱了对中心之实际存在的完全依赖。对完美宇宙秩序所存在的圣处的需求从未等同于人们实际生活在那里的愿望或总是想靠近它的愿望。[53]流散经历使犹太人不能自由决定行止，一切争取回归圣地的想法都内在地不可接受，由此，关涉犹太教圣处的张力愈显强大。

这种辩证状态与基督教和圣地的联系不同，相比之下，后者更

52 人们早已充分认定，一般而言，宗教，特别是古代宗教都有“一些圣处”或一个“圣处”。参见米尔西亚·伊利亚特（Mircea Eliade）：《神圣与不洁：宗教的本质》（*The Sacred and the Profane: The Nature of Religion*），圣地亚哥：丰收图书公司（Harvest/HBJ Books），1959 年，第 20—65 页。

53 约拿单·Z. 史密斯（Jonathan Z. Smith,）：《不稳的轴心》（“The Wobbling Pivot”），见《地图不是领土：宗教史中的研究》（*Map Is Not Territory: Studies in the History of Religions*），莱登：布里尔出版社，1978 年，第 88—103 页。

加直接，更少有什么问题。前者具独特性的缘由是，犹太人形而上地拒绝承认救赎已降临此世。这一精神经验最初产生于解释犹太教的立场，它反对基督教的观点，不认为基督的恩德已经以上帝之子耶稣的形式来到圣地；对上天与现世的复杂关系，犹太教最终形成了明白无误的存在主义立场。

禁令“以色列不要站在高处”表达的是一种坚决的态度，反对人在历史中采取积极行动，彰显了人的软弱。全能的上帝被视作人的全面代表，而人不应插手重大事件，不应在救赎来临前将自己带入完满。犹太教的两个年轻妹妹——基督教和伊斯兰教相对灵活，其固有的实用主义毫不动摇，在争取控制王国、领地、土地贵族等领土势力方面更为成功，获得了世界上大部分地区的主导权。至于犹太教，
109 虽然在许多地区，犹太主权的尝试曾暂时得分，但在基督教时代初期，犹太教遭受了重大挫败，它不得不打造一个以自诩“选民”为基础的信仰身份，没有确定的自然空间，也不在哪个地方有根基。于是，犹太教越是缺少现实性，其对圣地的精神渴望就越强烈。它拒绝被一块土地束缚。虽然崇敬圣地，但它不愿被圣地征服。拉比犹太教的核心与存在理由是《圣经》及相关评注，从这一视角看，说它主要地、根本性地、一贯地反对犹太复国主义不算夸张。

公元 9 世纪，犹太教内出现了反抗运动：卡拉派一般性地拒绝接受口传律法，针对性地拒绝接受《塔木德》。因此，这为巴勒斯坦带来大批移民并非偶然。对卡拉派的锡安悼念者来说，如果这块土地不是住满了信徒，它就不能被认为是圣地。卡拉派宣扬对大卫城的爱，去耶路撒冷定居，以此表明他们的爱，表明对圣殿被毁的深重哀悼。他们这样把命运掌握在自己手中，到公元 10 世纪，他们显然构成了城市人口的大多数。若不是 1099 年的十字军征服永久地铲除了这个社团，卡拉派成员会成为圣城的第一批忠诚卫兵。

不无道理的是，卡拉派认为，拉比文献是反领土的冥想，目的

是圣化流散，将虔信的犹太人与圣经之地分开。丹尼尔·本·摩西·库米西（Daniel ben Moses al-kumisi）是卡拉派的一名杰出领袖，于9世纪末移民耶路撒冷，并号召信徒们追随。他蔑视拉比派犹太人对于定居圣城的立场：

> 谁都知道，以色列的那些恶棍一个个说："去耶路撒冷不是我们的责任，那要到他（上帝）愿意汇聚我们的时候才行，正如他曾把我们赶到国外。"……因此，惧怕上帝的人义不容辞地要去耶路撒冷，在那里居住，好在上帝面前保持警醒，直到耶路撒冷恢复的那一天……
> 对上帝有信心的人有福了……他不说："怎么去耶路撒冷呢？我怕路 110
> 上的盗贼。还有，我在耶路撒冷怎么谋生呢？"……我以色列的兄弟们，你们不是那样的。倾听主的话，起来去耶路撒冷，好让我们回到主那里。[54]

沙尔·本·马次里亚·科亨（Sahl Ben Matzliah HaCohen）是另一位卡拉派领袖，他也向世界犹太人发出了热情呼吁：

> 以色列的兄弟们，把自己交托给我们的主，去他永永远远祝圣的圣殿，因为这是对你们的命令……带着你们的兄弟汇聚圣城，因为直到今天，你们一直是不再渴望天父圣所的子民。[55]

不过，虽然在伊斯兰教统治下，犹太人可以去耶路撒冷居住，但卡拉派的号召得不到响应。拉比体制尽其所能，竭力封杀和压制

---

54 库米西：《呼吁散居地的卡拉派信徒去耶路撒冷定居》（"Appeal to the Karaites of the Dispersion to Come and Settle in Jerusalem"），见利昂·纳莫伊（Leon Nemoy）主编：《卡拉派选集》（*Karaite Anthology*），纽黑文：耶鲁大学出版社，1952年，第35—38页。

55 约拉姆·埃德尔（Yoram Erder）：《锡安悼念者》（*The Mourners of Zion*），见梅拉·波利亚克（Meira Polliack）主编：《卡拉派犹太教：历史与文献导读》（*Karaite Judaism: A Guide to Its History and Literary Sources*），莱登：布里尔出版社，2003年，第218页。

反抗的锡安悼念者的异端声音。

值得指出的是，最杰出的卡拉派反对者是犹太学者萨迪亚·加昂（Saadia Gaon）。他曾将《圣经》翻译成阿拉伯语，可以看作《塔木德》完成后第一位伟大的拉比评注家。这位10世纪的大贤在埃及出生和长大，后来移居太巴列城生活工作多年，其著作被广为传读。像很多人一样，为发展自己的事业，他抓住最便当的机会，迁到了迷人和生气勃勃的巴比伦中心。当巴比伦苏拉经学院院长的职位摆在面前时，他毫不犹豫地放弃了以色列地，虽然有明确的诫命让人住在那里。他之所以不愿留在圣地，原因可能还有那里犹太居民的广泛伊斯兰化；由于害怕穆斯林统治者，拉比对此只能私下哀悼。[56]

111 除了对犹太复国主义的卡拉派心怀敌意外，萨迪亚·加昂还不倦地与以色列地的拉比争斗，因为后者质疑巴比伦确定闰年和犹太日历的权威性。在这两个方向，他都获得了相当大的成功；直到去世前，在整个美索不达米亚，他一直很活跃。萨迪亚·加昂的思想不包括对圣地的怀乡式思念或渴望，或许是因为他有对圣地的亲身经验。他的传记也没有反映他想住在那里的愿望。

萨迪亚·加昂最杰出的后继者是拉比摩西·本·迈蒙（Moses ben Maimon），他也以迈蒙尼德或兰巴姆（Rambam）知名。他生活在两个半世纪后，也在加利利待过。与前者不同，迈蒙尼德只是小时候在阿卡住过几个月。为逃避严厉苛刻的“一神论者”（al-Muwahhidun），他的父母从科尔多瓦经摩洛哥来到阿卡，却不能适应加利利的环境，很快又迁到埃及。正是在这里，年轻的哲学家走向

56　关于这一点，参见亚伯拉罕·波拉克（Abraham Polak）：《这个国家阿拉伯人的起源》（“The Origin of the Arabs of the Country”），载《新生》（*Molad*）213，希伯来语，1967年，第303—304页。

伟大，成为中世纪乃至整个历史中最受尊重的犹太教评注家和裁定者。关于他在圣地的那段时间的经历，我们只是零星地了解一点，不过显然，像亚历山大的斐洛一样，他没有回到那里生活，尽管圣地离他住的地方很近。萨拉丁征服耶路撒冷和允许犹太人定居圣城的时候，迈蒙尼德还活着，并且，作为一名医生，他认识穆斯林首领，但他没在作品中提过当时圣地发生的大事。虽然如此，在他许多文章的空白处，“以色列地”的出现仍是一个有趣的现象。

兰巴姆是中世纪最伟大的犹太哲学家之一，他的墓碑上写着：“从摩西到摩西，没有哪个比得上这个摩西。”为此，犹太复国主义历史学家试图将他民族化，将他变成有保留的亲犹太复国主义者，像他们对犹太传统中的许多人物做的那样。[57]一切复杂思想都会引来不同的解读，兰巴姆的作品也是如此，招致了各种各样的、有时相互矛
盾的解释。不过，他对以色列地的态度造成了特别难解的问题。讨 112
论必须遵守的诫命时，谨慎的迈蒙尼德完全不提住在圣地的命令，即便在救赎到来以后。他更关心的是《圣经》、诫命、圣殿及其在未来仪式中的作用。[58]

极令犹太复国主义者失望的是，关于以色列地在犹太教精神世界中的位置，兰巴姆的立场前后如一。他认为，不仅虔诚的犹太人不必离开自己的地方、移居圣地，圣地本身也不具备很多冲动的拉比赋予它的优势。和许多中世纪思想家一样，他也相信“气候学说”，但与其他国家相比，他没发现犹大地有什么特别的地方，虽然他认

57　例如，参见肖洛姆·罗森伯格（Shalom Rosenberg）：《犹太思想中与以色列地的联系：观念的斗争》（“The Connection to the Land of Israel in Jewish Thought: A Struggle of Outlooks”），载《圣座》4，希伯来语，1977年，第153—154页。

58　见摩西·本·迈蒙：《积极诫命》（“Positive Commandments”），见《诫命之书》（*Book of Commandments*），经由约瑟夫·卡法（Kafah）从阿拉伯语译成希伯来语。

为那里相对舒适。[59] 而且不像其他评注家，他不把住在以色列地看作预言能力的条件，或把住在别处看作失去这种能力的原因。他的观点是，预言能力取决于人们的精神状况。为免过多偏离《塔木德》的框架，他解释，由于流散导致绝望并且使人变得懒散，这种突出的能力已经离开了以色列子民。[60] 作为练达老成的思想家，他不会忽略一些事实：第一位先知摩西是在迦南地以外说预言的，而从马加比起义到之后主权的赢取和圣殿的毁灭，犹太人在犹大地的存在并没有产生新的先知。

此外，从公元 1172 年起，兰巴姆借著名的《也门书信》（*Epistle Concerning Yemen*）劝告也门犹太人，且忍耐当时的困苦，不要相信
113 假先知，警告他们任何情况下都不要强行提前终结流散。在这一重要文献的结尾，他还清楚地提到了反对集体移民圣地的三项《塔木德》劝诫。[61] 兰巴姆不把弥赛亚的到来与犹太人的行为联系起来，这或许是他信条中更具决定性意义的一点。在他的思想中，救赎无关悔罪或诫命的遵守，它是神圣的奇迹，无关人们的愿望，并且必定也包括死者的复活。[62]

由于迈蒙尼德的这一立场，20 世纪下半期那些民族化的热情拉

---

59 参见亚伯拉罕·迈拉梅德（Abraham Melamed）：《以色列地与犹太思想中的气候学》（"The Land of Israel and Climatology in Jewish Thought"），见摩西·哈拉米西（Hallamish）和艾维泽·拉维茨基主编：《中世纪犹太思想中的以色列地》（*The Land of Israel in Medieval Jewish Thought*），耶路撒冷：伊次哈克·本－兹维研究所，希伯来语，1991 年，第 58—59 页。

60 摩西·本·迈蒙：《迷途指津》（*The Guide for the Perplexed*）2.36，特拉维夫大学出版社，2002 年。

61 摩西·本·迈蒙：《也门书信》，利普西亚出版社，希伯来语。

62 关于这个问题，格肖姆·肖勒姆（Gershom Scholem）强调说："在任何地方，兰巴姆都不承认弥赛亚到来与人类行为的因果关系。以色列的悔罪不会带来救赎。"见肖勒姆：《彰显与暗示：犹太传统与文艺复兴文集》（*Explications and Implications: Writings on Jewish Heritage and Renaissance*），特拉维夫：阿莫韦德出版社，希伯来语，1975 年，第 185 页。

比没能利用到他。犹太宗教的锡安化最终导致它为自己的信仰体系重新引进了人类主体，后者的行动以国家为基础，认为那能够加速弥赛亚的到来，且意图如此。在救赎的进程和结局之间，现代的修正主义做了区分，从而预示了历史性犹太教终结的开始，预示着它向犹太民族主义的转变；这种民族主义的目标是定居以色列地，为神圣救赎奠立基础。

要把爱国主义的目标归于兰巴姆很难，但跟他不一样的有另外两位中世纪犹太思想家，他们很符合20世纪犹太教内民族主义革命的利益。拉比耶胡达·哈列维［Yehudah Halevi，亦称“利哈尔”（Rihal）］生于迈蒙尼德之前，拉比摩西·本·纳赫曼［Moses ben Nachman，亦称纳赫马尼德或“拉班”（Nachmanides，“Ramban”）］活跃于迈蒙尼德之后不久。在拉比犹太教的世界，人们认为，这两位思想家的重要性略小于“雄鹰”迈蒙尼德，但在犹太复国主义的领域里不是这样。利哈尔和拉班的名字都刻入了宗教犹太复国主义意识的“西墙”，成为世俗犹太复国主义教育体系中的永恒人物。在哈扎尔人被扫进民族记忆的地毯下很久之后，哈列维的著名作品《哈扎尔》（*The Kuzari*）成为以色列学校的课本，而纳赫马尼德曾于13 114
世纪出现在圣地，一直被赞为民族主义先锋行动的范例。

哈列维的阿拉伯名字是阿布·哈桑·拉维（Abu al-Hassan al-Lawi）。书中，他想象了一场犹太教徒与哈扎尔国王的对话，我们不清楚他为什么选择这种结构。在整个犹太世界，关于里海旁有个接受犹太教的王国的说法广为流传，甚至传到了哈列维生活的伊比利亚半岛。公元10世纪，来自科尔多瓦的一位有权势的犹太显贵哈斯代·本·伊萨克·伊本·沙鲁特（Hasdai ben Yitzhak ibn Shaprut）在为阿拉伯哈里发服务，所有重要的犹太学者都熟悉他和哈扎尔国王的通信。而且，如果我们相信“拉巴德”（Rabad，即亚伯拉罕·本·大卫）的证词，哈扎尔的贤达也曾出现在哈列维的家乡托莱多。[63]不过我们应记住，哈列维的作品写于12世纪40年代，是在那个东方犹太王国已进入历史边缘之后。

在基督教的收复失地运动时期，犹太人遭受了深重的苦难，震动了同时身为天才诗人的哈列维。他发出了对以强大王国为形式的犹太主权的强烈渴望，以及对远方神秘圣地的强烈渴望。《哈扎尔》原来的题目是阿拉伯语的，名为“受歧视宗教的名誉和证据之书”，在书中，哈列维试图将两种期盼联系在一起。

诗人突出了美德与迦南地，或以色列地——两个术语都用到了。对话结束时，那位犹太主人公从遥远的哈扎尔出发，不惧艰难地去圣地了。按哈列维的说法，圣地有一切必要的气候和地理优势，是信徒能够实现知性与精神完美的唯一地方。

与此同时，哈列维没有贬低流散，没想加快救赎进程，或发起以犹太人对它的渴盼为基础的集体行动，如犹太复国主义学者争辩
115 的那样。[64]诗人在诗中和《哈扎尔》里都表示，为了赎罪和精神与宗教的净化，他感受到前往耶路撒冷的个人需要。他很清楚，犹太人并不急着移民迦南，他毫不迟疑地强调说，他们对此的祈祷不真诚，类似于“鹦鹉学舌”。[65]

耶胡达·哈列维对以色列地有极大的兴趣，还可能缘于基督教对十字军东征的热情，后者当时传遍了欧洲。不幸的是，他在抵达耶路

63 《亚伯拉罕·本·大卫的卡巴拉之书》（“The Book of the Kabbalah of Abraham ben David”），见《圣哲命令与历史》（*The Order of the Sages and the History*），牛津：克拉伦登出版社，希伯来语，1967年，第78—79页。

64 例如，参见埃利泽·施韦德（Eliezer Schweid）：《祖国与应许之地》（*Homeland and a Land of Promise*），特拉维夫：阿莫韦德出版社，希伯来语，1979年，第67页。

65 耶胡达·哈列维：《哈扎尔》（*The Kuzari*）2，耶路撒冷：杰森·阿龙森出版社，希伯来语，1998年，第81页。

撒冷前去世了，显然正在去圣地的路上。摩西·本·纳赫曼也生活在基督教的加泰罗尼亚，与卡巴拉流派关系密切；由于当地教会的迫害和压制，他不得不在上了年纪之后移民以色列地。纳赫马尼德也怀着温柔的感情谈及圣地，对它的赞誉比传统话语更多，甚至超过了哈列维。在纳赫马尼德的文本中，我们找不到概括他对有关圣地关联情感的话，不过，其作品中多处流露的相关思想是人们无法忽视的。

解读迈蒙尼德的《诫命之书》（*Book of Commandments*）时，纳赫马尼德有一段文字，题为“拉比忘记的诫命”，尽其所能地重述了定居以色列地的义务。结尾处，他提醒读者注意《圣经》对于“毁灭”原居民的命令，“书上写着，把他们消灭，”并接着说，“我们领受的命令是世世代代征服这块土地……我们领受的命令是继承这块土地，住在这里。也就是说，这对一切世代的命令约束着我们每个人，即使在流散地。”[66] 对中世纪犹太思想家来说，这是非常极端的立场，类似的例子极其罕见。

纳赫马尼德认为，在圣地生活是高于生活在其他地方的精神存在，甚至高于弥赛亚到来前的生活，还为这种存在添加了神秘的成分。
不过，虽然他有时看起来很像卡拉派，无论是他的言论还是定居耶 116
路撒冷的做法，但需要记住的另一重要方面是他忠于拉比的《塔木德》，从未梦想在救赎到来前，犹太人会大批迁居以色列地。事实上，如迈克尔·兹维·尼赫莱（Michael Zvi Nehorai）解释的那样，拉班比兰巴姆更在意地警告“读者不要相信能在某种场合推进弥赛亚期盼”[67]。

---

66 见于《兰巴姆的诫命之书，附拉班的批评》（*The Rambam's Book of Commandments with the Ramban's Critical Comments*）中第四项积极诫命，耶路撒冷：哈拉夫·库克出版社，希伯来语，1981 年，第 245—246 页。

67 迈克·兹维·尼赫莱：《迈蒙尼德和纳赫马尼德的以色列地》（“The Land of Israel in Maimonides and Nachmanides”），见哈拉米西和拉维茨基主编:《中世纪犹太思想 （转下页）

拉班与神秘的卡巴拉传统关系密切，后者也言明了对于犹太人和圣地关联的立场。文献已经提到舍金纳（Shekhinah）[68]与这块土地——因而也同古迦南地——之间显著的性方面的关系。虽然如此，关于救赎的性质和神圣空间在最后日子里的中心地位，卡巴拉主义者并没有达成共识。根据《佐哈尔》（*The Zohar*），定居以色列地本身有其仪式性的和神秘的价值，就此而言，它与拉比的意见一致。不过，一些卡巴拉主义者有不同看法。例如，12 世纪初，伊比利亚半岛的学者亚伯拉罕·巴尔·黑亚（Abraham bar Hiyya）相信，与生活在流散地的人们相比，以色列地居民离救赎更远，因此，定居这块土地是向着错误方向迈出的一步。13 世纪的评注家亚伯拉罕·本·萨缪尔·阿布拉非亚（Abraham bar Samuel Abulafia）尽管有着清晰的弥赛亚倾向，但并不把以色列地看作救世主神秘来临的首要目的地。如我们已注意到的，卡巴拉式的解释相信，先知只出现在以色列地；阿布拉非亚却认为，先知现象完全依赖于人的身体，而不是某个地理区域。由此且仅仅由此，卡巴拉主义者阿布拉非亚的路径与理性主义者迈蒙尼德相距不远。

按照卡巴拉学者摩西·伊德尔（Moshe Idel）的说法："关于以色列地，神秘观念成功地终止或至少降低了这块土地地理方面的中
117 心地位。此前提到的学者没有哪个愿意承认这一点。"[69]他接着说，对于阿利亚（aliyah）——字面意为"上升"，也用来指"上到"以色列地——的传统自然与地理概念，犹太神秘主义的重要贡献是："概括在短语'灵魂的上升'中的神秘个人上升，无论这一经验是灵魂上升到天堂的一种，还是某种内在的冥想"[70]。

（接上页）中的以色列地》（*The Land of Israel in Medieval Jewish Thought*），第 137 页。

68　舍金纳，原意为居住，指上帝的神圣存在和他弥散于世界中的荣光。——译者注

69　摩西·伊德尔：《论中世纪犹太神秘主义中的以色列地》（"On the Land of Israel in Medieval Jewish Mysticism"），见《中世纪犹太思想中的以色列地》，第 204 页。

70　同上注。

18 世纪末，就在即将改变欧洲文化与政治形态的民族主义震波到来前，巴勒斯坦的犹太人不到 5000 名，绝大多数在耶路撒冷，而这个地方的基督徒和穆斯林总人口超过 25 万。[71] 同一时期，世界犹太人口约为 250 万，主要在东欧。包括移民和朝圣者在内，以这样或那样的理由住在这个地区的犹太人非常之少，这比任何文本更有效地说明了到那时为止，犹太宗教与圣地之关联的性质。

之前的 1600 年里，阻止犹太人移民锡安的并非客观困难，虽然这类困难的确存在。抑制生活在圣经之地的“真诚渴望”的也不是《塔木德》的三项劝诫。历史远比此复杂。虽然以色列建国宣言非常巧妙地编入了神话，但定居这块土地的渴望从未真实存在。在强大的形而上渴盼中，作为世界的中心，上天将从这块土地开启全面救赎，不过，它与人类鼓动自己迁往一块已知的熟悉土地的愿望毫不相同。[72]

因此，首先我们不应该问为什么犹太人不愿移民以色列地，而 118
要反问为什么他们应该愿意这么做。一般来说，宗教信徒不愿生活在神圣中心，除非他们工作、发生性关系、生子、吃喝、生病、污染环境的地方恰好是救赎到来时上天开门的同一地方。

虽然面临着许多困苦，虽然作为宗教少数群体，犹太人经常生

71　关于这一时期巴勒斯坦的全部人口，参见耶胡沙 · 本 · 阿里（Yehoshua Ben-Arieh）：《以色列地的人口和它在犹太复国主义定居事业前夕的定居状况》（“The Population of the Land of Israel and Its Settlements on the Eve of the Zionist Settlement Enterprise”），收录于耶胡沙 · 本 · 阿里、约西 · 本 － 阿奇（Yossi Ben-Artzi）、哈伊姆 · 格伦（Haim Goren）主编：《以色列地定居中的历史 － 地理研究》（*Historical-Geographical Studies in the Settlement of Eretz Israel*），耶路撒冷：本 － 兹维研究所，希伯来语，1987 年，第 5—6 页。19 世纪 70 年代初，在犹太复国主义殖民开始前，这个地区的总人口是 38 万，犹太人 18000 名。

72　虽然有以色列教育体系的努力，但许多以色列人清楚，犹太人从未渴望移民圣地。例如，参见亚伯拉罕 · B. 耶胡沙：《领会祖国》（*Homeland Grasp*），特拉维夫：基布兹观察家出版社，希伯来语，2008 年。书中第 53 页，对于犹太人更愿意生活在“流散地”的倾向，这位杰出的以色列作家归结为“神经出错的选择”。

活在外来宗教控制下的压迫性社会中，但与其邻居一样，在犹太人出生的国家，他们也感受到同日常生活的坚固联系。就像亚历山大的斐洛、罗马的约瑟夫斯、巴比伦的《塔木德》学者、美索不达米亚的萨迪亚·加昂、埃及的迈蒙尼德，以及成千上万的其他人一样，世界上“简单的”、未受过教育的犹太人总是优先选择他们生活的、成长的、工作的和说着那里语言的地方。尽管在现代时期之前，他们住的地方不是他们的政治祖国，但我们不能忘记，在漫长的中世纪，没有人有自己的民族领土。

如果说犹太人不想移居圣经之地，那么他们是否像基督徒那样，也有一种宗教需求，想去圣地净化、悔罪、献祭，或进行其他类似的活动？圣殿毁灭后，犹太人用朝圣代替了迁居这片土地吗？

第三章

走向基督教犹太复国主义：贝尔福也许诺了这块土地

正如访问过雅典的人能更好地理解希腊史……谁会对《圣 119
经》有更清晰的认识？他要亲眼见过犹大地，还曾在犹太人的地方回忆那些古代城市的故事；那些城市或保持着原名，或改了新名。

——杰罗姆，《编年史》前言，约公元 400 年

因为在巴勒斯坦，我们甚至不建议走那种形式，去征询这个国家现在居民的愿望……无论对错好坏，犹太复国主义扎根在久远的传统、当前的需要、未来的希望之中，与现在继承了这块古老土地的 70 万阿拉伯人的愿望和偏见相比，它有着远为深刻的意义。

——阿瑟·詹姆斯·贝尔福勋爵，《备忘录》，1919 年 8 月 11 日

公元 70 年，提图斯摧毁了耶路撒冷圣殿，希望终结一神教对罗马多神教政权的狂妄挑战。他和同伴们“认为必须毫不迟疑地摧毁圣殿，以彻底消灭犹太和基督宗教”[1]。无论从短期还是长远来看，这

1 提图斯的看法被塞维鲁（Sulpicius Severus）引用了，见梅纳赫姆·斯特恩（转下页）

位未来的皇帝和他的顾问们都错了。公元115—117年，在整个地中海南岸，犹太社区发动了起义；132—135年，巴尔·科赫巴在犹大地起义。后续的两次反抗表明，圣殿毁灭后，年轻的一神教力量并未立即屈服。科赫巴起义后的严厉镇压没能消除基督教传播的动能，
120 相反，它表示，仅仅从物理上摧毁一个崇拜之地并不能抹去对抽象的独一神的渴望。

希伯来传统认作第二圣殿的崇拜地何时建成？我们没有准确的答案。对于第一圣殿的存在，我们也遗憾地没有考古证据，只能假定，它位于雅威一神教成形前已经有的一处古代圣屋。根据传统，它的中心立着一块据说是宇宙支点（even hashtiya）的基石。这块石头和其他理由一起，赋予了这个地方以神圣性。不过，虽然《圣经》提到了圣殿，作者却忘记告诉我们，人们是否遵行了定期前来朝圣的诫命。[2] 我们或许可以认为，先是对犹大地居民，后来也对越来越多的住在其他地方的犹太人而言，只有第二圣殿是真正的朝圣地。

公元前19年，希律王把圣殿变成一个庞大壮观的建筑，吸引了大批崇拜者。此时的犹太教处在它的顶点，几十万远方的犹太人和犹太教皈依者向这里捐献。环地中海各处，罗马治下的和平愈益稳固，大众能较为安全地在帝国道路上旅行。这段相对和平的时期促进了犹太教和后来基督教的传播。当然，它也构成了鼓励朝圣耶路撒冷的物质基础。到公元70年为止的近90年时间里，作为上天、现世、深渊的汇集处，“上帝居所”一直是不断壮大的犹太宗教的中心。

（接上页）（Menahem Stern）主编：《希腊罗马作家论犹太人和犹太教》（*Greek and Latin Authors on Jews and Judaism*），第2卷，耶路撒冷：以色列科学与人文研究院，1980年，第64页。

2 “第二圣殿之前”，这种做法的证据仅限于两个含糊的、几乎一样的句子，见《出埃及记》：“一切的男丁要一年三次朝见主耶和华。”（23：17和34：23）

朝圣定在一年的三个节日（regalim）里，即逾越节（Passover）、五旬节（Shavuoth）、住棚节（Sukkoth），其诫命适用于男人而非女人。除了亚历山大的斐洛的证词和弗拉维乌斯·约瑟夫斯的描述，拉比犹太律法文献也满是对这个重要时期的指涉，围绕着圣殿的仪式仪轨的文字一次次出现。朝圣者不仅给祭司慷慨的捐献和什一税，还 121
亲自将要求的和自愿的祭品带到耶路撒冷。大众的宗教节庆日，巩固了掌管这一活动的王国与祭司的力量。[3]

圣殿被毁结束了朝圣的义务，也极大地影响了犹太教形态的转变。从此，圣殿祭司的角色越来越多地由阐释潮流中的会堂拉比取代。由于耶路撒冷仪式地点、神圣中心的毁灭，犹太社区中小而活跃的会聚处的重要性增大——此前，它们已经为犹太人口的繁盛和扩大做出了贡献。耶路撒冷不会被忘记，直到日子的尽头，虔信的犹太人心中会一直有它；然而，正如实际上会堂代替了圣殿，祈祷代替了献祭，口传律法传统也代替了实际的土地，代替了那个场所。

圣殿毁灭后的朝圣：一种犹太仪式?

如果说公元 70 年后缺乏生气的哀悼朝圣还存在的话，那么到 135 年罗马人镇压巴尔·科赫巴起义后，它们几乎彻底消失了。[4] 如

3 参见杰基·菲尔德曼（Jackie Feldman）:《第二圣殿朝圣中的公共经验和权力的正当化》（“The Experience of Communality and the Legitimation of Authority in Second Temple Pilgrimage”），见奥拉·利莫尔（Ora Limor）和埃哈南·雷纳（Elchanan Reiner）主编：《朝圣：犹太人、基督徒、穆斯林》（*Pilgrimage: Jews, Christians, Moslems*），拉纳纳：开放大学出版社，希伯来语，2005 年，第 88—109 页。

4 西缪尔·萨夫莱（Shumel Safrai）想证明，偶尔的朝圣仍不时发生。参见他的《第二圣殿时期的耶路撒冷朝圣》（“Pilgrimage to Jerusalem at the Time of the Second Temple”），收录于奥本海姆（A. Oppenheimer）、拉帕鲍特（U. Rappaport）、斯特恩（M. Stern）主编：《第二圣殿时期耶路撒冷史论文集》（*Chapters in the History of Jerusalem in the Time of the Second Temple*），耶路撒冷：本－兹维研究所，希伯来语，1980 年，第 376—393 页。

我们所知，罗马人残酷地夷平了犹太人的耶路撒冷，在其废墟上建造了崇拜偶像的城市伊利亚·卡皮特莱纳。受割礼者禁止进入城市，因此，在公元 4 世纪初帝国基督教化之前，犹太人基本无缘得见这个犹太信仰中心。基督教在整个帝国获胜后，情况也没有太大变化，
122 耶路撒冷成了有着许多教堂的基督教圣城。直到公元 7 世纪初伊斯兰军队到来后，犹太人才能自由进入和定居在他们的古代圣城。

不过，阿拉伯征服也导致两座宏大的伊斯兰圣所的建造，位置正在遥远的过去犹太圣殿矗立的地方。鉴于犹太教和基督教的共生关系，传说将征服者引到圣殿确切地址的是两个皈依了基督教的犹太人便丝毫不奇怪了。几个世纪后，那里已堆满了垃圾。我们也认为，由于它所发生的实际变化，在坚持口传律法传统的拉比派运动中，圣殿山对犹太人越来越没有吸引力。如在前一章看到的，卡拉派是犹太宗教的“抗议者”，他们拒绝犹太宗教律法，号召回归圣地的古老源泉。因此，他们去耶路撒冷定居，到那里朝圣。[5]

在麦加、麦地那之后，伊斯兰教将耶路撒冷选作第三重要的神圣中心。由于它曾从犹太教中吸取部分资源，位于巴勒斯坦心脏地带的耶路撒冷立刻成为穆斯林祈祷时朝向的一个主要地点。这里是穆罕默德升天的地方。虽然伊斯兰教朝圣诫命哈吉（Haj）的焦点是麦加，但访问耶路撒冷的人数也很可观。对各种流派中的神秘主义者来说，移民和朝拜北方圣地（Biladash-Shem）有着重大的宗教意义，许多年里信徒们源源不断地往那里去。[6]

5 卡拉派仍只去耶路撒冷朝圣，坚决反对拉比犹太教中日益流行的圣墓朝圣。关于这个问题，参见约书亚·普劳（Joshua Prawer）:《十字军时期以色列地的希伯来旅行记录》（“Hebrew Travel Accounts in the Land of Israel in the Crusader Period”），收录于普劳（J. Prawer）主编 :《十字军王国内的犹太史》（*History of the Jews in the Crusaders' Kingdom*），耶路撒冷 : 本－兹维研究所，希伯来语，2000 年，第 177 页。

6 参见高伊坦（Shelomo Dov Goitein）:《穆斯林虔敬中巴勒斯坦的圣洁》（转下页）

相比之下，从想要重建圣殿的公元135年巴尔·科赫巴起义的 123
终结，到十字军于1099年对耶路撒冷的征服，在近一千年的时间里，我们没听说拉比犹太教信徒试图朝拜圣城。如前面指出的，犹太人并未“忘记”耶路撒冷，因为犹太教的一个主要方面就是同这一神圣中心的联系。只是，这种联系没有转化为与这块土地真实亲近的冲动——走在它的泥土上，在这里旅行，或了解它的地理状况。

关于圣殿存在时期仪式的律法，犹太评注家做了长篇讨论；然而，对圣殿毁灭后的耶路撒冷朝圣，他们说的极少。《密西拿》《塔木德》《米德拉什》三部经典致力于传播积极和消极的戒律，包括关于救赎到来时恢复圣殿仪式的末世论指示，却没有事先提及朝圣的宗教意义。不同于基督教，犹太教认为，朝圣耶路撒冷不构成对过失的赎罪，不能净化信众，因此，我们没看到犹太教劝人朝圣。最终，一段时期内，艰难的历史现实割裂了与神圣中心的实际联系，所留下的强大关联本质上首要的是精神的、形而上的。

看起来直到十字军的征服之后，犹太人去圣地，特别是去耶路撒冷的朝圣才重新开始。埃哈南·雷纳是研究犹太朝圣的学者，他详细考察了这一课题：

(接上页)(“The Sanctity of Palestine in Muslim Piety”)，载《犹太巴勒斯坦调查协会通告》(*Bulletin of the Jewish Palestine Exploration Society*) 12，希伯来语，1945—1946年，第120—126页。在这篇20世纪40年代的文章中，高伊坦讨论了和“圣地”放在一起使用的“夏姆”(Sham，阿拉伯语中用来指利凡特或包括巴勒斯坦在内的古代叙利亚地区的词汇。——译者注)一词，圣地一词在《古兰经》中也出现了。从拜占庭人那里，穆斯林征服者也继承了术语“巴勒斯坦”，用它指环绕着耶路撒冷的整个地区。同上书，第121页。我们还发现，从历史学家伊本－卡尔比(Ibn al-Kalbi)到地理学家伊本·阿萨基(Ibn’Asakir)、伊德利斯(al-Idrisi)，“巴勒斯坦”一词在诸多作家的作品中都有使用。另见约瑟夫·德罗里(Yosef Drori)：《一位穆斯林学者对法兰克巴勒斯坦的描述》(“A Muslim Scholar Describes Frankish Palestine”)，收录于本雅明·Z. 科达尔：《十字军王国中的战士，1099—1291年》，耶路撒冷：本－兹维研究所，希伯来语，1987年，第127页。

受十字军战士影响，或是对其挑战的回应，在中世纪，犹太社会形成的朝圣体制似乎与十字军战士原来国家内的朝圣机制关系非常密切。十字军时期以前，拉丁教会国家中的犹太人不存在体制化的朝圣，
124 更不用说形成对以色列地的朝圣仪式了。由于第三次东征，12 世纪和 13 世纪初，在天主教欧洲的犹太社区，朝圣体制迈出了第一步，开始在法国和西班牙犹太宗教世界，最终也在阿什肯纳兹人中占得应有的位置。[7]

十字军战士唤起了基督徒对圣地的注意，为什么也“影响了”欧洲犹太社区？雷纳提出一个假说，认为犹太人对朝圣的兴趣是圣地竞争的产物。也就是说，基督教声称是旧约的真正继承者，因此有资格控制它描述的领土资产，这引起了犹太人的担忧，鼓励了朝圣耶路撒冷的大众运动。[8]

这一主张远不能让人满意。在基督教文献中，我们能找到一些论争，说由于耶稣的受难，圣地被第二次许诺，许给了他的追随者；虽然如此，在犹太资料中，我们找不到对关于这地的人类集体所有权的实质性反驳。遗憾的是，雷纳的分析没有解释为什么犹太朝圣没有在更早的公元 4 世纪增多。无论如何，在那个时候，通过建立众多的教堂和纪念地，基督教开始宣扬跟圣地的联系，并对圣地进行控制。他的分析也没有澄清，穆斯林征服耶路撒冷、建起他们的壮观圣所后，在附近的埃及和美索不达米亚社区，为什么犹太人对“所

7 埃哈南·雷纳：《明显的错误和隐藏的事实：12 世纪巴勒斯坦的基督徒、犹太人和各圣处》（“Overt Falsehood and Covert Truth: Christians, Jews, and Holy Places in Twelfth-Century Palestine”），载《锡安》63：2，希伯来语，1998 年，第 159 页。

8 关于基督教对圣地（terra sancta）所有权的概念，参见罗伯特·路易斯·威尔肯（Robert Louis Wilken）：《称圣的土地：基督教历史与思想中的巴勒斯坦》（*The Land Called Holy: Palestine in Christian History and Thought*），纽黑文：耶鲁大学出版社，1992 年。

有权”的嫉妒没有激起警觉的朝圣行动？早在9世纪，卡拉派的丹尼尔·库米西（Daniel al-Kumisi）便表达了对拉比拒绝访问锡安的不解：

> 除了以色列，从天地四角来的、敬畏上帝的各族不是每月每年来
> 耶路撒冷吗？那么你们，我们的以色列兄弟，为什么不能至少像异教 125
> 徒那样，到耶路撒冷来，在这里祈祷呢？[9]

这个时期，如果犹太人愿意，没有谁阻止他们访问和定居耶路撒冷。将犹太人对以色列地所有权的意识归给拉比犹太教，这种解释本质上大致是犯了时代误植错误。其实，此类解读基本是把现代犹太复国主义的所有权意识复制到了传统的犹太精神世界，而就后者与圣地的联系来说，其特征典型地是前现代的、非政治的心理层面的。

事实是，我们并不确切地知道，为什么犹太朝圣完全停止了，直到很久之后才逐渐重新出现。我们所能做的只是猜测。我们应记得，圣殿毁灭前，朝圣的目的地不是犹大地的各个圣处，而是完全朝向耶路撒冷，并且不是个人的主动行为，而要按照《圣经》确定的日子去。弥赛亚大起义后，耶路撒冷和一部分犹太城市毁灭，朝圣传统存在的理由彻底没了，而且如前面指出的，这深刻改变了犹太信仰的性质。在虔信者的意识中，地理－自然意义上的耶路撒冷淡出了，想象中的犹太中心的、天上的耶路撒冷出场了。

基督徒和不久前还是犹太人的穆斯林皈依者与圣地本身相遇后，也吓阻了仍忠于摩西宗教的人们。阿拉伯军队到达前，巴勒斯坦犹

---

9 丹尼尔·库米西：《呼吁流散地到卡拉派前来并在耶路撒冷定居》（“Appeal to the Karaites of the Dispersion to Come and Settle in Jerusalem”），收录于利昂·纳莫伊（Leon Nemoy）主编：《卡拉派选集》，纽黑文：耶鲁大学出版社，1952年，第37页。

太人的基督教化相对平缓，但从 7 世纪初开始，起初较慢和难以觉察的伊斯兰化进程最终席卷了整个地区。事实上，圣地居民的大规模皈依用了很长时间，持续了数代，以至于人们完全忘记了有这回事。
126 到犹太人再次探索圣地时，他们已看不到大量的皈依者及其子女了。可以想象，圣地居民会试图说服犹太旅行者采纳他们取胜了的仪式，归入他们扩张着的信仰。

我们也必须记得，对犹太个人朝圣者而言，由于无法遵行戒律，从欧洲去以色列地的旅行其实是不可能的。据我们所知，路途中没有为犹太人准备的旅舍或休整点。漫长危险的旅途可能会让潜在的行者犹豫不决：要冒亵渎安息日的风险，因为在陌生的道路上需要不停顿地走；祈祷时，无法凑够米尼恩（minyan）所要求的最低 10 人的法定人数；旅行中，难以遵循口舍（kosher）这种饮食律法。[10] 总而言之，为了去圣地旅行，极端虔诚的犹太人不得不变得没那么虔诚了。

在基督教的朝圣之后，犹太人才开始朝圣。它从未达到一定的规模，或许不能被视作一种体制化的习俗。从 12 世纪到 18 世纪末，去圣地的犹太朝圣者很少，而同一时期的基督教朝圣者成千上万。虽说在这个时期，犹太人数量少于基督徒，但以色列地对“原来以色列孩子”缺乏吸引力的程度依然令人惊诧。许多年里，犹太复国主义历史学尽力搜罗资料，搜集反映犹太人与“祖国”具体联系的

10　有关可能阻止犹太人朝圣的其他因素，参见埃哈南·雷纳：《去以色列地的朝圣者和朝圣，1099—1517 年》（“Pilgrims and Pilgrimage to Eretz Israel 1099–1517”），博士论文，耶路撒冷希伯来大学，1988 年，第 108 页。另见以色列·塔－舍玛（Israel Ta-Shema）：《一位阿士肯纳兹哈西德关于以色列地的回答》（“The Response of an Ashkenazic Hassid regarding Eretz Israel”），以及《论早期阿士肯纳兹人对移民以色列地的价值的态度》（“On the Attitude of the Early Ashkenazim to the Value of Immigrating to Eretz Israel”），载《和平：以色列地犹太人历史研究》（*Shalem: Studies in the History of the Jews in Eretz Israel*），1，1974 年，第 81—82 页；6，1992 年，第 315—318 页，希伯来语。

只言片语，成果至多是乏善可陈。

就我们所知，公元1140年，诗人和思想家耶胡达·哈列维是第一个决定去圣地旅行的人，虽然他没能完成行程，在路途中就去世了。不久后的1165年，迈蒙尼德和他的家庭离开摩洛哥，抵达阿卡。年轻的哲学家访问了耶路撒冷和希布伦，但在定居埃及后，他没发现有什么理由要回到这些地方。到12世纪下半叶，我们有证据表明， 127
亚科夫·本－纳塔尼尔（Yaakov Ben Natanel）从普罗旺斯出发，去了巴勒斯坦，行程中留下许多记录。同一时期还有一篇题为“古墓”的简短文本，是位不知名的犹太人写的，似乎来自大马士革。

这里最有趣的事实是，同期两位访问了巴勒斯坦并提供了详细描述的最重要的作家不是朝圣者。西班牙图代拉的本雅明和德国利金伯格的佩塔西亚是两名旅行研究者，他们想要离开住处，考察所知世界的犹太社区，其间也到了圣地。从人类学角度看，他们用希伯来语写出的证据是无可替代的[11]，而且，从高卢到哈扎尔王国的克里米亚半岛的各个地区，他们对犹太生活的生动描述也很迷人。两位叙述者证明了在那个时期的犹太想象中，以色列地的分量之轻。

与实际地域相比，两位勇敢的旅行家对人的兴趣要大得多。他们对各圣处和墓地都很好奇，但在涉及生活方式和宗教习俗时，他们的评论更具原创性。在中世纪犹太知识分子世界中，本雅明和佩塔西亚代表着最机警、最有求知心的那些人。遗憾的是，他们传达的每件事并非都准确，因为他们不可避免地要通过熟悉的传说和奇迹的棱镜看待呈现在眼前的东西，许多知识又是借二手资源获得的，

11 马尔库斯·拿单·阿德勒（Marcus Nathan Adler）编辑和翻译：《拉比本雅明旅行记》（*The Travel Book of Rabbi Benjamin*），耶路撒冷：希伯来大学学生联合会出版社，希伯来语，1960年。佩塔西亚·本－雅各布（Pethahiah Ben Jacob）：《拉比拉提斯邦的佩塔西亚旅行记》（*The Travels of Rabbi Pethahiah of Ratisbon*），耶路撒冷：格林胡特出版社，希伯来语，1967年。

而不是获自亲身观察。尽管如此，他们的报告依然珍贵。

根据图代拉的本雅明的计算，与巴比伦相比，从阿卡到阿什克伦的犹太人口要少得多，这反映出的明显事实是，犹太人把死者送回以色列地，却不送活着的后代回去。他把耶路撒冷看作小城镇，
128 对大马士革留下的印象远为深刻。佩塔西亚把观感讲给学生听，而不是自己写下来。大马士革也令他很震动，那里有 1 万犹太人，以色列地则仅生活着 300 个犹太家庭。在他的故事中，相对不重要的耶路撒冷令人惊奇；按照他的描述，犹太人看上去更喜欢朝圣巴比伦的埃兹基尔（Ezekiel）墓，甚至连皈依的哈扎尔王国也派代表去那里。[12]

从本雅明和佩塔西亚的访问到 17 世纪末，去过圣经之地的犹太人留下了一小批旅行记录，如有争议的 1210 年西缪尔 · 巴尔 – 西姆森（Shmuel Bar-Shimson）的记述。他讲到主要来自普罗旺斯的一群拉比，如 1257 年前的拉比阿吉瓦的故事，他去耶路撒冷为他在巴黎的犹太经学院筹钱；如年迈的纳赫马尼德移民的事，是他的学生后来追记的；如从 13 世纪初起，耶胡达 · 阿哈利兹（Yehuda Alharizi）的动人诗篇；如从 14 世纪初起，伊西托里 · 哈帕奇（Ishtori Haparchi）独具风格的证词，以及少数不完整的珍贵叙述。

15、16 世纪，来到以色列地的人有 1441 年的拉比迈拉加的伊萨克 · 伊本 · 阿法拉（Issac ibn Alfara of Malaga）、1481 年的拉比伏特拉的迈苏拉姆（Meshulam of Volterra）、1489 年的拉比伯提诺罗的奥巴迪亚（Obadiah of Bertinoro）、1521 年的拉比佩萨罗的摩西 · 巴索拉（Moses Basola of Persaro）。17 世纪起，来自东欧的旅行记开始出现，作者有 1650 年的布拉格的摩西 · 鲍里特（Moses Porit），18

12　佩塔西亚 ：《旅行记》（*Travels*），第 47—48 页。

世纪头十年的犹大·哈西德的弥赛亚门徒，也有于 1798 年意外访问的布里斯洛夫（Breslov）的纳赫曼拉比。[13]

这样看来，犹太朝圣者规模有限，是一些受过教育的富裕犹太人，不全是但主要由拉比和商人构成，其动机多种多样，不能说全是宗教性的。有些为了履行誓言，有些想要赎罪，还有些就是为了满足好奇心和冒险的欲望。与此类似，来圣地的基督教徒也不仅限于宗
教朝圣，还包含了一些旅行家，尤其是来自意大利的那些人。在 14 129
世纪，威尼斯和雅法之间有了定期航船，每年去圣地的基督教朝圣者达到了四五百人的规模。[14]

在几乎所有犹太旅行者的叙述中，他们对其他犹太人的兴趣和认同感都有清晰的展示。对于古代的风景，他们不能说全然无视，但总的来说，那不是他们叙述的中心。旅行报告显得相当冷静，没有什么指向精神提升或宗教狂喜的语言，也没提及“以实玛利人”亦即当地穆斯林对犹太旅行者的敌意。当地人不像欧洲的基督徒，不把犹太教看作一种低下的、可鄙的宗教，对此，旅行者的信中满是赞赏。[15] 这些叙述中没有出现任何有关阻碍犹太人探索圣地的内容，也很少有禁止他们在那里定居的说法。圣地对他们来说不错，尽管许多人觉得，那里有的只是贫瘠的沙漠。虽然如此，它依然是奶与蜜之地，因为无论如何，《圣经》文本远比旅行者亲眼看到的东西重要。

---

13 关于犹太人的旅行与朝圣，参见阿夫拉姆·亚里（Avraham Yaari）：《犹太朝圣者去以色列地的旅程》（*Jewish Pilgrims' Journeys to the Land of Israel*），拉马特甘：马萨达出版社，希伯来语，1976 年。

14 雅各·罗森塔尔（Jocob Rosenthal）：《1479 年纽伦堡贵族汉斯·塔彻尔的圣地朝圣》（“The Pilgrimage to the Holy Land of Hans Tucher, Patrician of Nuremberg, in 1479”），载《圣座》137，希伯来语，2010 年，第 64 页。

15 参见阿夫拉姆·亚里（Avraham Yaari）编：《来自以色列地的信》（*Letters from the Land of Israel*），拉马特甘：马萨达出版社，希伯来语，1971 年，第 18—20 页。

发愿朝圣后，伏特拉的迈苏拉姆来到了耶路撒冷，对其建筑之美很是惊奇。不过，对于当地的生活方式，这位脆弱的托斯坎纳银行家的儿子也很震惊："以实玛利人和当地犹太人像猪一样吃东西，每个人都从同一个盘子里用手指拿吃的，连桌布也没有，像在埃及时那样。他们的衣服倒是干净的。"[16] 比较而言，摩西·巴索拉对墓地的兴趣要大得多，为后来的读者提供了一份完整的名单，让他们能够轻松地随着他的脚步来到这些地方。[17]

130 的确，绝大多数犹太旅行者都会访问圣墓，在那里匍匐敬拜。从麦比拉洞的先辈墓地，到纳布卢斯的约瑟墓、梅伦山（Mount Melon）的西蒙·巴－约海（Bar-Yochai）和希勒尔·沙马伊（Shammai）墓，朝圣地点大量地出现了。用意第绪语写作的摩西·鲍里特告诉我们，17 世纪，犹太人已经开始对着西墙祈祷了：

> 犹太人不被允许进入圣殿所在的地方。西墙也在这里，犹太人可以从外面而非里面来到西墙边。我们祈祷，站得离它有点儿距离；无论如何，由于它的神圣，我们没有靠得很近。[18]

1734 年，摩西·卡舒托（Moshe Haim Capsutto）从佛罗伦萨（Firenze）来到耶路撒冷，他的旅行日记关注的是：

> 这里没有隔都，犹太人想住哪里都可以。他们约有 2000 人（按

16 阿夫拉姆·亚里编：《伏特拉的迈苏拉姆 1481 年以色列地旅行记》（*Meshulam of Volterra's Travels in the Land of Israel, 1481*），耶路撒冷：莫萨德·比利亚克出版社，1948 年，第 75 页。除了书名，书中其实没有提过"以色列地"。

17 伊萨克·本－兹维（Yitzhak Ben-Zvi）编：《安科纳的拉比摩西·巴索拉的巴勒斯坦朝圣》（*A Pilgrimage to Palestine by Rabbi Moshe Basola of Ancona*），耶路撒冷：犹太巴勒斯坦开发协会，希伯来语，1939 年，第 79—82 页。根据以后将担任以色列国总统的编者本－兹维的看法，旅行者充满了"对祖国的热切"，第 15 页。

18 亚里：《犹太朝圣之旅》（*Jewish Pilgrims' Journeys*），第 284 页。

他的估算，当地共有 50000 人），包括相当多的寡妇，后者从各个地方抵达耶路撒冷，希望余生能沐浴在上天的荣光中。[19]

毫无疑问，还有很多犹太人去了耶路撒冷朝圣，而没有留下记
录。相当多的朝圣者不会读写。我们也可以有把握地说，另有许多
证据遗失在岁月长河中。虽然如此，在犹太社区的生活中，圣地旅
行显然不过是边缘小事。基督徒和犹太朝圣者的所有数据比较都表
明，去往圣地的犹太旅行只是大海里的一滴水。从公元 135 年到 19
世纪中叶的 1700 余年里，我们知道的犹太朝圣记录约有 30 部，而
从公元 333 年到 1878 年的 1500 余年，我们看到了大约 3500 份基督 131
徒的圣地朝圣报告。[20]

对于以色列地朝圣，“以色列之子”相对冷淡，懒于参与。之所以如此，他们有很多理由。比如说，犹太教内部非常恐惧弥赛亚运动，担心它会激起犹太社区的热情，危及依赖其他具有统治地位的宗教恩惠下的脆弱犹太生存状况。社会学家维克多·特纳（Victor Turner）的作品教导我们，无人监督的、不受控制的朝圣会动摇一切宗教体制的社会秩序。有时候，保守社团首先关注的是自己的存在，不欢迎自发的、有时是无政府主义的个人或集体圣地之旅，或是参与此类经历可能导致的“反结构”（antistructure）倾向。[21] 基督

---

19 摩西·哈伊姆·卡舒托：《1734 年以色列地旅行日记》（*The Journal of a Journey to the Land of Israel*），耶路撒冷：克代姆出版社，希伯来语，1984 年，第 44 页。

20 关于这一主题，参见德国十字军历史学家罗里希特（Reinhold Rohricht）卷帙浩繁的辑录《巴勒斯坦地理文库：333—1878 年圣地资料编年书目》（*Bibliotheca Geographica Palaestinae. Cronologisches Verzeichnis der von 333 bis 1878 verfassten Literatur über das Heilige Land*），1890 年，耶路撒冷：大学书店，1963 年。

21 维克多·特纳：《作为社会过程的朝圣》（“Pilgrimages as Social Processes”），见《戏剧、场域和隐喻：人类社会的象征行为》（*Dramas, Fields and Metaphors: Symbolic Action in Human Society*），伊萨卡：康奈尔大学出版社，1974 年，第 166—230 页。

教会有能力引导朝圣活动，使之返惠于己；相比之下，犹太社区机构太过弱小，无力按自己的利益组织受指导、受控制的朝圣。因此，除了少数个例，我们没怎么看到犹太社区对圣地之旅的鼓励。当朝圣活动变得流行时，特别是在阿士肯纳兹人中，我们还看到了社区的明确反对立场。[22]

每个卡拉派朝圣者都能获得“耶路撒冷人”（Jerusalemite）的荣誉称号，且终身拥有。不过，拉比传统没有任何此种分类的记录。对忠诚于耶稣被钉十字架的这座城市的人们，对其他地方的朝圣者，基督教会慷慨地予以赦罪（indulgentia），犹太朝圣者不会被授予此类特权。另外，与去麦加的穆斯林朝圣者不同，犹太人哪怕一次都不去现世的耶路撒冷，他依然可以成为完美的正义犹太人。

132 当然，这有一个前提，即犹太人不能忘记圣城的毁灭，否则他的右手将“忘记技巧”（《诗篇》137：5—6）。赎罪日和逾越节家宴时，每个犹太人都会大声说“明年在耶路撒冷”，那相当于对未来救赎的祈求，而不是行动号召。在犹太人看来，圣城是记忆中的珍爱之地、信仰维护的不竭源泉，而不必是一个奇妙的地理位置，去上一次就能延缓或阻止救赎的到来。最终，犹太思想更多地聚焦于祈祷和勤勉的犹太宗教律法学习，而不是向着未知地域的朝圣。

神圣地理学与耶稣之地的旅行

尽管有耶稣在逾越节去耶路撒冷的朝圣传说，但一开始基督教并没有一个或多个神圣中心的观念。《圣经》作者将这话归于上帝：“又当为我造圣所，使我可以住在他们中间。”（《出埃及记》25：8）然而，《新约》中的保罗有针锋相对的说法：“创造宇宙和其中万物

22 参见雷纳：《朝圣者与朝圣活动》（*Pilgrims and Pilgrimage*），第 99 页及以下。

的上帝，既是天地的主，就不住人手所造的殿。”（《使徒行传》17：24）不过，像其他宗教一样，追随创建者的一代代基督徒令这一信息屈服于变化着的心理需求。关于耶稣曾在犹大地做工、行走、被钉十字架之事，基督教的信念极其强烈，也极具现实感，他们不可能不将它转变为一个核心圣地的观念。[23]

如我们已看到的，三次犹太起义之后，罗马人试图颠覆耶路撒冷作为一神教中心的地位，抹除环绕着它的神圣氛围。然而，甚至在基督教成为罗马帝国官方宗教之前，一些朝圣的基督徒就来到了这个动荡不安的城市。萨迪斯（Sardis）主教米利托（Melito）是第
一个，他于公元 2 世纪抵达耶路撒冷，之后有许多人追随他的脚步。 133
我们还知道同一世纪的其他朝圣先锋，他们访问了上帝之子的出生地伯利恒和耶稣被钉十字架的地点各各他。

不过，真正开启基督教对这个城市圣化时代的是公元 326 年海伦娜对巴勒斯坦的朝圣。海伦娜是拜占庭皇帝康斯坦丁一世的母亲，她皈依基督教比儿子还早。在耶路撒冷，她建造了第一批教堂，它们后来成为朝圣地点。皇太后海伦娜的访问创造了一种持续数个世纪的传统，它将构成基督教会内在生活的一部分。皇太后的作为与另一位海伦娜相似，后者是阿迪亚贝纳国王伊扎提斯（Izates）和莫瑙巴兹二世（Monobaz Ⅱ）的母亲，她于公元 1 世纪早期访问了耶路撒冷，在增添圣殿的荣光方面做了很大贡献。

体制化的朝圣活动存在于绝大多数宗教，但在各个信仰之中的角色和重要性各不相同。从一开始，基督教的朝圣旅行就不同于犹太圣

23 直到十字军运动以后，术语“圣地”才在基督教中流行起来。更多相关论述参见 C. H. J. 德 · 吉乌斯（C. H. J. de Geus）：《许多世纪以来对圣地的着迷》（“The Fascination for the Holy Land during the Centuries”），见鲁伊腾（Jacques van Ruiten）和德 · 沃斯（J. Cornelis de Vos）主编：《〈圣经〉、历史和神学中的以色列地》（*The Land of Israel in Bible, History, and Theology*），莱登：布里尔出版社，2009 年，第 405 页。

殿的节日朝圣，不同于很久以后出现的穆斯林每年去麦加的朝圣。不像犹太和伊斯兰教朝圣者，基督徒的朝圣活动不与某个明确的诫命挂钩，其理论基础完全在于自愿性。它的不同处还在于，它不是实施于一个正式的集体框架中，不是发生在一年当中的某些固定时间。

是什么为基督教朝圣的演化提供了文化基础？爱德华·大卫·亨特（Edward David Hunt）推测，是希腊和罗马的探险考察传统，而不是古代的犹太朝圣活动。[24] 依循希罗多德的传统，整个罗马世界的求知旅行源自好奇心和探索欲望。与以往文学作品提及的地方亲身相遇，令人兴奋不已，引出了一波旅行潮，这些行程塑造了后来的宗教朝圣实践。它完全是知性行为，绝大多数参与者与其新一神教徒后继者一样，受过良好教育，阅读广泛，而且很有钱。

134 新宗教中蕴含着深刻的普世主义情感，这构成了对基督徒朝圣的另一种刺激。新信徒渴望了解与自己有着同样信仰的国外地区人们的行为，启程去亲眼看看他们。朝圣者的第一站是首都罗马，它拥有古代世界的一流知识分子和文化与宗教宝库。理所当然，这个城市成了基督教的首要神圣中心。使徒彼得在罗马被钉十字架，此事导致了世界上最大教堂的建造，造就了后来的梵蒂冈。

基督教历史催生了无数的朝圣目的地，包括杰出僧侣和教士的墓地，也包括奇迹发生的地方。这类地方被圣化后，经常有人访问。不过，最受欢迎的还是圣经之地，曾有先知在那里预言，耶稣曾在那里行走。巴勒斯坦省很快成为全世界基督徒的圣地，从公元 333 年来自波尔多的无名旅行者，到 2009 年的教皇本笃十六世，即使不

24　爱德华·大卫·亨特：《罗马帝国晚期的圣地朝圣，公元 312—460 年》（*Holy Land Pilgrimage in the Later Roman Empire, A. D. 312–460*），牛津：克拉伦登出版社，1982 年。另见亨特：《罗马帝国的旅行、旅游和虔敬：基督教朝圣之开端的背景》（"Travel, Tourism and Piety in the Roman Empire: A Context for the Beginnings of Christian Pilgrimage"），载《古典世界的回声》（*Echos du Monde Classique*）28，1984 年，第 391—417 页。

说数十万人的话，至少也有数万基督徒访问过这里。犹太教从集中于一个具体中心的宗教起步，经精神化进程与之相分离，而从许多方面来看，基督教是朝着相反的方向发展的。

首先经由一波波朝圣先锋，经由教会对精神与物质资源的掌握，基督教的神圣性实现了地域化。起初，犹太复国主义学者试图将“来自波尔多的旅行者”归在犹太传统中[25]，然而，首次留下一份报告的真正朝圣的实践者是位热忱的基督徒，他成功地将一种新传统引入了欧洲意识。在基督教的早期，在圣地建造第一批教堂的时候，这位先锋到达了“其实是犹大地的巴勒斯坦”——他这么描述圣地。[26]在恺撒里亚、耶斯列谷、塞特伯利、纳波利斯、耶路撒冷，他访问了《圣经》和基督教的圣处。在耶路撒冷，他去了圣殿广场、西罗 135
亚（Siloam）水池、教士凯亚法斯（Caiaphas）的家、大卫塔、各各他，以及先知以赛亚、希西家王（King Hezekiah）和其他一些人的墓地。从耶路撒冷出发，他接着去了杰里科，去了妓女喇合的家，去了约翰为耶稣洗礼的约旦河；去了伯利恒，那里有拉结（Rachel）墓和耶稣诞生处；去了希布伦，亚伯拉罕和撒拉、以撒和利百加、雅各和利亚的埋骨之地；他从希布伦去了迪奥波利斯（Diospolis）即利达，接着回到恺撒里亚。

去巴勒斯坦的路上，这位波尔多的朝圣者曾在罗马停留，但对它没说什么。对圣地的居民、自然风光、河流、谷地状况，他也没有兴趣。作为“真正以色列”的孩子，他把《旧约》和《新约》理

25 例如，参见以色列地理学之父希缪尔·克莱因（Shmuel Klein）：《旅行书：在以色列地的波尔多人行程》（“The Travel Book: Itinerarium Burdigalense on the Land of Israel”），载《锡安》6，1934 年，第 25—29 页。

26 参见《从波尔多开始的旅程》（“The Journey from Bordeaux”），见奥拉·利莫尔（Ora Limor）：《圣地旅行：古代晚期的基督教朝圣》（*Holy Land Travels: Christian Pilgrims in Late Antiquity*），耶路撒冷：本-兹维研究所，希伯来语，1998 年，第 27 页。

解为一个叙述单位，只报道与他细读《圣经》相关的各个地点。事实上，他向我们展示的不是对真实地区的旅程详解，而是对各个圣处精确的、慎重的、地理－神学的素描。在努力把握书写文本背后的物质现实的过程中，他不经意地创造了神圣地理学。

在第二部旅行日记中，我们看到的是对这种新地理－神学轮廓的重点描画。埃吉利亚（Egeria）来自伊比利亚半岛，可能是位女修道院院长，于4世纪下半叶到耶路撒冷朝圣。从古代以色列人的足迹，到耶稣在耶路撒冷的最后行走路线，她留下了对中东所有圣处的描述。埃吉利亚没把自己局限于“应许之地巴勒斯坦”[27]，也尽力去探索了亚伯拉罕在美索不达米亚的生活地，探索了神秘的西奈沙漠——先知摩西引领以色列各部落穿越的地方。她极为细致地描述了圣地，尤其是她最珍爱的耶路撒冷，还试图涵括她的神圣经书提到的所有地方。她用第一人称写作，根据她所提供的对本人性格的证明，“带着些好奇”[28]，她不懈地将自己的地理发现与古代文本相印证。凭着极大的热情，经询问当地居民，她还有限地增添了一些细节。不过，与波尔多旅行者的情况相同，她没表现出对现实的兴趣，
136 没有特别关注当地人，除了他们进行仪式庆祝的时候，这些令她很受感动和鼓舞。

埃吉利亚的作品材料丰富，揭示了基督教朝圣的一个根本性的新维度，而这一维度将在她之后的年月中大大强化。她当然移动于不同的空间，但更有意义的是她在时间中穿越，用遥远的过去巩固和系统化其基本信仰。对于更为抽象的虔敬而言，了解圣地有助于打造扎实的根基。在她的作品中，强烈、紧迫、禁欲主义的虔诚与

27　埃吉利亚：《朝圣日记》（*Diary of a Pilgrimage*），新泽西州莫沃市：纽曼出版社，1970年，第75页。

28　同上书，第74页。

学者似的考察纠结在一起，显示出地理学首先和最重要的意义是加强这种“虔敬”。她没有质疑《圣经》里基督教故事中的奇迹异行，相反，实际地域本身重申了所记叙的一切的真实性：圣地的存在就是真实性的充分证据，令神圣真理可信可靠。

因此，圣地的基督教朝圣活动包含两个知性层面，即《圣经》神学传统和希腊求知传统。杰罗姆（Jerome）的著作和译作公开而清晰地表明了这一点，他是位博学的教士，后来到伯利恒定居了。杰罗姆不喜欢大规模的朝圣活动，对于尊崇圣迹和墓地本身持保留态度。不过，他称许去“基督教的雅典”的求知旅行，认为对探索《新约》与《新约》之隐含意义而言，它是重要的补充方式。最终，杰罗姆提出，地形学是达成真实神学理解的关键。每个地方都有名字，每个名字都有隐含的意义，对它们的认识将使我们更好地理解神圣意图。保拉（Paula）是罗马的女赞助人，杰罗姆的密友；徜徉在各个圣处时，她遭遇的是一个充满了寓言的奇妙世界。杰罗姆和保拉的巴勒斯坦是个想象出来的地方，圣地之旅差不多成了文本之旅，就像对埃吉利亚和波尔多朝圣者那样。[29]

基督教很需要地形学，僧侣和教士的旅行日记反映了这一点。137
地形学不仅加强了基督教故事的真实性，同样重要的是，它在古代统治者和先知的犹大地与后来耶稣及其忠诚使徒的所作所为之间架起了一座桥梁。在《旧约》故事和使徒叙事之间，连续性的构建受益于神圣地理连续性的创造；前者虽然被过去所接受，但毕竟缺失真实的年代记录。古代建筑可以同时归于不同的时代，如果朝圣者

29 杰罗姆：《杰罗姆论保拉的朝圣》（“Jerome on the Pilgrimage of Paula”），见于瓦伦（Brett Edward Whalen）主编：《中世纪朝圣读本》（*Pilgrimage in the Middle Ages: A Reader*），多伦多大学出版社，2011 年，第 2—9 页。关于保拉，参见 J. N. D. 凯利（J. N. D. Kelly）：《杰罗姆的生平、著述与论战》（*Jerome: His Life, Writings, and Controversies*），伦敦：达克沃斯出版社，1975 年，第 91—103 页。

发现亚兰人亚伯拉罕和施洗者约翰并肩而行，他会慌乱和激动，但不大会非常惊讶。

耶稣既是大卫家族的后裔，又是《圣经》先知摩西和埃利亚的精神继承人，二者的确定性如何实现？也是通过对所描述的同一给定地域中一系列圣处的辨识。对于《圣经》诸卷的叙述统一性，圣地在各个不同时期的地域统一性提供了另一种证明。

所有留下文字记录的朝圣者又增添了新的成分，凸显了 4 到 6 世纪间开始合并统一的地理学知识。不过，我们应该记住，文字材料并非传播这些知识的唯一途径。回到家乡后，朝圣者或是单人出行或是结伴而行，走在一个个城市间，向听众讲述自己的经历，通常会收取报酬。虽然教会有时害怕他们，但总的来看，教会有能力将朝圣经验整合到不断增强与扩张自身势力的进程中。

对于教会所有分支的有文化成员而言，拜占庭的统治标志着神圣地理学之监管的第一个黄金时期。从英伦诸岛、斯堪的纳维亚，到德国、俄国，为了触摸圣地、感受耶稣显示了大能的领土，中世纪朝圣者自行组织起来。为呼吸弥赛亚呼吸过的空气，他们蜂拥向圣地，甘愿自我克制和经受困苦，甘愿冒生命危险。穆斯林统治时也未采取强力措施阻止朝圣活动。一般来说，当地阿拉伯人能从未间
138 断过的游客那里获益，他们中的大多数都携带着现金。而且，伊斯兰教将基督教看作姊妹宗教，虽然后者坚决拒绝这么看伊斯兰教。

随着公元 1000 年的临近，由于整个欧洲弥散着千禧年和末世观念，朝圣者的数量增加了。耶路撒冷即将开启最后的救赎进程，比以往更甚地显出世界中心的气象。在这个时期，绘制地图的基督徒一直把圣城画在世界中央，把它描绘成核心所在，一切都从这里生发，一切都将回归这里。尽管那个决定性的年份没有响应人们的期盼，大批朝圣者仍继续访问耶路撒冷，包括显赫的主教，有名、有钱的尊贵修道院院长。同行的有冒险家、商人，偶尔还有逃脱的罪

犯，他们的行程造就了一个避难之地，或许还有苦行忏悔的机会。

到1078年，塞尔柱突厥人占领了耶路撒冷，他们颁布法令限制在圣墓教堂和其他祈祷场所的宗教活动，之后，为时不长的朝圣之流被截断了。1099年，第一次十字军征战重新打开圣城城门，来耶路撒冷的旅行恢复了，直到现代时期再未中断过。

由于塞尔柱人的阻挠措施和对基督教朝圣者的骚扰，十字军东征获得了主要借口。不过，就基督教皈依在耶稣之地的大爆发而言，欧洲内部还有更重要的政治和社会经济动机。这场残酷的侵略战争的诱因包括无地贵族的阶级困境、天主教会的操控与扩张欲望、商业老手对金钱的贪婪、放纵的骑士对自我牺牲机会的寻求等。[30]然而，几乎可以确定的是，就动员的规模和十字军战士所获宗教与心理授权的感受来说，神圣地理学的广泛意识形态培育也起了作用。十字军日记作为《圣经》的补充而非替代，得到大面积传阅，让战士们觉得自己来到的是有些熟悉的地方；某种程度上，耶路撒冷一 139
直被视为他们的圣地。一些学者甚至把十字军运动看作朝圣，即一种武装朝圣活动。[31]

有趣的是，在1095年的动员演讲中，好战的教皇乌尔班二世号召人们参加第一次十字军东征，称赞“以色列之子”对圣地的圣经式征服，请求基督教后继者追随他们的脚步。[32]据说在1099年，自命的耶稣骑士团抵达耶路撒冷后，骑士们赤脚绕城走了七圈，希望

---

30 关于导致天主教会采纳宗教军事主义的境况，参见让·弗洛里（Jean Flori）全面细致的著作《圣战：西方基督教十字军东征观念的形成》（*La Guerre Sainte: La Formation de l'Idée de Croisade dans l'Occident Chrétien*），巴黎：奥比尔出版社，2001年。

31 巴伯罗（Alessandro Barbero）：《十字军史》（*Histoires de Croisades*），巴黎：弗拉马伦出版社，2010年，第12页。

32 参见多尔（Dol）主教巴德里克（Balderic）的报告，见克雷（August C. Krey）：《第一次十字军东征：见证者和参与者的讲述》（*The First Crusade: The Accounts of Eyewitnesses and Participants*），普林斯顿大学出版社，1921年，第33—36页。

重现发生在杰里科的奇迹。当然，所有严肃的信徒都知道，奇迹并不重复自己，骑士们不得不向城墙发起攻击，他们没有得到上帝的直接帮助。包括穆斯林、卡拉派分子、犹太人甚至拜占庭基督徒在内的城市居民遭到屠杀，令人想起《圣经》详细记述的那些暴行。

十字军王国占据耶路撒冷 88 年，之后还控制了沿巴勒斯坦海岸的狭窄地带和今天黎巴嫩的南部。王国的最终覆灭是在 1291 年。它拥有圣城的时间与马加比独立王国差不多，后者存在于公元前 2 世纪中叶到公元前 1 世纪。人数众多的朝圣者把十字军战士看作兄弟，后者试图说服他们定居耶路撒冷，以加固这座城市的基督教特征。然而，许多朝圣者大加指斥他们粗鲁的世俗生活方式和他们对圣地的亵渎，绝大多数人都决定赶快回欧洲。[33] 在定居进程的高峰期，城市的基督教居民有 3 万人，而全部十字军运动的参与者从未超过 12 万。这里的工作人口在 25 万到 50 万之间，大部分是穆斯林，还有一小部分是拜占庭基督徒。虽然做了极大的努力，包括定期从欧洲运来后勤物资，但巴勒斯坦从未真正地被基督教化。在 20 世纪中叶
140 前的 1300 年里，它完完全全是一个穆斯林地区。[34]

不过，这些新发展并未使圣地从基督徒心中遗落。如此多的基督徒曾血洒耶稣之地，这一事实越发将圣地推向基督教想象的中心。

33　有关这一方面的更多内容，参见格拉鲍伊斯（Aryeh Grabois）:《从“神圣地理学”到“书写以色列地”：13 世纪朝圣者描述的变化》（“From ‘Sacred Geography’ to ‘Writing Eretz Israel’: Changes in the Descriptions of Thirteenth-Century Pilgrims”），载《圣座》31，希伯来语，1984 年，第 44 页。

34　面对这一基本人口事实，以色列十字军历史学家约书亚·普劳（Joshua Prawer）依然把这个时期的这个地方称作“我们的土地”。例如，参见他的著作《耶路撒冷十字军王国》（*The Crusader Kingdom of Jerusalem*），耶路撒冷：比亚利克出版社，希伯来语，1974 年，第 4 页。秉持这种精神，在他后来的著作《十字军：一个殖民社会》（*The Crusaders: A Colonial Society*）中，他没有划出写穆斯林居民的单章，倒是有一大章专写这个时期的“犹太社团”。耶路撒冷：比亚利克出版社，希伯来语，1985 年，第 250—329 页。

朝圣活动也未消退，尽管旅行日记发生了很大变化。显然，由于传教特征深深扎根在圣三一宗教中，它要求地域形象的持续涌入，以展示其灵性事实。劝说的修辞和宗教的传播首要依赖的是已经降临大地的恩典的力量。只是，这一救赎出现在特定的而非抽象的地方，因此，人们持续抵达这块土地的新事实构成宗教宣传中一个有效的重要部分。从一开始，朝圣活动就促进了热情的传教冲动，将整个世界基督教化的强烈愿望天然地包括抵达耶路撒冷的努力。[35]

到中世纪结束的时候，从耶路撒冷返回的朝圣者成了勇敢的真正信徒的化身，成了文化英雄——如果这个词能够用在这一时期的话。目不识丁的村民认得出他的典型打扮，他的形象装点在许多著作中。他从上帝选为弥赛亚出生地的圣地带来了最新消息，也告诉人们圣地正遭受着外国异教徒的不断亵渎。

虽然如此，我们还要记住，基督徒的确热爱圣地，他们钦佩跋
涉在这块土地上的古希伯来人，但这并未抵消他们对蜷缩在胜利的 141
基督教阴影下的犹太教信徒的敌意。向着耶路撒冷进发的十字军不时地证实着这一点，那些同他们一道前往的民众尤其如此。回来后，他们谈论背信者犹大、耶稣的叛徒。[36]在他们看来，卑微的犹太人被赶出圣地是因为他们不配，他们在欧洲各地可耻的边缘化存在证明了这一点。这种观点在十字军和朝圣者中广泛流传，到西方开始宗教改革的时候才有所变化。

---

35 由于犹太教的分裂，由于两种主流宗教的禁止而非犹太教自身的拒绝，犹太传统中的传教精神消失了。这是犹太朝圣活动相对边缘化的一个原因。

36 朝圣者基本忽略了圣地的犹太居民，因为他们人数极少，不怎么被人注意。与此相对照，朝圣文献反映了对当地穆斯林的敌视和轻蔑。在朝圣者眼中，后者是“狗”“偶像崇拜者”和可恶的“异教徒”。有关这一主题，参见米歇尔·埃西－夏洛姆（Michael Ish-Shalom）:《基督徒在圣地的旅行》（*Christian Travels in the Holy Land*），特拉维夫：阿莫韦德出版社，希伯来语，1965 年，第 11—12 页。

从清教改革到福音主义

宗教改革造成的动乱一时削弱了基督教的朝圣潮，其批评指向包括出售赎罪券在内的教会腐败，以及对墓地、石头、泥土的仪式性崇拜，但其暂时冷却并没有终结传统的朝圣热情。在类似于圣殿被毁后拉比犹太教发生之事的新局面下，随着与天主教的分裂，与实际的世间圣城相比，最初的新教抗议者赋予天上的耶路撒冷以更崇高的地位。按照新的清教说法，精神先于身体免罪，而且拯救主要是一个内在的个人性进程。

新的氛围并未斩断新基督徒与圣地的联系，事实上，在一定程度上它复兴了圣地的活力，将之带到离心灵更近的地方。相互关联着的两种状况推进了这一点：15、16 世纪的印刷革命，以及对《圣经》的多种语言翻译。在 16 世纪的前 40 年里，全本《圣经》以各种行政母语的形式出现，如德语、英语、法语、丹麦语、荷兰语、波兰语、
142 西班牙语，后来都成了民族语言。之后不久，它又被译成其他语言，
接着，这些语言经历了一个凝聚和标准化的过程。印刷革命从一开始就彻底改变了欧洲的文化形态，将《圣经》变为历史上的第一畅销书。当然，它的读者仍主要是精英分子，但如今，人们有可能用民众更熟悉的语言，面向不断扩大的群体，大声朗读《圣经》中的神学传说和奇迹。

在宗教改革地区，作为神圣真理的源泉，大众《圣经》取代了教廷的权威。回归经文的势头无可抵挡，加上愈来愈强的不要中介机构、只信靠《圣经》的倾向，文本被添加上了新的本真色调。从此时起，信众不再需要象征主义或寓言，而获得了按字面意思解读经文的权力。译本使得古代的故事更贴近读者，也更加人性化。由于故事发生在先祖亚伯拉罕、大卫王、伦理先知、英勇的马加比兄弟、施洗约翰、上帝之子耶稣及其门徒生活的地方，这个地方变得熟悉

起来——同时，它也显得神奇和神秘了。由此，《旧约》和《新约》都显著地成为新教经典。

不过，只是在一个王国里，新经文的出现不仅引起对应许之地的珍爱，也引出对选择住在那里的“可贵民族”的称赞。16 世纪晚期的英格兰出现了有文化的精英圈，后者首次表现出原初民族主义的迹象。[37] 英格兰实现了与罗马的分离，建立了国教会，显著地促进了更清晰的本地认同的形成。与以后的所有集体认同一样，英格兰的国家认同也要寻找模仿的榜样。

在犹犹豫豫的、不自信的新民族主义出现过程中，榜样发挥了重要作用。以走在前面的英格兰为例，这不是简单地选一个历史榜样、围绕着它就能凝结出新身份的事。英格兰的原初民族主义情感开始于 18 世纪的启蒙运动之前。在英伦诸岛的深厚宗教土壤中，现 143
代集体认同的幼苗毫无疑问生根发芽了——以后，它会成长为无所不包的概念框架，决定整个世界的政治生活。在英格兰及后来英国民族主义的形成中，这一事实有着决定性意义。

例如，最初的英国人不可能选择凯尔特女王布迪卡（Boudicca）为英国民族的古代母亲，如后来在 19 世纪提议的那样。公元 1 世纪，这位部落首领起而反抗罗马人。她是位真正的异教徒，但 16 世纪几乎没有人听说过她。另一个不可能的事例是法国人对古罗马共和国的认同，如法国革命期间所提议的那样。原因在于古罗马是多神教的，而且当代的罗马教廷是他们敌视和嘲弄的对象。

在上帝的鼓励下，坚强起来的以色列各部落武力征服了一块土

37 有关原初民族主义的凝聚，参见利亚・格林菲尔德（Liah Greenfeld）：《民族主义：通向现代性的五条道路》（*Nationalism: Five Roads to Modernity*），马萨诸塞州剑桥市：哈佛大学出版社，1993 年，第 29—87 页。当然，我没有必要赞同书里对历史进程的总体概括。

地，严厉的犹大士师们领导了与邻居们的战争，英勇的马加比兄弟起而保卫圣殿。如今，这些人以及别的圣经“人民”代表被视为高贵的榜样，值得效仿和认同。因此，在英格兰，《旧约》的地位胜过《新约》。当然，它不是那么普世性的，更多以向着一个特选子民的信息为中心。它也不号召在左脸被打时转过右脸，它的上帝是嫉妒的、强大的，与崇拜偶像的敌人斗争时毫不妥协。这样，在希伯来《圣经》的影响下，英格兰保卫它的独特真理教会，于现代时期到来前夕朝着广阔地域征服者的方向前进。

1538 年，亨利八世下令，英格兰的所有教会都要摆上《圣经》，由此到 1611 年詹姆斯一世统治时期詹姆斯王《圣经》这一新译本的完成，英格兰将古代的以色列之子置于温暖的王室怀抱中。这并不意味着在 1290 年被赶出英格兰的犹太人可以立刻返回王国。直到 1656 年，到清教革命和奥利弗·克伦威尔时期，犹太人才能回到英国。在这之前，英国并未把骄傲的古希伯来人与当时的卑鄙犹太人
144 联系在一起，因此，它毫不踌躇地认为前者是高贵的、后者是可憎的。[38] 而且，此时的希伯来人开始说当代英语而不是笨拙的拉丁语。这是对拉丁语的规避、对天主教的疏远，它有助于将希伯来语变为一种纯洁的语言、值得学习的语言，使希伯来语成为大学里的一门越来越受尊敬和欢迎的课程。最终，这一过程催生了一种新的“亲犹主义”。[39]

38　16 世纪末，在整个英格兰的许多圈子里，“真正的”犹太人仍被看作令人厌恶的。例如，参见克里斯托弗·马洛维（Christopher Marlowe）写于 1589—1590 年的戏剧《马耳他犹太人》（*The Jew of Malta*）、威廉·莎士比亚写于 1596—1598 年的《威尼斯商人》。可以有把握地说，两位剧作家都没亲眼见过犹太人。

39　关于变化着的对犹太人的态度，参见大卫·S. 卡茨（David S. Katz）的材料丰富的著作《亲犹主义和英国对犹太人的重新接纳，1603—1655 年》（*Philo-Semitism and the Readmission of the Jews to England, 1603–1655*），牛津大学出版社，1982 年。

在这个时期，一些英国学者探寻能从生物学上将他们自身与迦南地联系起来的渊源。另一些人猜测，英伦诸岛居民是10个消失的部落的真正后裔。几乎所有精英都认同这种趋向，而且，《圣经》是许多家庭唯一阅读的东西。这部圣书也被置于一流教育体系的核心，甚至在学习古代英格兰国王的名字之前，许多贵族孩子就已认识了《圣经》中的英雄，通常他们也在了解自己出生和成长的王国的边界之前，便先学了《圣地》的地理。

国教会的建立也催生了新的反因循守旧运动的气氛与潮流。在王室将新的教会用作工具的背景下，桀骜不驯的新教出现了，吸引了众多信徒；这一宗教动乱的顶峰是它与政治、社会新势力合流，走向了一场大革命。在这一整个时期，希伯来《圣经》一直是指导性的意识形态指南，对主流教会如此，对它的绝大多数批评者亦如此。[40]

在清教徒中，由于对一切宗教机构和权威的否认，对未经阐释
的经文的狂热忠诚出现了。这个受迫害的派别青睐摩西的原始律法 145
胜过体制教会的规定，他们认为犹大·马加比的剑比使徒保罗的传教更真实，其所接受的严苛伦理更符合一个愤怒上帝的诫命而非耶稣的仁慈和宽恕。因此，几代人之后，我们看到，他们中的希伯来名字多过传统的基督徒名字，而他们在英国失去依托并迁往北美后，他们把自己比作征服者约书亚的忠诚士兵，将要继承新的迦南地。人们知道，奥利弗·克伦威尔自认是"圣经式"的英雄。他的军团高唱着《圣经》诗篇进入战场，还经常基于《圣经》描述过的战斗模式选择军事战术。英格兰变成了古犹大，苏格兰是它的邻居以色列。很大程度上，遥远的过去被视为当下的彩排，当下则是在为将

40 关于这一主题，更多论述请参见克里斯托弗·希尔（Christopher Hill）引人入胜的著作《英语〈圣经〉与17世纪革命》（*The English Bible and the Seventeenth-Century Revolution*），伦敦：企鹅出版公司，1994年。

来的救赎做准备。

这一希伯来文化潮流也引起了对重建圣经国家的思考。而要对正被伊斯兰异教徒控制着的地区进行重建，谁又比犹太人更合适呢？约哈纳·卡特莱特（Johanna Cartwright）和她的儿子埃本泽（Ebenezer）是流亡荷兰的两位英格兰浸礼派教徒，他们请求新政府说，

> 英格兰人和尼德兰居民应该成为第一个，而且应是最积极地用自己的船只带上以色列的儿女，把他们送往许给他们先辈亚伯拉罕、以撒、雅各之地，送到圣地永久定居的人。[41]

从卡特莱特的请愿，到19世纪40年代外交大臣帕默尔顿勋爵采取的立场，再到1917年贝尔福勋爵写给罗斯柴尔德勋爵的信，这是一条常见的线索；或者用另一种比喻，它是跳动在英格兰和后来英国身体政治（body politic）中的主动脉。没有这条主动脉，没有它所携带的独特意识形态成分，以色列国会不会建立则很难说。

146 如前所述，在英格兰王国现代政治认同的建构中，如同与教皇的早期分离一样，它较早出现原初民族主义情感的事实在引出希伯来《圣经》这一强大角色方面发挥了重要作用。第一个“犹太复国主义”观念并非出现在生活于东西欧之间地带的犹太人中，如三个世纪后发生的那样，而是出现在英伦诸岛的革命与宗教气氛中，这并非偶然。[42]

41　巴巴拉·W. 塔奇曼（Barbara W. Tuchman）：《〈圣经〉与剑》（*Bible and Sword*），伦敦：麦克米兰出版公司，1982年，第121页。此书的主要缺陷是它粗疏的东方主义，表现为对巴勒斯坦本地居民完全无视和毫无兴趣。若非如此，在已有的关于英国在犹太复国主义诞生的作用的研究中，它可算为最迷人、最全面的著述之一。

42　谁第一个在出版的作品中提出让犹太人回归圣地？看起来是议员亨利·芬奇（Henry Finch），时间在1621年。更多内容参见梅厄·维利特（Meir Verete）：《英国清教思想中让犹太人回归故土的观念，1790—1840年》（“The Idea of Restoration of the Jews in English Protestant Thought, 1790–1840”），载《锡安》33：3—4，希伯来语，1968年，第158页。

远在犹太人中的犹太复国主义者之前，清教徒已经把《圣经》当作历史文本了。他们是渴望救赎的信徒，而且他们认为，救赎与以色列人民在自己的土地上的复兴息息相关。这种关联并非特别关心犹太人苦难的结果，而是源于一种信念，即先有以色列之子向锡安的回归，然后全人类的基督教救赎才会发生。在这一漫长剧情中，人们相信，犹太人会皈依基督教。只是到这个时候，世界才能看到耶稣的第二次降临。[43]

这种末世论趋向深深地浸在各种新教潮流中，到 21 世纪仍很活跃。在本书写作时，美国仍有许多福音派团体支持一个强大以色列的存在，原因是它们认定，此类支持对加速耶稣在地球上的普世统治时代的到来不可或缺；拒绝皈依基督教的犹太人最终必定付出代价，亦即他们会消失，并理所当然地遭受地狱火焚之苦。

与此同时，许多 17 世纪的清教徒确信，为加快救赎的降临，应允许 3 个多世纪前被驱逐的犹太人返回英格兰。在清教徒看来，犹太人的流散是他们以后重聚锡安的前提。如《申命记》预言的那样，
“耶和华必使你们分散在万民中，从地这边到地那边，你必在那里侍 147
奉别神”（28：64）。由此，英吉利王国拒绝让以色列之子在欧洲西部边缘定居的做法被视为延缓救赎来临的一个因素。这样，当各种各样的人请求克伦威尔让犹太人回到英格兰时，他默许了，施压议会通过了这一历史性的授权。

对犹太人态度的这种变化意义重大，但并非全无自私的考虑。如 250 年后贝尔福勋爵的情况一样，对克伦威尔来说，希伯来《圣经》

43　更多相关论述参见扎凯（Avihu Zakai）：《历史诗学与以色列的命运：16、17 世纪英国末世思想中犹太人的作用》（“The Poetics of History and the Destiny of Israel: The Role of the Jews in English Apocalyptic Thought during the Sixteenth and Seventeenth Centuries”），载《犹太思想与哲学杂志》5：2，1996 年，第 313—350 页。

通联着他熟悉的国际商业世界。护国公之所以认可犹太人返回英伦诸岛的权利，不仅是出于纯粹的意识形态考虑，经济与商业原因看上去也一样重要。[44] 在革命引起的动荡时期，不列颠摇摆不定，一时影响了年轻帝国的外贸。尼德兰是英国的强劲对手，发展迅猛，赢得了越来越多的市场，尤其是在黎凡特地区。总的来看，在阿姆斯特丹的经济生活中，最活跃的力量是犹太人。他们中的绝大多数是“被迫改宗者”的后代，这些改宗者是非自愿地放弃信仰的犹太人，他们有商业经验，是从西班牙和葡萄牙来到阿姆斯特丹的。英格兰有兴趣将这一人力资本引入自己的外贸。的确，在稍后阶段，犹太商人的到来促进了经济的改善。热忱的清教徒也证明了自己作为熟练技工和商人的品质；如我们所知，他们与其他新教徒一起，在赶走土著之后，高效地发展了整个大陆的大部分地区。[45]

148 到清教徒革命的黄金时代结束时，他们转向了西方，而在同一时期，英吉利王国对东方商业路线表现出越来越大的兴趣。更准确地说，有兴趣的是王国商人；如通常发生的那样，经由在英国商业尚未抵达地区的不懈买卖的努力，他们为政治手段的实施准备了舞台。主要目标是印度次大陆，但他们的路线经过中东，要穿越奥斯曼帝国。

1581 年，女王伊丽莎白一世授予伦敦的黎凡特公司特许权，特

44 按大卫・卡茨的说法，将犹太人带回清教英格兰的经济动因是第二位的，是稍后才出现的。卡茨：《亲犹主义》(*Philo-Semitism*)，第 7 页。

45 关于《圣经》及其神话在北美清教徒和其他基督徒中的强大影响力，参见摩西・戴维斯（Moshe Davis）：《美国精神历史中的圣地观念》(“The Holy Land Idea in American Spiritual History”)，见于梅纳赫姆・考夫曼（Menahem Kaufman）主编：《美国人民与圣地：特殊关系的根基》(*The American People and the Holy Land: Foundations of a Special Relationship*)，耶路撒冷：马格尼斯出版社，希伯来语，1997 年，第 3—28 页。许多美国人不仅给自己孩子起《圣经》中人物的名字，也用它们命名他们的城镇乃至宠物。他们引用《圣经》的惯例是不用过去时态，用的是现在时。

许它同奥斯曼苏丹穆拉德三世做生意。这是一段漫长曲折旅程的第一步，它通向不列颠对印度的统治，击穿中华帝国，最终于 1918 年登上帝国主义时代的最高峰，在中东大部分地区取代了垮台的奥斯曼势力。16 世纪晚期到 20 世纪中叶的历史制造了庞大的“日不落”帝国。而且，在同一时期的不列颠，有关圣地之宗教独特性的信念从未完全消失。

由于东方贸易的繁荣，朝圣者的巴勒斯坦之旅不再孤单，他们有了大胆的商人做伴。圣地本身不怎么提供经济利润，商人没有兴趣，但是耶路撒冷在商路上，遮掩着商业动机的宗教斗篷也惹动了独特的好奇心。最有学问的旅行者写出旅行日记，在祖国卖得很好；十字军战士把描述神圣地理学看得至为重要；新旅行者不一样，他们的记述更多地告诉了我们这个地区的经济状况。不过，与其苦行前辈一样，他们对占人口多数的穆斯林全不在意，首先记录的是基督徒居民，不时也有少数犹太人。虽然不得不跟当地统治者打交道，但对他们来说，耕作土地的普通人事实上不存在。他们无视阿拉伯人，深深鄙视被他们认作野蛮异教徒的人们，而这对于将在西方知识圈中发展起来的东方主义视野有着直接的影响。

虽然有锋锐的革命性英国经验主义的兴起，有从自然神论者到 149
休谟的[46]哲学怀疑论和理性主义不断增强的势力，英国文化仍蜷缩在千禧年信仰中。许多团体寻求建立《圣经》先知诗文与当代政治事件之间的联系，不过，面对 18 世纪小知识精英群体的进步主义，这一潮流看上去消退了。虽然如此，受过一些教育的人们仍以多种

---

46 自然神论者对基督教会持否定态度，包括对《圣经》和犹太教的尖刻批评。以色列历史学家将此认作反犹主义。例如，参见希缪尔·艾廷格（Shmuel Ettinger）:《英国自然神论者眼中的犹太教和犹太人》（“Judaism and Jews in the Eyes of the English Deists”），见艾廷格主编：《现代反犹主义：论文与散文》（*Modern Anti-Semitism: Studies and Essays*），特拉维夫：西夫拉伯利出版社，希伯来语，1978 年，第 57—87 页。

方式积极地培植虔敬的基督教伦理。借助许多作品，如约翰·班扬（John Bunyan）的《天路路程》（*The Pilgrim's Progress*，1678），它是仅次于《圣经》的畅销书，如美国人威廉·M. 汤姆森（William M. Thopson）广受欢迎的《圣地与圣书》（*The Land and the Book*，1858），如乔治·艾略特的犹太复国主义小说《丹尼尔·德隆达》（*Daniel Deronda*，1876），圣地深深进入了大批盎格鲁－撒克逊人的心中，当然，也包括许多美国人心中。[47] 虽然一开始，“基督教犹太复国主义”的道路是由主要在星期日开办的贵族学校的宗教研究课程铺设的，但后来，它也获得了大众文学的协助。看看曾于 19 世纪访问过巴勒斯坦的作家名录，我们会理解在多大程度上，圣地激发了美国人、英国人及总体而言的欧洲人的文学想象。包括 1845 年的威廉·梅克皮斯·萨克雷（William Makepeace Thackeray）、1857 年的赫尔曼·梅维尔（Herman Melville）、1867 年的马克·吐温——马克·吐温嘲弄在他之前一切人的神圣焦虑。另外，神秘的圣经之地也吸引了众多艺术家。[48]

文学作品轻易契合了当代政治想象和帝国欲望的谨慎开端。在整个欧洲乃至全球，拿破仑硬邦邦地挑战英国的据点和势力范围，之后，伦敦开始形成一种战略，与它的黎凡特政策相比更显一贯。1799 年，拿破仑实施了沿巴勒斯坦海岸的战役，终结于对阿卡的围
150 困，其间，英国海军前来支援奥斯曼苏丹，协助击败了年轻的法国将军。[49] 围绕着商业利益，英国代表在奥斯曼人那里赢取了优势地

47 约翰·班扬：《天路路程》，牛津大学出版社，2008 年；威廉·M. 汤姆森：《圣地与圣书》，怀特菲西：基辛格出版社，2010 年；乔治·艾略特：《丹尼尔·德隆达》，伦敦：企鹅出版社，2004 年。

48 参见选自他们经历的节文，亚科夫·夏维特（Yaacov Shavit）主编：《作家们的圣地旅行》（*Writers Travel in the Holy Land*），耶路撒冷：科特出版社，希伯来语，1981 年。

49 曾有人断言，在围困阿卡期间，青年波拿巴写了一封信，表面上许诺给（转下页）

位，得以加强他们在圣地的活动。

1804 年，巴勒斯坦协会成立；1809 年，促进犹太人皈依基督教伦敦协会（简称促进基督教协会）成立。两个团体不怎么成功，前者仅组织了一次失败的旅行，后者使一些圣经之地的犹太人皈依了基督教。虽然如此，巴勒斯坦协会成了后期组织的榜样。而且，促进基督教协会的一个创始人乔治·法伯（George Stanly Faber）是牛津神学教授，他的书影响极大，他的追随者数量远远超过协会的登记会员。从以赛亚和但以理的未来预测到约翰的幻象，这位国教神学学者的工作首先集中于对《圣经》预言的阐释。1809 年，法伯出版了名作《对预言书的总体观和系统观，关涉犹大和以色列宗教的皈依、复兴、统一和未来荣耀》。他在书中预言，到 1867 年，犹太人将在一个西方海洋大国的帮助下回到巴勒斯坦，其中绝大多数将改信基督教。[50]许多福音派信徒有类似的看法，并认为他们属于自己的孩子能看到救赎的那一代人。他们要做的只是说服世界同意，让犹太人回到“他们的土地”。

促进基督教协会还有其他一些成员，如传教士亚历山大·迈考 151
尔（Alexander McCaul），他是法伯的同事，也是伦敦国王学院的希

（接上页）犹太人一个国家。信件没有留存下来，极有可能是伪造的。参见亨利·劳伦斯（Henry Laurens）：《波拿巴颁布的犹太国方案》（“Le Projet d’État Juif Attribué à Bonaparte”），载《东方》，巴黎：CRNS ED. 出版社，2007 年，第 123—143 页。有关拿破仑不把犹太人当成单独民族，而当作形成中的法兰西民族的一个固有成分的看法，参见马尔考（Lilly Marcou）：《拿破仑看犹太人》（*Napoléon Face aux Juifs*），巴黎：皮格马林出版社（Pygmalion），2006 年。

50 乔治·斯坦利·法伯：《对预言书的总体观和系统观，关涉犹大和以色列宗教的皈依、复兴、统一和未来荣耀》（*A General and Connected View of the Prophecies, Relative to the Conversion, Restoration, Union and Future Glory of the Houses of Judah and Israel*），伦敦：利文顿出版社，1809 年。关于这个人物，参见萨拉·科恰夫（Sarah Kochav）：《英国福音运动与犹太人向以色列地的回归》（“The Evangelical Movement in England and the Restoration of the Jews to Eretz Israel”），载《圣座》62，希伯来语，1991 年，第 18—36 页。

伯来语教授；路易斯·维尔（Louis Way），一位名律师，资助了团体工作的很大一部分；爱德华·比克斯提斯（Edward Bickerstetch），著名的英国福音派教士，他著书立说，发起和组织了大量演出，以鼓励以色列之子向东迁徙。他相信，只有建立了以色列王国，上帝之子才会回到地球，将整个世界彻底基督教化。[51] 他在推动亲犹太复国主义观念方面的重要性体现在一个事实上：他是安东尼·阿西里·库伯（Anthony Ashley Cooper）勋爵，亦即第七代沙夫茨伯里伯爵的朋友和亲密顾问。在维多利亚时代，这位贵族属于最具影响力的人物。他是保守的慈善家，在许多方面的立法上发挥了关键作用，如限制童工、禁止奴隶贸易、推进圣地中的犹太－基督教复兴的观念。

鉴于沙夫茨伯里在基督教犹太复国主义形成中的贡献，他或许可以被看作英国的赫茨尔。一些学者相信，他拥有那个关于巴勒斯坦的著名说法的"版权"——"把没有人民的土地给予没有土地的人民"；另一些人认为，他只是在它的广泛传播上起了作用。[52] 这位贵族不是仅仅把"以色列之子"看作犹太宗教的信徒，也将其看作一个古代种族的后裔——一旦皈依基督教，将是与大英帝国成为天然盟友的现代民族。正因为他不将犹太教看成正当的宗教，认为它不能与真正的信仰并存，才把犹太人认作自行其是的人民。不过，正如他不支持犹太人入选英国议会的权利，他也不相信，这个恢复了正常状态的民族值得拥有一个国家[53]，相反，恭顺的犹太人必须成

51　爱德华·比克斯提斯：《犹太人在他们自己土地上的复兴》（*The Restoration of the Jews to Their Own Land*），伦敦：西利出版社，1841 年。

52　参见迪亚纳·穆厄（Diana Muir）：《把没有人民的土地给没有土地的人民》（"A Land without a People for a People without a Land"），载《中东季刊》15，2008 年，第 55—62 页。

53　参见梅纳赫姆·科代姆（Menahem Kedem）：《19 世纪中叶英国末世论对以色列复兴的看法》（"Mid-Nineteenth Century Anglican Eschatology on the Redemption of Israel"），载《圣座》19，希伯来语，1981 年，第 55—71 页。

为英国基督教的受保护者。事实上，即便他对犹太人所受迫害的感 152
受是真诚的，作为反犹主义结果的犹太苦难也并非他的善举的首要动机。最打动这位热忱贵族的是，中东的“恢复”将消除犹太信仰，后者又将为世界救赎的到来奠定基础。

与作为吸引圣地朝圣者的因素之一的争取新信徒考量一致，导致沙夫茨伯里形成锡安恢复的末世论观念的是他深沉的传教情感。不过，虽然他与促进基督教协会仅仅“收获”了很小一部分犹太人，这一事实并未削弱他的坚定信念，也未影响他的亲犹太复国主义活动。[54]

对犹太人回归锡安的观念，沙夫茨伯里有着无尽的热情，这影响了大量福音派群体，也影响了显赫的政治圈子。尽管他是议会中的托利党成员，但这没有妨碍他与辉格党外交大臣和未来首相帕默尔顿勋爵的亲密关系。1838 年，也是他说服了政治圈里的熟人，往耶路撒冷派出第一位英国领事；就英国向巴勒斯坦的进发而言，这是最初迈出的一小步。一年后，在伦敦的《评论季刊》上，他发表了一篇文章，讨论英国在圣地的各种经济利益。对这个时代的许多英国人来说，将财政理由并入宗教主张是一种成功的结合。不久，他又在《泰晤士报》发表文章，题为“国家与犹太人的重生”，在英国和美国再次激起一股热潮，收到大批正面回应。毫不夸张地说，对于基督教犹太复国主义，这篇文章的地位相当于西奥多·赫茨尔 1896 年的《犹太国》（*The Jewish State*）对犹太人提出犹太复国主义。

关于基督教犹太复国主义在英国的兴起，可以理解为对法国革

54 关于这位富于魅力的人物，更多内容参见多纳德·M. 利维斯（Donald M. Lewis）视野广阔的研究《基督教犹太复国主义的起源：沙夫茨伯里勋爵和福音派对犹太祖国的支持》（*The Origins of Christian Zionism: Lord Shaft esbury and Evangelical Support for a Jewish Homeland*），剑桥大学出版社，2009 年。利维斯把重点放在这位福音派勋爵的亲犹主义上，而不是他想要犹太人皈依基督教的强烈愿望。

命带来的震动波的理论回击。除了这次兴起的宗教背景，它也受益
153 于当时的中东政治进程。1831 年，前埃及总督穆罕默德·阿里帕夏
（Muhammad Ali Pasha）征服了叙利亚和巴勒斯坦，清楚地向大国显明了奥斯曼帝国的极度虚弱，最终导致英国和法国支持这个衰落的穆斯林政权。1840 年，在英国的帮助下，奥斯曼人将穆罕默德·阿里的军队赶回埃及。相当程度上，英、法、俄关于分割“博斯普鲁斯海峡病夫”之领土的竞争主导了外交格局，到 19 世纪末愈演愈烈。巴勒斯坦缓慢但确定地进入国际外交议程，这并非偶然。

1840 年 8 月 11 日，外交大臣帕默尔顿对英国驻伊斯坦布尔大使约翰·庞桑拜（John Posonby）写道：

> 鼓励犹太人回归和定居巴勒斯坦，这对苏丹有着明显的重要性，因为他们带来的财富将增加苏丹控制下的资源，并且，如果在苏丹的批准、保护和邀请下犹太人民回归了，他们会成为穆罕默德·阿里及其后继者未来邪恶计划的障碍……我强烈要求阁下建议（土耳其政府），支持一切对欧洲犹太人回归巴勒斯坦的正当鼓励。[55]

显然，帕默尔顿这一极端实用主义的建议背后是沙夫茨伯里的意识形态。对于犹太人移民前后是否皈依基督教，外交大臣不是很关心，他的小小梦想只是在英帝国保护下获得一个战略资产。然而，对沙夫茨伯里来说，皈依是必要的，是前提条件；他有计划地推动以色列的成立，后者最终将变成英国的一部分。

其实，英国在中东没有自己的臣民，从而导致它在那里的存在性
154 质很成问题。要让英国臣民像在非洲和亚洲那样殖民，在奥斯曼统治

---

55 引自塔奇曼:《〈圣经〉与剑》，第 175 页。另见亚历山大·薛尔奇（Alexander Schölch）:《英国在巴勒斯坦，1838—1882 年：贝尔福政策的根源》（“Britain in Palestine, 1838–1882: The Roots of the Balfour Policy”），载《巴勒斯坦研究》22：1，1992 年，第 39—56 页。

下是不可能的。最初，基督教犹太复国主义提出让犹太人定居巴勒斯坦，表明是要回避这一障碍，目的还是在中东建立帝国的据点。无论如何，犹太人是英国的天然盟友，而英国以欧洲反犹主义倾向最少的国家著称，以古希伯来人的倾慕者著称。当然，德国和法国犹太人也可以加入这一共同的欧洲事业，其中，富人的私有财产无疑将会发挥重要作用。

就世界犹太人参与犹太殖民活动的潜力来说，英国著名商人和慈善家摩西·蒙蒂菲奥里（Moses Montefiore）提供了活生生的例子。他是出生于意大利的虔诚犹太人，被他的朋友维多利亚女王封为骑士，并任命为伦敦司法官。他支持让耶路撒冷成为犹太宗教首都的想法，极力推动它的实现。1827 年，蒙蒂菲奥里首次造访圣地，深受感动。1839 年，他再临圣地，目的是以捐赠和慈善方案帮助圣城犹太社区。他甚至向穆罕默德·阿里提出了购买巴勒斯坦土地的计划，因为此时巴勒斯坦依然在埃及的控制下。直到去世前，他还五次来到耶路撒冷，利用每一个机会建设自治的犹太定居区，以使之能摆脱对海外慈善家财政支持的依赖。不过，他的努力没有结果，最终不得不向耶路撒冷的传统犹太机构妥协。虽然如此，他把圣地转变为犹太土地的梦想从未消退。对于各种各样的犹太社区，他与英国人、奥斯曼人及各国政府其他圈子的政治联系带来了直接的好处，并间接促进了英国政治文化中的亲犹太复国主义观念。[56]

---

56 参见以色列·巴特尔（Israel Bartal）的文章《摩西·蒙蒂菲奥里：先于其时代的民族主义者还是姗姗来迟的仲裁者？》（"Moses Montefiore: Nationalist before His Time or Belated Shtadlan?"），载《犹太复国主义研究》11：2，1990 年，第 111—125 页。关于他的总的活动的叙述，另见阿比盖尔·格林（Abigail Green）：《摩西·蒙蒂菲奥里爵士再思考：19 世纪的宗教、国家和国际慈善》（"Rethinking Sir Moses Montefiore: Religion, Nationhood and International Philanthropy in the Nineteenth Century"），载《美国历史评论》110：3，2005 年，第 631—658 页。此外，强烈推荐埃利泽·哈列维（Eliezer Halevi）主编的《摩西·蒙蒂菲奥里和妻子朱迪思传》（*Biographies of Moses Montefiore and His Wife Judith*），华沙：图西亚出版社，希伯来语，1898 年。

155 说起开始认真考虑犹太人大规模移民巴勒斯坦的前景，帕默尔顿不是英国政治家中唯一的一个。在英国政府官员中，支持这一观念的其他人物后来也出现了，其中有查尔斯·亨利·丘吉尔（Chalse Henry Chuchill）上校，那位著名政治家的远亲。他是前往大马士革的军事代表团的成员之一，之所以被引向亲犹太复国主义视野，一半是因为蒙蒂菲奥里，一半是因为他自己的反奥斯曼和亲殖民主义信念。在给蒙蒂菲奥里的信中，在半自传性的《黎巴嫩山》（*Mount Lebanon*）一书中，他都呼吁犹太人定居巴勒斯坦，并且，基于殖民扩张传统，他建议英国在那里部署一支真正的军队，以保护犹太人。[57]

乔治·高勒尔（George Gawler）担任过南澳大利亚总督，他是另一位忠实支持犹太人在巴勒斯坦复兴的上校。他与蒙蒂菲奥里关系密切，曾于1849年陪他一同在巴勒斯坦旅行。这位帝国军官草拟了一份“让犹太人回归他们的土地”的计划，首要目标是为埃及和叙利亚之间的英国人创造一个安全缓冲区。[58]高勒尔以成功殖民澳大利亚的丰富经验为依据，认为在巴勒斯坦实施某些获取土地的方式是可能的。在他看来，贝都因阿拉伯人或许会试图捣乱，但这个国家的绝大部分土地是荒野，在勤奋的犹太人的照料下，必然能兴旺

---

57 查尔斯·亨利·丘吉尔：《黎巴嫩山》，伦敦：桑德斯和奥特利出版社，1853年。另见弗朗兹·科布勒（Franz Kobler）：《查尔斯·亨利·丘吉尔》（“Charles Henry Churchill”），载《赫茨尔年鉴》4，1961—1962年，第1—66页。

58 科代姆：《乔治·高勒尔在以色列地建立犹太殖民地的努力》（“The Endeavors of George Gawler to Establish Jewish Colonies in Eretz Israel”），载《圣座》33，希伯来语，1984年，第93—106页；巴特尔：《19世纪40年代乔治·高勒尔的犹太定居计划：地理的视角》（“George Gawler’s Plan for Jewish Settlement in the 1840s: The Geographical Perspective”），见鲁斯·卡尔克（Ruth Kark）主编：《以色列地的救赎：意识形态与实践》（*Redemption of the Land of Eretz Israel: Ideology and Practice*），耶路撒冷：本－兹维研究所，希伯来语，1990年，第51—63页。

起来。高勒尔的实际犹太复国主义方案尽管是混乱仓促的尝试，但其背后是富于创造性的福音主义末世论：他认为，英国是上帝选中的使者，将会拯救以色列和世界的其他地方。[59]

对此类计划，英国政府中有许多反对者，更多的人则对犹太人
移民圣地的想法漠不关心。19 世纪中叶还不是殖民时代的顶点，英 156
国尚未完全动员起来，去满足它对掌控广大地域的极度渴望。我们现在把注意力转向一个人物，他比其他所有人都更象征着朝无远弗届的帝国主义和中东突破的历史性转折——不仅因为他在此过程中发挥的作用，也由于他自己与犹太人的关系。

新教徒与中东的殖民地化

特拉维夫是以色列最大的城市，但这里没有一条街道是以英国首相本杰明·迪斯雷利命名的，因为市政会曾通过一项决议，禁止纪念那些从犹太教皈依其他宗教的人，市政会倒是用了市中心的一条主要道路纪念另一位英国首相——贝尔福勋爵。贝尔福利亚是耶里尔（Jezeel）谷地的一个农业定居点，用的也是他的名字。

与蒙蒂菲奥里一样，本杰明·迪斯雷利祖上也是意大利犹太人。与那位亲犹太复国主义慈善家非常在意宗教的双亲不同，迪斯雷利的父亲与犹太社区多有冲突，并让自己的孩子皈依了基督教。未来的托利党领袖幸运地成了热忱的国教会信徒，因为在他于 32 岁首次入选下议院时，那里尚不接纳有着公开犹太身份的人。迪斯雷利很快活跃在英国政治中，凭借优雅的演讲和锋利老到的政治策略，他在政治精英中脱颖而出，成为保守党领袖。1868 年，他被指定短暂

59 关于英国犹太复国主义思想的简洁而有趣的概括，见亚姆森（Albert M.Hyamson）：《英国的犹太复兴方案》（*British Projects for the Restoration of the Jews*），利兹：英国巴勒斯坦委员会，1917 年。

地担任了首相，并于 1874 年到 1880 年间再次担任这一职位。

仍然与蒙蒂菲奥里一样，迪斯雷利也是维多利亚女王的私人朋友。正如他们的共同王室熟人授予了蒙蒂菲奥里骑士爵位，她也让迪斯雷利成了伯爵；后者在担任首相的时候回报了她，提议给她的各种头衔中加上印度女皇一项。迪斯雷利是出色的政治家，却未把自己局限于政治工作，对文学想象的热情引导着他进行小说创作。他在早年就发表了作品，直到去世前都没停止写作。他的许多作品反映了他对犹太传统和圣地的态度。

157 1833 年，还未进入议会的迪斯雷利出版了一部小说，是有关 12 世纪一位名叫大卫・阿尔左伊（David Alroy）的犹太弥赛亚的。此人生活在美索不达米亚北部与高加索山脉之间的地方。对这位历史人物，我们所知甚少，迪斯雷利能用的材料也不比今天的我们多。虽然如此，他把阿尔左伊描绘成一名真正的领袖、大卫家族的后裔，从未忘记自己在犹大 - 巴勒斯坦的根，并发动了一场反伊斯兰政权的起义，以拯救世界犹太人。问题在于，他的“种族”中的其他成员不愿追随他，最终，他没能实现自己辉煌的弥赛亚式的图景。[60] 在《阿尔左伊奇遇记》（*The Wondrous Tale of Alroy*）的最初版本中，作者还平行地讲了一个故事，是个同样神秘的、名叫伊斯坎德尔的王子，他在少年时被迫皈依伊斯兰教，但一直记着自己的根在希腊 - 基督教。

终其一生，迪斯雷利游走在他出生时所属的宗教和他后来加入

60 这本书很快就被译成希伯来语。见比肯菲尔德（Beaconfield）伯爵本杰明・迪斯雷利：《大卫・阿尔左伊奇遇记》，华沙：考塔尔出版社，希伯来语，1883 年。希伯来语版导言中有这样的句子：“这本可敬的书的目标……是激起和唤醒读者心中对圣地亦即我们先辈祖国的热爱……” 另见本杰明・迪斯雷利：《大卫・阿尔左伊奇遇记：伊斯坎德尔的兴起》（*The Wondrous Tale of Alroy: The Rise of Iskander*），费城：卡利、利亚和布兰查尔德出版社，1833 年。

的宗教之间。或许由于这个原因，他认为基督教是古代犹太教的逻辑延伸，是对后者的发展。即便他可以算作信徒，也绝不是虔诚的那种。他把自己看作忠诚的基督教信徒，但认为自己属于一个以种族为基础的独特民族，还经常公开宣称这一点。

迪斯雷利相信，种族而非宗教是理解世界历史的关键。他有着对“希伯来种族的”自豪，这与东欧和中欧受过教育的犹太人相呼应，并在后者对正在兴起的“科学”族群认同的强化中扮演着重
要角色。[61] 大卫·阿尔左伊的伤感故事最充分地反映了这种犹太本质 158
主义，因为作为犹太弥赛亚，他身体里的血脉指示着他的使命。与此同时，迪斯雷利对耶路撒冷是以一种浪漫的乃至神秘的方式描绘的。1831 年，在成为保守政治家之前，迪斯雷利曾在中东旅行，访问过这座城市，留下了永久的、带有异国情调的印象。

另一本著名小说反映了迪斯雷利对自己中东的“根”的强烈渴望。《谭克雷德或新十字军》（*Tancred: Or the New Crusade*）出版于 1847 年，其时，迪斯雷利已是有名的保守政治家。故事围绕着一个英国年轻贵族展开，他决定追随古代十字军战士谭克雷德的脚步，希望到达圣城。最初，他的目标是发现和破译东方的秘密。接着，主人公来到西奈山，在那里听到天使的声音，要他建立“神国的平等”。[62] 不幸的是，在这个故事中也一样，宗教前景没能实现，作为作者丰富想象产物的，也是他所渴盼的犹太人和基督徒之间的共生

61 例如，参见亲犹太复国主义历史学家海因里希·格里茨与海因里希·冯·特莱奇克的争论《论文－回忆录－信件》（*Essays-Memoirs-Letters*），耶路撒冷：比亚利克研究所，希伯来语，1969 年，第 218 页。另见拿单·伯恩鲍姆（Nathan Birnbaum），他在《民族主义和语言》（“Nationalism and Language”）一文中发明了“犹太复国主义”一词。转引自多伦（Joachim Doron）：《拿单·伯恩鲍姆的犹太复国主义思想》（*The Zionist Thinking of Nathan Birnbaum*），耶路撒冷：犹太复国主义文库，希伯来语，1988 年，第 177 页。

62 本杰明·迪斯雷利：《谭克雷德或新十字军》，伦敦：回声文库，2007 年，第 253 页。

合作（symbiosis）没能实现。虽然如此，故事反映了流行于当时伦敦文化沙龙的那种东方分析，以及将这块古老地域呈现为产生了两种宗教的场所的极大兴趣。尽管作家迪斯雷利没有给读者一个真正圆满的结局，但在他的时代的历史现实中，政治家迪斯雷利成功地将英国变得更"亚洲"一些，也就是说，把英国变得更大、更殖民主义。

这位英帝国领袖从来不是犹太复国主义者，也不是基督教犹太复国主义者。他和沙夫茨伯里属于同一政党，早在19世纪60年代便与沙夫茨伯里保持着密切关系，但推动犹太人在终将变成基督教社会的巴勒斯坦的复兴并不是他特别挂心的事业。[63] 在政治工作中，他坚定不移地为英国上层阶级服务。不过，他或许本意并非如此，
159 却间接为创造使得英国后来采纳犹太人的犹太复国主义观念的外交状况做出了贡献。

1875年，为了替英国购买苏伊士运河44%的股份，首相任上的迪斯雷利向密友利奥内尔·拿单·德·罗斯柴尔德男爵（Baron Lionel Nathan de Rothschild）求援。这一重要交易获得了完全成功，代表着帝国实际进入中东的第一步。现在，通往遥远亚洲的路线打开了，埃及和巴勒斯坦等围绕着海路大门的地区成为极其重要的战略目标。

1878年，作为对英国支持奥斯曼人的回报，以保加利亚人受到的血腥镇压为代价，迪斯雷利得以将塞浦路斯变成英国殖民地。与此同时，他发起了对阿富汗的征服活动，以赶走俄国人，并加强中东与远东的联系。如我们已指出的，在把帝国变为"东方的"和庞

---

63 迪斯雷利将自己看作"希伯来种族"的一员，这引出了犹太人的造假热情，他们想证明他私下里也是犹太复国主义者。参见拿单·米歇尔·盖尔伯（Nathan Michael Gelber）:《比肯菲尔德勋爵的犹太国计划》（*The Lord Beaconsfield's Plan for a Jewish State*），特拉维夫：利恩曼出版社，希伯来语，1947年。

大的方面，没有哪位英国政治家可与他相提并论。

到 19 世纪末，殖民资产的瓜分几乎涉及地球上的所有地方，但首要动因并非迪斯雷利及别国像他那样的人物的非凡才能，这一进程是西欧大规模工业发展的结果。西欧与其他地区的差距持续扩大，这导致了帝国快速的扩张。从 1875 年到 19 世纪结束，在之前所控制地域之外的西北世界，西欧又征服了约 2500 万平方英里。1875 年，欧洲统治着 10% 的非洲土地，而到 19 世纪 90 年代，白人控制了这块黑大陆的 90%。

伴随这一物质和技术上的不均衡所出现的一种东方主义论调也越来越冷酷和无耻。18 世纪后期，曾有大批思想家认为，所有人都是平等的，但现在调子变了，主流声音是那些不相信此事的人设定的。他们觉得，与欧洲白人相比，中国人、印度人、美洲土著、黑非洲人、中东阿拉伯人是低下的。而且与前者相比，后者确实是不平等的，他们没有金属大炮和快速蒸汽船，没有可靠高效的铁路。他们也很少有受过教育的代言人。就在政治声音和交流对工业西方的民 160
主化产生越来越大影响的时候，非欧洲人几乎没有声音发出。[64]

在西方人眼中，巴勒斯坦的阿拉伯居民也还是看不见的。自 19 世纪中叶以来，每一个关于巴勒斯坦的新提议都近乎完全无视他们。西方对圣地的新一轮渗透很少提及阿拉伯人，虽然渗透还只是“科学的”和“精神的”。1834 年，一些当地农民起来反抗埃及占领，但一般被看作不过是一群野蛮的暴徒，部分原因是起义期间人们不理智地攻击了非穆斯林居民。[65]

---

64 爱德华·萨义德（Edward Said）对东方主义到 18 世纪为止的影响的评估需要探讨，但他对 19、20 世纪的分析是准确的，很难驳倒。萨义德：《东方主义》（*Orientalism*），伦敦：企鹅出版社，2003 年。

65 到目前为止，关于维多利亚时期英国对圣经之地的普遍态度，最有趣的书是埃坦·巴尔－约瑟夫（Eitan Bar-Yosef）的《1799—1917 年英国文化中的圣地：巴勒斯坦（转下页）

1865年，伦敦成立了巴勒斯坦探索基金会。虽然基金会也有人类学目标，但它的绝大部分工作集中于这个地方的历史、考古和实际的地理。一边是对扎根于古老过去的神圣性的追寻，另一边是殖民主义的地图绘制，基金会的动力就来自这些工作，远非其时生活在那里的人们。因此毫不奇怪，维多利亚女王立刻就对基金会予以认可，蒙蒂菲奥里及其他人很快就加入了这一计划。[66]

约翰·詹姆斯·莫斯克劳普（John James Mosrop）是基金会的一位历史学家。如他明确展示的那样，这个组织的学术研究是与战略军事目标交织在一起的，二者都受到一种情感的鼓舞，即英国将
161 继承圣地。[67]基金会之所以得到了广泛的支持，部分原因是英国与法国的殖民竞争，部分是它对苏伊士运河的巨大兴趣。无论如何，到1890年，基金会在巴勒斯坦地理学和地形学的知识方面做出了重要贡献。基金会中有许多英国情报人员，早在这个国家控制运河以前，他们的主要精力就放在对西奈沙漠的了解上。并非偶然，地图绘制者包括T. E. 劳伦斯，他后来爱上了阿拉伯的黄色沙地。

被热情的英国先锋认作空地的不仅仅是沙漠。除了各个圣处，他们也把临近的巴勒斯坦看成被抛弃的土地，急切地盼着基督教西方将它从一代代的荒芜状态中解救出来。

（接上页）与东方主义问题》（*The Holy Land in English Culture 1799–1917: Palestine and the Question of Orientalism*），牛津：克拉伦登出版社，2005年。

66　有关英国人和非英国人在巴勒斯坦的殖民文化活动，参见约阿德·埃利亚兹（Yoad Eliaz）的大胆著作《圣地 / 圣书》（*Land/Text*），第27—143页。

67　莫斯克劳普：《测量耶路撒冷：巴勒斯坦探索基金会与英国在圣地的利益》（*Measuring Jerusalem: The Palestine Exploration Fund and British Interests in the Holy Land*），伦敦：莱斯特大学出版社，1999年。1870年，美国成立了一个类似的基金会，见第96页。与阿拉伯居民相比，英国人对植物和鸟类显示出更大的兴趣。例如，参见《以色列地：巴勒斯坦旅行日志》（*The Land of Israel: A Journal of Travels in Palestine*），作者是英国动物学家和牧师特里斯特拉姆（Henry Baker Tristram），他与基金会有密切的工作联系。伦敦：促进基督教知识协会，1882年。

在这种政治与观念氛围中，毫不奇怪英国公众认为殖民巴勒斯坦是件很自然的事。当然，圣地依旧是虚弱的奥斯曼帝国的一部分，但在 19 世纪 80 年代初，作为发生在俄国的残酷屠杀的结果，当第一批犹太定居者开始渗入巴勒斯坦时，殖民观念在英国有了新的支持者。到那时为止，沙夫茨伯里的基督教千禧年幻觉和蒙蒂菲奥里的犹太宗教梦想都是空洞的，没有人员去实践。英、法、德、意等国的犹太人都致力于同自己祖国的文化融合，认为将犹太人送到“他们祖辈之地”的想法是不可接受的，是要把他们置于文明世界的边缘。不过现在，新的环境首次创造了实现那种梦想的可行基础。

在为犹太人设立栅栏区的俄罗斯帝国西部，兴起了原初民族主义，给这里的大批意第绪语人口造成了越来越大的压力。这个庞大的地区存在宗教、文化、语言差异，公然展现了不宽容和咄咄逼人的反犹主义。此外，这里的人口不断增长，又不可能迁出栅栏区，便导致了犹太社区的经济恶化和难以忍受的生活状况。1881 年开始的屠杀一波波地持续到 1905 年，引发了犹太人的大规模向西移民活动。根据一些估计，到第一次世界大战结束时，离开俄罗斯帝国的 162
犹太人有 250 万之多。移民来到了中欧、西欧乃至美洲。与这一大规模人口移动直接相关的是，一些移民接受国出现了恐犹症；同样与此相关的还有对巴勒斯坦的早期殖民、犹太复国主义观念的兴起，以及犹太复国主义运动的诞生。

在中欧和西欧，各种犹太机构都在关注来自俄罗斯帝国和罗马尼亚的移民。由于担心东欧犹太人的到来会加剧反犹主义，人们开始研究帮助和 / 或摆脱这些“外国人”的办法。在德国，犹太社区领袖用了一切手段，将移民引向汉堡，好让他们继续去美国的旅程。在法国和英国，犹太社区的富人用其他手段消除难民潮。例如，毛里斯 · 德 · 赫尔施男爵（Baron Maurice de Hirscd）积极帮助建立阿根廷的犹太移民聚居区，埃德蒙·詹姆斯·德·罗斯柴尔德男爵（Baron

Edmond James de Rothchild）在巴勒斯坦做着同样的事。[68] 这些殖民事业步履蹒跚，都需要持续的资金投入。二者都无关民族主义。

在几十万乃至上百万的西流移民潮中，存在极少数年轻的理想主义者，一些人于19世纪80年代初来到了巴勒斯坦。这一股涓涓细流并不起眼，而且其中一部分还会继续迁徙，直到抵达西方国家。不过，这是一个持续而漫长进程的开端。

在定居的最初尝试中，最活跃的人员中有另一名英国基督徒——劳伦斯·奥利芬（Laurence Oliphant）。他是前外交人员和议会议员，相信犹太－基督教种族注定要统治圣地。1880年，他出版
163 了一部有趣的书《吉利德之地》（*The Land of Gilead*）。[69] 由于在约旦河以西买地很难，奥利芬相信，让犹太人定居河东会容易些。为此，这个地区的贝都因居民需要被赶出去。阿拉伯农民则像北美印第安人那样，将被集中在保留地，并用作犹太殖民地的雇工。带着一封本杰明·迪斯雷利的推荐信，奥利芬去见了奥斯曼苏丹，不过未能让他相信其有关犹太人定居外约旦梦想的好处。奥利芬有一个募集英国资金的计划，想建造沿着未来犹太国边界的铁路，但最终没有实施。

值得一提的是，奥利芬与许多基督教犹太复国主义者不同，他不是仅仅号召把犹太人送到圣地，在那里皈依基督教，自己却继续生活在文明适意的基督教中心。古怪的奥利芬移民到了巴勒斯坦，

68 参见哈伊姆·阿夫尼（Haim Avni）:《阿根廷与犹太人：犹太移民史》（*Argentina and the Jews: A History of Jewish Immigration*），亚拉巴马州塔斯卡鲁萨：亚拉巴马大学出版社，2002年。另见西蒙·沙玛:《两位罗斯柴尔德和以色列地》，我在本书导言中对此有过讨论。

69 劳伦斯·奥利芬:《吉利德之地》，爱丁堡：布莱克乌德出版社，1880年。关于这位有趣的人物，更多讨论请参见安尼·泰勒（Anne Taylor）:《劳伦斯·奥利芬》（*Laurence Oliphant*），牛津大学出版社，1982年，尤其是集中于他同巴勒斯坦的关联的章节，第187—230页。

定居在海法。历史在这里显出了反讽：在海法，奥利芬的私人秘书是犹太诗人纳夫塔利·赫尔茨·伊姆贝（Naftali Herz Imber），他写了首诗《希望》（“Tikvatenu”），后来成为以色列国歌歌词的基础。与那个时代的许多移民一样，伊姆贝离开了“锡安”，离开了他的诗歌的怀乡对象。他先去了英国，最终在美国定居下来。

我们知道，直到19世纪90年代后期，犹太民族主义运动才出现。西奥多·赫茨尔（Theodor Herzl）深受维也纳文化或许还有德国民族主义影响，是犹太复国主义组织概念的发起者、组织的创始者。起初，他试图通过外交方式而非移民来实现自己的愿望。赫茨尔在德国皇帝、奥斯曼苏丹、奥匈帝国首相那里，希望建立联系和获取帮助的努力失败后，他得到了一个提出自己大胆理念的难得机会。

20世纪初，英国涌动着不断增长的强烈压力，要挡住东欧来的移民潮。移民被认作有威胁性的入侵；从许多方面看，这类似于21世纪初针对欧洲穆斯林移民的普遍态度。大批公众把几乎所有东欧人都当作犹太人，在伦敦的工人聚居区和议会中都能听到新的反犹主义声音。[70] 从1881年到1905年，英国已接受了超过10万“东方” 164
犹太人，还有许多在路上。在此背景下，1902年，一个皇家委员会成立了，调查持续不断的移民现象。以拿单·梅耶·罗斯柴尔德男爵为首，英国犹太领袖表达了对新局面的担忧，寻求防止影响既有英国犹太社区的途径。虽然罗斯柴尔德一开始有些犹豫，赫茨尔还是收到了邀请，向委员会陈述有关在欧洲之外安置犹太人的想法。

异常机智的利奥波德·格林伯格（Leopold Greenberg）是《犹太纪事》的编辑，同一年，他成功安排了赫茨尔与权势极重的联合

---

70 关于这一主题，参见伯纳德·盖尔讷（Bernard Gainer）：《外来入侵：1905年外国人法的起源》（*The Alien Invasion: The Origins of the Aliens Act of 1905*），伦敦：海纳曼教育图书公司，1972年。

王国殖民大臣约瑟夫·张伯伦的私下会面。张伯伦是彻头彻尾的殖民主义者，他对这位犹太复国主义领袖不寻常的领土方案产生了兴趣。1902 年 10 月 22 日，在这次历史性会面中，赫茨尔提出将犹太人迁往塞浦路斯或西奈半岛的阿里什，以缓解英国面临的大规模移民的威胁。两个地方离巴勒斯坦都够近，在未来的某个时刻，人们还有可能向那个方向扩展或迁移。由此，赫茨尔希望抵消那些不惜代价坚持将方案集中于锡安之地的犹太复国主义者的反对，同时赢得世界最强大国家的战略支持。我们要记得，这个时候的巴勒斯坦还是奥斯曼帝国的一部分，而塞浦路斯和西奈半岛则在英国的控制下。犹太复国主义领袖天真地相信，他的提议能同时被英国统治圈和他主导的民族运动所接受。

问题在于，虽然塞浦路斯的穆斯林人口不怎么显山露水，但这个岛上还有一部分白人基督徒，英国必须对他们表示支持。因此，张伯伦不得不礼貌地排除了塞浦路斯，但愿意讨论西奈半岛这个选项，
165 只要埃及不反对。然而，克罗莫勋爵等尼罗河之地的英国代表立刻表达了他们的坚决反对立场。英国殖民大臣没有放弃希望，他的职责就是在自己的权力范围内尽可能扩大和巩固帝国。张伯伦不想失去这一双重的黄金机遇：一方面替他的国家摆脱外国犹太人，后者身穿奇怪的服饰，说着听上去像德语的语言，正急切地寻求进入英伦诸岛港口的机会；另一方面，在海洋那一边人口稀少的殖民地上，安置大英帝国的潜在忠诚支持者。1903 年 4 月 24 日，在与赫茨尔第二次会面时，张伯伦提出了自己的方案：乌干达，一个今天属于肯尼亚的殖民地，当时很需要殖民者。它可以被免费给予特选子民。

这个提议意义重大。第一次，一个欧洲大国与新生的犹太复国主义运动进行了领土谈判。就算计划的动因是狭隘的殖民利益，以及在更大程度上，是阻止外来移民进入英国的愿望，它仍是犹太复国主义历史的转折点，是英国精英对圣经之民后裔的复杂态度的转折点。从

世界犹太社区的角度看，犹太复国主义还只是边缘势力，但这个渴求外交正当性的运动已经向着目标显著前进。就英国而言，在 20 世纪初，它开始被视为犹太命运的首要监管人。作为赫茨尔持续施加压力的结果，第六届犹太复国主义大会通过了“乌干达方案”，虽然经历了激烈的辩论，也造成了极大的紧张局面。不过事实上，没有人太拿这个计划当回事。如果说动员大批人移民巴勒斯坦已经够困难了的话，要找到愿意定居东非偏远地区的犹太人，问题就更多了，那里没有创建民族祖国所必需的神话神学背景。但赫茨尔很清楚，外交部的提议创造了一个先例，虽非必然地与犹太复国主义对巴勒斯坦的所有权相关，但的确关涉犹太人对一块属于自己的土地的权利。

“乌干达方案”提出时，富于个人魅力的贝尔福勋爵已是英国的新首相。他支持张伯伦的准犹太复国主义计划，部分是因为那符合
他本人想要制定反外国移民的严厉法案的动机。作为现代时期“犹 166
太人民”的最大恩主，贝尔福这个名字已镌刻进犹太复国主义史。他用“种族”一词指称犹太人，而与后者的关系始于一场旨在阻止受迫害人员把他的祖国当成避难所的政治斗争。在 1905 年的议会辩论中，贝尔福坚持认为，既然犹太移民只在他们内部通婚，不情愿、不可能真正整合入英国民族，道德上英国就有理由限制他们入境。为向世界证明，他反对犹太人的决定本质上并不是反人类的，他强调了乌干达选项：移民被授予了殖民地中的大片肥沃土地，因此若无可靠的理由，他们没什么好抱怨的。[71]

这一立场出现于 20 世纪初，并不能因此将贝尔福定为邪恶的反

71 关于这一主题，参见维克多·卡坦（Victor Kattan）材料丰富的著作《从共存到征服：国际法和阿以冲突的起源，1891—1949 年》（*From Coexistence to Conquest: International Law and the Origins of the Arab-Israeli Conflict, 1891–1949*），伦敦：柏拉图出版社，2009 年，第 18—20 页。

犹者，正如在21世纪初，领导们阻止移民工人进入自己国家的坚定措施并不自动地把他们变为反伊斯兰教者一样。术语“反犹主义”内涵宽泛，指针对犹太人的敌视或反对态度的多种表现。贝尔福没有特别恨犹太人，虽然有些证据表明，他也不是很热爱犹太人。最重要的是，他不想英国有太多犹太人。如我们将看到的，他的政策立场是连贯的，在1917年也是如此。

就英国或许还有整个西欧对外国人的态度而言，贝尔福1905年的政策代表着一个转折点。虽然在未经邀请的情况下，英国强行来到地球上的几乎每一个角落，却把自己从给难民提供庇护的自由国家变为其他人完全无法进入的地区，即便这些人正在遭受迫害。在帝国主义时代，人口流动只能朝着一个方向，即从中心向外围。

在关涉外国人的“贝尔福1905年立法”之后的20年，美国实
167 施了进一步加强移民条款的类似法律——《1924年移民法》，也称《约翰森－里德法》。[72]公平地说，与1917年的《贝尔福宣言》相比，它们为以色列国的成立做出的贡献并不逊色，甚至可以说更大。犹太人是如何被约束着进入中东的？其历史条件就在于这两部反移民法，再加上贝尔福写给罗斯柴尔德的信：那封信说，联合王国乐于赞许地看到“犹太民族家园在巴勒斯坦的建立”，本章稍后将对此予以讨论。

对于犹太复国主义者在“他们祖国”进行的“民族”殖民活动，英国如何最终采取了那样一种立场，为犹太复国主义领袖提供外交、政治以及他们眼中的道德基础？首先要强调很重要的一点，即在1917年，贝尔福并非突然变成了致力于犹太事业的积极分子。这年1月，面对一个英国犹太人委员会就整个沙俄帝国犹太人可怕的生存

72　1924年法强化了三年前制定的法律，虽非特别针对犹太人，但对他们有着严重的负面影响。

处境进行干预的请求，贝尔福没有向正与英国有着军事同盟的俄国政府交涉。在一次私下会谈中，他这样为自己的做法辩护：

> 也要记得，迫害者有自己的问题。他们害怕犹太人这个特别聪明的民族……无论去东欧的什么地方，人们总能发现，犹太人在进步，再加上他们属于一个独特的种族，其公开信仰的宗教是周边人们仇恨的目标，而且，他们……的人数有百万之多，人们或许能理解把他们打倒在地的愿望。[73]

不过，贝尔福是由有着热忱宗教信念的苏格兰母亲抚养长大的，从母亲那里，他形成了对《圣经》故事及其不时出现的主角古希伯来人的景仰。他相信基督教欠了犹太人很多，还批评教会针对犹太
人的惯常做法。或许可以有把握地假定，母亲也向他介绍了这样的 168
观念，即基督教最终救赎的必要前兆就是犹太人的复兴。相较于张伯伦那样的行动者，贝尔福可说是个文人，有着相当渊博的历史知识，乐于把时间用在写作上。他不是帕默尔顿或沙夫茨伯里，但他有着两人的某些特质，完全可以被看作他们的自然传人。

关于种族，贝尔福与迪斯雷利和其他贵族有类似的观念，虽然阐明这一点很重要：他的态度与种族纯洁的严格意识形态相距甚远。像许多同代人一样，他相信有着独特特征和行为的种族的存在，相信不同种族的混杂是不好的。犹太种族是历史上一个永恒的常在成分，从一块特定土地上开始了他们的漫游，符合逻辑的做法是让他们尽快回去。这种信念为贝尔福变成坚定的犹太复国主义支持者提供了意识形态基础，他也的确朝这个方向转变了。对于住在伦敦南

73 引自杰森·托米斯（Jason Tomes）：《贝尔福与外交政策：一个保守政治家的国际思想》（*Balfour and Foreign Policy: The International Thought of a Conservative Statesman*），剑桥大学出版社，1997 年，第 202 页。

部的、有些“粗鲁的”真实犹太人，有时候贝尔福的态度有所保留，但他至死都未改对犹太复国主义者的钦佩。在他看来，他们径直拒绝了与邻居们同化，是一个单独的、古老的种族的历史连续性的象征。他确信，如果这个种族能回到其古老的祖国——一块离伦敦足够远的土地——它将能展示自己真实的天赋。

这是贝尔福立场的知识背景与心理背景，这无助于我们理解他在外交和国际政治领域的实际行动的潜在逻辑。像迪斯雷利一样，贝尔福首先是那个时代的典型英国殖民主义者，竭力要促进帝国的利益。如果在巴勒斯坦建立犹太家园与英国利益冲突，他会毫不犹豫地反对那种观念。但在1917年底，在第一次世界大战的一个关键时间点，将意识形态和政治结合起来的条件成熟了。1917年11月2日，英国外交部把新出炉的“焊接品”直接送到利奥内尔·沃尔特·罗斯柴尔德男爵的办公室，上面写道：

亲爱的罗斯柴尔德勋爵：

169 我代表国王陛下的政府，愉快地向你转达下述对犹太复国主义愿望表示同情的宣言。宣言已提交内阁并获批准：

“国王陛下的政府赞同在巴勒斯坦建立犹太民族家园，将尽力促成这一目标的实现。需要明确的是，不应做任何有损巴勒斯坦现有非犹太社团的公民与宗教权利的事，或有损其他国家犹太人权利和政治地位的事。”

如果你能把此宣言告知犹太复国主义联盟，本人不胜感激。

你忠实的

阿瑟·詹姆斯·贝尔福

这封信没有假装反映了当时巴勒斯坦的人口对比关系。彼时，那里是“巴勒斯坦非犹太社团”的70万阿拉伯人的家，也是6万犹太人的家——英国的犹太人口将近 25 万。[74] 即便这 6 万少数群体既不是犹太复国主义者，更说不上是“人民”。其中包括许多虔诚的犹太教徒，而这些人疏离建立现代国家的观念：此观念号称是犹太人的，但其价值观是对圣地的亵渎。上述数据对英国的立场没有影响，因为英国的目标是鼓励受它支持的殖民活动，或许也由此为自己摆脱了一些不顾限制、努力想进入英伦诸岛的犹太人。

这个时候，有关认可民族自决的历史性原则的观念还很新，要等到“二战”后才应用到非欧洲的人口。《贝尔福宣言》没有考虑当地人的集体利益，不管他们是“人民”还是民族。它也与亨利·麦克马洪（Henry McMahon）所做保证的精神对立；麦克马洪是英国驻埃及高级专员，其保证是向麦加的谢里夫、侯赛因·本·阿里做
出的。为动员阿拉伯领袖参加反奥斯曼人的战争，英国含糊地承诺 170
所有阿拉伯人聚居地区都能获得政治独立，除了西叙利亚这一未来的黎巴嫩领土，它是非穆斯林社团的家园。[75] 英国人可以毫不迟疑地毁诺，但不仅如此，他们也完全没有在意阿拉伯民族主义觉醒的最初迹象，因此，从未认真考虑守诺的事。

贝尔福公开信的首要目标是什么？是破坏英国此前与法国签订的协议。1916 年 5 月 16 日，两个殖民大国决定一起孤立虚弱的奥斯曼帝国，由马克·塞克斯（Mark Sykes）代表英国外交部，弗朗索瓦·乔治 - 皮科（Francois Georges-Picot）代表法国外交部，两人会面达成分割领土战利品的基本共识。按照协议条款，法国将直接或间接控制包括后来直到摩苏尔的叙利亚、黎巴嫩、土耳其东南

74 根据英国于 1922 年所做的人口调查，巴勒斯坦有 754549 人，包括 79293 名犹太人。参见鲁克（Harry Charles Luke）和基思 - 罗奇（Edward Keith-Roach）主编：《巴勒斯坦手册》（*The Handbook of Palestine*），伦敦：麦克米兰出版公司，1922 年，第 33 页。

75 信件来往见于网址 http://www.jewishvirtuallibrary.org/jsource/History/hussmac1，并参见卡坦：《从共存到征服》（*From Coexistence to Conquest*），第 98—107 页。

部和上加利利地区。英国则为自己保留了将很快变成外约旦和伊拉克的地区、波斯湾、内格夫沙漠以及海法、阿卡等海岸飞地。此外，它们许诺沙皇俄国控制伊斯坦布尔，而圣地中心地带将成为国际共管的开放区。这些秘密会谈的日程表上没有犹太人，随后产生的历史性文件中也没提到他们。[76]

1916 年 12 月，大卫 · 劳合 · 乔治（David Lloyd George）成为英国首相，阿瑟 · 贝尔福被任命为外交大臣，也是劳合 · 乔治的左右手。两人都是犹太复国主义的公开支持者。劳合 · 乔治是热忱的威尔士洗礼派信徒，据他自己说，对于圣地的地名，他的熟悉程度超过“一战”中的战场名。两人对《塞克斯 – 皮科协定》都不满意，理由包括相互关联的两个方面：乏味的神秘和历史的神秘。就其实
171 际的一边来说，围绕着苏伊士运河，英国人渴望通过对巴勒斯坦事实上的征服来扩大军事安全区，并已着手进行。他们认为，连通地中海和波斯湾的水道必须掌握在国王陛下政府的代表手中，不想与不可靠的法国无神论者分享圣地的控制权。从历史层面看，它是一个圣经之地的问题：1291 年，野蛮的穆斯林将欧洲十字军骑士团从那里赶了出去。不过，文明的欧洲人现在有能力重占圣地——它不仅仅是像乌干达或塞拉利昂那样的另一块殖民地。它是基督教的源起之地，而且摆在新教贵族面前的是这样的机会：通过恭顺的一小批犹太复国主义者，他们可以从远方指导那里的事务。

1917 年 3 月 26 日，在一次征服尝试中，英联邦军队首次侵入巴勒斯坦。虽然这次进攻失败了，但几个营的士兵控制了内格夫首府比尔谢巴，通往耶路撒冷的道路已遭突破，巴勒斯坦人的命运已经被决定了。正是在这一时期，在南部城市的征服和 1917 年 12 月 9

76 协议细节见于网址 http://unispal.un.org/unispal.nsf/3d14c9e5cdaa296d85256cbfoo5aa3eb/232358bacbeb7b55852571100078477c?OpenDocument。

日耶路撒冷不战而降之间，贝尔福向罗斯柴尔德发出了他著名的信。这封信理论上和事实上废除了《塞克斯 - 皮科协定》，通过向“犹太人民”赠予一份仁慈的礼物而为英国人提供了优越的地位。[77]

我们应该记得，此时的世界并不知道《塞克斯 - 皮科协定》的存在。直到 1918 年，在布尔什维克对沙皇外交部档案进行了一次维基解密（Wikileaks）式的行动后，英国的马基雅维利式战争游戏才被曝光。《塞克斯 - 皮科协定》是极其玩世不恭的条约，因此，一直被严格地保密。相反，《贝尔福宣言》将自身设定为对苦难犹太人持人道主义姿态，所以是公开的。收信人不是不起眼的犹太复国主义组织中相对无名的代表，而是罗斯柴尔德勋爵。这并非偶然，在伦敦的公共领域，勋爵是位很受尊敬的著名政治人物。信件的首要意 172
图是掩护一个复杂的殖民主义行动，后者将在 20 世纪的剩余年代里一直影响着中东的未来。

导致劳合·乔治政府发布《贝尔福宣言》的还有学者们指出的其他因素，其中一个是在英国政治圈子里，人们相信美国犹太人会为说服其政府动员起来参战做更多的事，因为无论如何，正在发生的屠杀只有彻底击败德国后才能终止。另一个因素是白厅相信大英帝国发布的赞同建立犹太民族家园的宣言将触动俄国犹太人，这令他们倾向于继续东线的无望战役，虽然他们是支持布尔什维克的和平主义者。[78]

---

77 有关英国外交大臣的信，阿维·希莱姆（Avi Shlaim）对各种不同的学术文献进行了有益的考察，《〈贝尔福宣言〉及其后果》（“The Balfour Declaration and its Consequences”），收录于他的《以色列与巴勒斯坦：再评估、修正和反驳》（*Israel and Palestine: Reappraisal, Revisions, Refutations*），伦敦：沃尔索出版社，2009 年，第 3—24 页。另见约翰·罗斯（John Rose）：《犹太复国主义的神话》（*The Myths of Zionism*），伦敦：柏拉图出版社，2004 年，第 118—129 页。

78 有关对导向贝尔福宣言的英国政府动机的探讨，参见巴兹雷（Dvorah Barzilay）：《〈贝尔福宣言〉的起源》（“On the Genesis of the Balfour Declaration”），载《锡安》（转下页）

纵观历史上的反犹者和亲犹者，他们都严重高估了犹太人的内部团结和影响力。基督教犹太复国主义者虽然极其钦佩犹太人，但与反犹者的态度相比，他们对这个群体成员的总体观念并无根本不同。福音派新教徒表现出许多细微区别，但他们同样坚持一种基本的人种学路径，其中充满了关于犹太人及其表面上的世界统治地位的偏见和假设。[79]

关于英国政府在领土方面的慷慨之举，更幼稚的历史学将原因归于一种有机物质的发明。这个众所周知的故事说，丙酮是制造炸弹和其他爆炸品的必要材料，而在战争的一个早期阶段，英国人缺这种东西。哈伊姆·魏茨曼（Chaim Weizmann）是位天才的化学家，也是英国犹太复国主义运动的一位领袖，后来成为以色列国第一位总统。他找到了一种方法，可以通过蔬菜类的细菌发酵生产丙酮；
173 他被招来为国家服务，成功解决了战时的这一后勤问题。由于魏茨曼的天才智慧，炸弹和炮弹的生产恢复到了以前的水平。这时候，劳合·乔治是军需部大臣，温斯顿·丘吉尔是海军部大臣——1915年由贝尔福接任。三位领袖都认识魏茨曼，而且故事这样说，当需要就犹太人在巴勒斯坦的家园问题做决定时，他们都没忘记魏茨曼为战争努力所做的贡献。这样，《贝尔福宣言》也被看作他们在偿还对一个人及其所代表的运动的道德欠账。

构建历史叙述时，几乎任何事情都可以构建为一种可能的因素。

（接上页）33：3—4，希伯来语，1968 年，第 190—202 页，以及梅厄·维利特（Meir Verete）出色的文章《贝尔福宣言和它的制造者》（"The Balfour Declaration and Its Makers"），载《中东研究》6：1，1970 年，第 48—76 页。

79　汤姆·塞格夫（Tom Segev）首次突出了英国政治的这一方面，尤其是针对劳合·乔治。参见他的生动描述和新颖分析《一个完整的巴勒斯坦：英国委任统治下的犹太人和阿拉伯人》（*One Palestine Complete: Jews and Arabs under the British Mandate*），纽约：猫头鹰图书公司，2001 年，第 36—39 页。

遗憾的是，历史学术不是化学实验室，不像那里的实验可以重复，以评估的确能造成发酵或爆炸的特定物质的混合方式。此外，对于犹太复国主义运动的德国分支狂热地支持德意志祖国之事，当时的英国政府不大可能毫无察觉。于是，我们看到了另一种历史的反讽：为德国军队发明毒气的人是弗里茨·哈伯（Fritz Haber），另一位犹太化学家。纳粹上台后，哈伯这位德国的爱国者被迫离开祖国。他于 1934 年去世，之前还想着去巴勒斯坦，加入魏茨曼在雷霍沃特的研究所。[80]

1917 年，包括劳合·乔治勋爵、阿瑟·贝尔福勋爵、阿尔弗雷德·米尔纳勋爵、罗伯特·塞西尔勋爵、温斯顿·丘吉尔爵士在内，许多英国政治家相信，如果犹太人在巴勒斯坦复兴了，那将为英国赢得一个稳固的帝国据点，直到世界末日乃至更后的时间——万一福音派被证明是正确的话。

从美洲殖民者于 18 世纪末或布尔人于 19 世纪末发动的起义中，他们似乎没学到什么。或是他们相信，虽然犹太人拥有金融势力，但
其行动受到政治限制，会与仁慈的保护帝国达成一种不同的关系。犹 174
太人的犹太复国主义者也错了，错在他们估计英国精英的亲犹太复国主义意识形态根深蒂固，足以克服竞争性的其他帝国利益考虑。

不管怎样，无论是犹太人对一块古老土地两千年的渴盼瓜熟蒂落，还是席卷而来涌入英国的大批自愿移民潮，都不能充分说明那最终导向犹太复国主义者在巴勒斯坦的主权要求的外交举措。相反，

80 到目前为止，关于导致英国发布支持犹太民族家园的宣言的种种因素，所出版的最全面研究是约纳丹·希尼尔（Jonathan Schneer）的《贝尔福宣言》（*The Balfour Declaration*），纽约：兰登书屋，2010 年。不过遗憾的是，希尼尔没有充分关注意识形态方面和帝国主义冲动，甚至还简单地传递出一种印象，即英国没打算控制巴勒斯坦。

三个不同的意识形态和政治轴心联起手来，合力创造了一种决定性的、象征性的三位一体：

（1）19 世纪下半叶以来，英国人所接受的、与帝国目标紧密纠结在一起的悠久福音派基督教情感；

（2）大批意第绪语人口面临的艰难困局：他们陷进了两种危险复杂的进程之中，其一是已开始咄咄逼人地驱逐他们的自东欧兴起的反犹原初民族主义，其二是同一时期西方国家开始施行的严格移民规定；

（3）作为对这些事态之回应的一种现代民族主义的兴起，它源于未充分发展的意第绪语人民的崩解边缘地带，首要目标是殖民锡安地。

无疑，《贝尔福宣言》显著地扩大了犹太复国主义的影响。由此开始，我们看到更多的犹太人热情地赞同让其他犹太人向以色列地“阿利亚”（移民）。虽然如此，至少从 1917 至 1922 年，无论是英国有关犹太民族家园的政策声明，还是英国政要的鼓励，它们都未能说服意第绪语人口大批迁往他们的“历史祖国”，更不用说英国犹太人了。[81]

175 到基督徒和犹太人的犹太复国主义之间的五年蜜月期结束时，约 3 万犹太复国主义者来到了英国统治的巴勒斯坦。只要美国的移

81　在英国犹太社区中，许多人激烈反对《贝尔福宣言》。包括印度事务大臣埃德温·蒙塔古（Edwin Montagu）爵士，那位著名慈善家的侄孙、英国的自由派犹太教创始人克劳德·蒙蒂菲奥里（Claude Montefiore），甚至还有来自盎格鲁－犹太协会的鲁西恩·沃尔夫（Lucien Wolf），一些名人公开批评犹太复国主义观念。参见斯图尔特·科恩（Stuart Cohen）：《针对政治犹太复国主义的盎格鲁－犹太反对者的宗教动机和主题，1895—1920 年》（“Religious Motives and Motifs in Anglo-Jewish Opposition to Political Zionism, 1895–1920”），见西缪尔·阿尔莫格（Shmuel Almog）、耶胡达·雷因哈兹（Jehuda Reinharz）、阿尼塔·夏皮拉（Anita Shapira）主编：《犹太复国主义和宗教》（*Zionism and Religion*），新罕布什尔州汉诺威：布兰代斯大学出版社，1998 年，第 159—174 页。

民大门相对开放，成千上万流离失所的东欧犹太人仍会继续抵达它的海岸。对于19世纪中叶以来帕默尔顿、沙夫茨伯里、贝尔福及其他基督教爵士分配给犹太人的中东地域，他们坚决拒绝在那里重新安置。

人们不应对这种人口流向过于惊讶。虽说定居巴勒斯坦存在着经济困难，但缺少移民定居者的主要原因是平淡乏味的：在20世纪上半期，世界上的绝大多数犹太人及其后代都不把巴勒斯坦看作他们的土地，不管是极端正统派、自由派还是改革派，不管是社会民主主义的崩得分子、社会主义者还是无政府主义者。对照被植入以色列国独立宣言的神话，他们没有竭力“在每一世代重新定居于他们的古老祖国”。当这一选择被人们用新教的殖民主义金盘端到面前时，他们甚至不认为那是一个恰当的“回归”之地。

最终是什么导致了以色列国的建立？是欧洲犹太人所承受的可怕残酷的打击，是“文明”国家对承受打击者关闭边界的决定。

第四章

犹太复国主义对阵犹太教：“族群”空间的征服

177 这是永恒法：如果民族国家和祖国之间存在或画出了一条分界线，这虚假的线注定会消失。

——梅纳赫姆·贝京（Menachem Begin），1948 年

这一胜利（1967 年）的意义不仅是交还了犹太人民最古老、最超凡入圣的实体，亦即那些在它记忆中、在它历史深处最深沉的东西，还在于抹去了以色列国和以色列地之间的区别。

——拿单·奥特曼（Nathan Alterman），《面对史无前例的现实》（“Facing the Unprecedented Reality”），1967 年

阅读《圣经》时，英国清教徒寻求的是与神圣精神无中介的直接互动。比较起来，《塔木德》犹太教的追随者却惧怕随意地读这部书中之书；他们相信，它是上帝亲自口授的。提起犹太人向圣地移民和定居时，基督教千禧年思想家没什么顾虑。在他们看来，犹太人的汇聚是关键的救赎前提。然而，无论在中世纪、向现代性转变时期还是现代时期本身，犹太拉比都不这么看。他们认为，生者和死者一起，犹太人的汇聚只能在救赎到来时发生。因此，在许多方面，与犹太民族主义和历史性的犹太教之间深刻的形而上与心理鸿沟相

比，福音主义和犹太复国主义的区别要小得多。[1]

1649 年，浸礼会的母子约哈娜·卡特莱特（Johanna Cartwright） 178
和伊比奈泽·卡特莱特（Ebenezer Cartwright）呼吁伦敦的革命政府，用船将犹太人送到圣地。一年前，来自士麦那（Smyrna）的学生萨巴泰·兹维（Sabbatai Zevi）决定自称是犹太人的弥赛亚。若非东欧犹太人同一时间正在经历一场令人不安的创伤，这个年轻犹太人很可能像许多沉浸在弥赛亚梦想中的疯子一样，以默默无闻告终。然而，在反抗波兰天主教贵族时，东正教的哥萨克波丹·科米尼茨基（Bohdan Khmelnysky）实施了血腥屠杀，将恐怖带入许多犹太社区；很快，那里便沉浸在救赎马上到来的信息中。为更好地理解此事的历史背景，我们必须记住，按卡巴拉主义者的推算，1648 年正是救赎之年。

像野火一样，萨巴泰主义漫过许多国家的犹太社区，吸引了大批追随者。直到 1666 年，在萨巴泰·兹维皈依伊斯兰教后，这一充满激情的运动才停止发展。此后的许多年里，弥赛亚主义浪潮在犹太信仰中仍有余波。直到 18 世纪，萨巴泰群体仍在活动。作为回应，对于无法控制的立刻救赎渴望的可能爆发，犹太社区机构有了更多的警惕，有了应对机制。

---

1 我这么说并不是暗示，对于犹太民族主义在东欧的兴起，基督教犹太复国主义有着直接的概念性"影响"。在前民族主义者和犹太身份的犹太复国主义知识分子的思想中，很难找到此类影响的明确痕迹。不过，犹太复国主义的福音主义确有可能创造了一种欧洲气氛，间接地促进了这一观念的诞生。对此的更多探讨，参见阿农·拉兹－克拉克次金（Amnon Raz-Krakotzkin）:《流散的民族叙述：犹太复国主义历史学和中世纪犹太人》（"The National Narration of Exile: Zionist Historiography and Medieval Jewry"），博士论文，特拉维夫大学，希伯来语，1996 年，第 297—301 页。犹太民族主义的出现促成了基督教与犹太人的犹太复国主义者之间的密切接触，最突出的例子是维也纳的西奥多·赫茨尔与圣公会教士威廉·海西勒（William Hechler）。更多的探讨参见克劳德·杜夫诺伊（Claude Duvernoy）:《王子与先知》（*Le Prince et le prophète*），耶路撒冷：犹太事务局出版处，1966 年。

萨巴泰主义不是亲犹太复国主义运动，当然也不是民族主义的，
虽然某些犹太复国主义历史学家试图将它描绘成那样的。萨巴泰·兹
维寻求建立对世界的精神统治，而不是斩断犹太人与出生地的联系，
179 将他们汇聚到瞪羚之地。[2] 然而，许多拉比相信，萨巴泰主义会让犹
太人的视线转向耶路撒冷，犯下以不成熟的尝试来加速救赎到来的
罪，并危及世界范围犹太人的脆弱生存状况。

社会经济的现代化始于18世纪末，在以后几个世纪里扰动着社区生活的形式；在拉比权力中心，它也促进了信仰观念的僵化。比以往更甚地，拉比们小心避开卷进许诺救赎马上到来的末世论危险的可能。几乎同一时间，18世纪的哈西德运动专注于卢里亚主义的卡巴拉（Lurianic Kabbalah），转向个人救赎，极为警惕集体救赎的预言者和倾向于加速救赎的人们的诱惑。[3]

犹太教对发明祖国的回应

萨巴泰主义兴起前，住在布拉格的以赛亚·哈列维·霍洛维茨

2 参见阿夫拉姆·埃夸亚姆（Avraham Elqayam）资料丰富的《瞪羚之地：加沙的拿单思想中的以色列地再现》（"Eretz ha-Zevi: Portrayal of the Land of Israel in the Thought of Nathan of Gaza"），收录于艾维泽·拉维茨基（Aviezer Ravitsky）主编：《现代犹太思想中的以色列地》（*The Land of Israel in Modern Jewish Thought*），耶路撒冷：本－兹维研究所，希伯来语，1998年，第128—185页。需要指出的是，在18世纪的波兰，最大的萨巴泰运动弗兰克主义也不认为移民圣地是首要的弥赛亚目标。见于雅各·弗兰克的《上帝之言》（*Divrei ha'adon*），希伯来语。

3 区别犹太教与犹太复国主义时，基本要素之一是对弥赛亚主义的不同立场：犹太教反对，犹太复国主义则怀乡式地记着它。犹太复国主义学者仰慕和称许历史上的弥赛亚渴望，如格肖姆·肖勒莫（Gershom Scholem）、约瑟夫·克劳斯讷（Joseph Klausner）、耶胡达·考夫曼（Yehuda Kaufman）及其他许多人，这并非偶然。更多的讨论请参见约瑟夫·萨尔蒙（Joseph Salmon）：《不要激起天意：民族主义理解中的正统观念》（*Do Not Provoke Providence: Orthodoxy in the Grip of Nationalism*），耶路撒冷：夏扎尔出版社，希伯来语，2006年，第33页。

（Isaish Halevi Horowitz）拉比以圣人舍洛（Sheloh）知名，他被视为17世纪最伟大的一位犹太拉比。他相信救赎之年在犹太历5408年，即1647—1648年；1621年，在妻子去世后，认为救赎已不远的拉比去了耶路撒冷。他在圣城生活了一段时间，接着去了萨费德，最终定居在太巴列，1628年去世后举行了隆重的葬礼。许多犹太复国主义历史学家把他看作"第一只燕子"，在现代时期的开始便决定阿利亚，亦即"上升"或移民到以色列地。然而，其他数千拉比拒绝这么做，就传统犹太教和新出现的犹太复国主义观念之间的重要区别及认识论脱节而言，这一事实告诉了我们很多。他对圣地的大爱、 180
他与圣地的关联感受无可置疑。他不仅在年纪相当大的时候迁居一个陌生的地方，还号召其他人加入他的行列，同时没有从全体犹太人集体移民的角度思考问题。

在萨费德，他似乎完成了他的重要著作《约的两块法版》，其中的立场很清楚，反对将定居圣地看作过正常犹太生活的选择。这块土地绝不是遇到现实危险时的避难所。在这里，遵行诫命远比世界任何地方困难，打算定居此处的人必须做好心理准备。去"迦南地"的犹太人不是为了平静地安居，分有它的果实，享受它的欢愉。基于《圣经》字句，舍洛明白无误地下了结论，定居圣地的人注定一生都过得像外国人。他还认为，这块土地不属于以色列子民，他们在那里的存在是不安稳的。

对于要成为圣地定居者的人，霍洛维茨的描述与世界其他地方犹太人的流散存在状况完全相符。他不把迁往这块土地看作救赎的第一标志，恰恰相反，迁往圣地的负担更大更重，面对恐惧和焦虑，承受它是信仰的真实证据。如他写的那样："住在以色列地的人必须记住迦南这个名字，不忘奴役和屈从……你将像寄居者一样活在

你的土地上，活在大卫的话中：‘我是在地上做寄居的。’”[4]（《诗篇》119：19）

拉比约拿单·伊比楚茨（Jonathan Eybeschutz）是另一位来自布拉格的经文评注家，一个世纪后，他表达了对迁往圣地的诱惑的类似反对意见。虽然他受到萨巴泰主义对手的指责，但其实在救赎问题上他严格遵守了犹太律法原则，极其担忧加速其进程的人类努力。他毫不含糊地认为，犹太人不想离开“他们的流散地”，那样做的人是身不由己。“既然那可能造成我的罪，我怎能回去呢？”他在梅茨
181 市（Metz）的一次著名讲道中这样发问，讲道见于他的著作《约拿单之爱》（*Ahavat Yonatan*）。[5] 圣地只接受没有冲动欲望的犹太人，他没有过失，也没有违反过任何诫命。由于哪里都找不到这样的犹太人，住在圣地不仅无望，也对救赎的到来构成了极大的危险。

或许最有趣的是这一事实：伊比楚茨最大的对手是指责他为萨巴泰主义者的博学拉比雅各·埃姆顿（Jocob Emden），后者在以色列地问题上完全赞同伊比楚茨。埃姆顿持续地批评一切暗示的或明言的弥赛亚主义，包括强烈拒斥一切加快救赎进程的意图。如果说有谁将《塔木德》的三项劝诫当作了自己所遵循的信条的指导原则，这个人无疑是拉比埃姆顿。对拉比犹大·哈哈西德（Judah Hahasid）弥赛亚团体的失败尝试，他恶毒地攻击为蠢事。哈哈西德于 1700 年移民耶路撒冷，被犹太复国主义史学描述为朝向以色列地的犹太民

4 以赛亚·哈列维·霍洛维茨（Isaiah Halevi Horowitz）：《约的两块法版》（*Two Tablets of the Covenant*）2.3.11。对于舍洛的观点，参见艾维泽·拉维茨基（Aviezer Ravitzky）：《犹太思想中对圣地的敬畏与恐惧》（*Awe and Fear of the Holy Land in Jewish Thought*），见拉维茨基主编：《以色列地》（*Land of Israel*），第 7—9 页。

5 约拿单·伊比楚茨（Jonathan Eybeschutz）：《第 46 托拉周》（“Parashat Ekev”），见于《约拿单之爱》，汉堡：西皮灵出版社，1875 年，第 72 页。另见《亚罗瓦西书》（*Sefer Yaarot Hadvash*）第一部分，第 74 页，以及拉维茨基：《敬畏与恐惧》，见《以色列地》，第 23—24 页。

族主义移民的开始。[6]

直到20世纪初，有关未能完满履行诫命从而导致亵渎圣地的神学恐惧一直深深扎根在犹太宗教律法思想中。一些人做了公开表达，另一些则忽略或根本不讨论这个问题。还有人继续颂扬和赞美想象中的圣地之美妙，但从不考虑向那里移民。所谓重新到耶路撒冷安置、在那里"建造和被建造"，传统宗教体制不曾产生这样的运动或潮流。

不过，考察拉比们如何回应新民族主义挑战的兴起之前，我们必须先想想出现在18世纪欧洲犹太人中的启蒙运动的最初声音：摩西·门德尔松（Moses Mendelssonh）。门德尔松认识伊比楚茨和埃姆顿，他在一所犹太经学院学习，非常熟悉拉比文献。不过，不像
这两位伟大的传统学者，他开始偏离犹太律法框架，发展出独立的 182
思想体系。为此，门德尔松被视作现代时期第一位犹太哲学家。

很大程度上，他也属于第一批德国人。在绝大多数国王和王公的臣民还不认识德语文学语言时，门德尔松像其他伟大知识分子一样，已能精湛地用它写作。这不是说他不再做犹太人。他是诫命的虔诚尊奉者，表现出与圣地的深沉关联，反对犹太人融入基督教文化，即使在一个平等的宗教共存框架内。与此同时，他也努力提升犹太人的社会经济条件，促进他们与隔都的文化分离；虽然隔都为其居民提供了保护，抗拒了现代化的入侵，但也是强加给他们的。为此，门德尔松使用希伯来字母，将《圣经》翻译成文学德语，并加入了自己的哲学评论。他为犹太人平等权利所做的斗争将他带入了自己

6 关于哈西德派的移民活动，参见雅各·巴奈（Jacob Barnai）值得称许的著作《历史编纂与民族主义：巴勒斯坦及其犹太社区研究趋势，634—1881年》（*Historiography and Nationalism: Trends in the Research of Palestine and its Jewish Yishuv, 634–1881*），耶路撒冷：马格尼斯出版社，希伯来语，1996年，第40—159页。

生命中的最后一场知识探讨。

1781年，在门德尔松去世前10年，基督教神学家约翰·大卫·米查理斯（Johann David Michaelis）发起了对犹太平等条款的攻击。这属于在此问题上的诸多激烈辩论中最早的一类，而这类辩论将延续到19世纪上半叶。根据米查理斯的态度，我们已能觉察到一种犹太恐惧症的、原初民族主义的腔调。他反对犹太人的主要理由是：他们在东方已经有一个祖国了。事实上，早在犹太复国主义诞生前，德国土地上憎恨犹太人的人们最先发明了一处远方的犹太民族领土。门德尔松迅速回应，无畏地展示了自己的立场。在19世纪，他基于原则的观点引起了那些最热忱的犹太人的回响。“久被期盼的巴勒斯坦回归令米查理斯先生深感困扰，”他写道，

> 对作为公民的我们却没有影响。无论在哪里受到宽容对待，犹太人的经历都证实了这一点。人类本性也能部分说明问题：只有狂热的人才不爱他在其中兴旺发展的土地。持有争议性宗教观点的人将它们留给教会和祈祷。我们的贤者的警告也能部分地说明问题：《塔木德》
> 183 禁止我们哪怕只是想想凭力量（即试图通过人的努力来影响救赎）回归（巴勒斯坦）。没有《圣经》提到的奇迹和征兆，我们不能朝着凭人力实现我们民族回归和救赎的方向迈出哪怕最小的一步。以有些神秘但很迷人的诗句，《雅歌》（2：7和3：5）表达了这一禁令：耶路撒冷的众女子啊，我指着羚羊或田野的母鹿嘱咐你们，不要惊动，不要叫醒我所亲爱的，等他自己情愿。[7]

7　摩西·门德尔松：《关于米查理斯对多姆的回应的评论（1783年）》[“Remarks Concerning Michaelis’ Response to Dohm（1783）”]，收录于保罗·曼德斯－弗洛尔（Paul Mendes-Flohr）和耶胡达·雷恩哈兹（Jehuda Reinharz）主编：《现代世界的犹太人：资料呈现的历史》（*The Jew in the Modern World: A Documentary History*），牛津大学出版社，1995年，第48—49页。德语原文见摩西·门德尔松：《全集》第3部，（转下页）

在这一阶段，在欧洲出现民族领土的前夕，门德尔松感到需要澄清为什么圣地不是他的祖国。他依靠两个论据，一个直接援引希腊化犹太教，认为犹太人是正常的人类，会爱他们生活于其中的土地；另一个明确依靠《塔木德》，引用三项劝诫的神学解说，并由此出发，再以哈斯卡拉（Haskalah）即犹太启蒙精神予以表达——哈斯卡拉认为自己是正在兴起的德意志民族的一部分。从这个角度，我们可以把门德尔松理解为一座里程碑，填补了两个人之间的鸿沟：第一位希腊化犹太哲学家亚历山大的斐洛，或许是最后一位伟大的德国犹太哲学家的弗朗兹·罗森茨威格，后者也断然反对任何将犹太教与土地联系起来的企图。[8] 与此同时，门德尔松可以被视作大规模犹太教改革运动的报信人，这一运动同样反对原初犹太复国主义和犹太复国主义的观念。

门德尔松相信，圣地犹太国的观点是消极的、破坏性的；就此 184
而言，他和传统拉比没有区别。19 世纪，民族主义在欧洲兴起，但没在任何重要意义上改变这一基本信念。少数不算典型的拉比试图将宗教弥赛亚主义和民族领土现实主义联系起来，赢得了犹太复国主义历史学的赞誉，如拉比兹维·赫尔施·卡利舍和拉比犹大·阿卡莱。然而，对于原初犹太复国主义的早期声音，主流犹太体制没有显出任何包容，相反，面对将圣地变成民族祖国的观点，他们的

（接上页）希尔德谢姆：格斯坦伯格出版社，1972 年，第 266 页。

8　像马丁·布伯一样，罗森茨威格把犹太人看作血缘共同体。不过不像布伯，他拒绝将血缘和土地联系在一起，反对把圣地看作祖国的观点："我们只把我们的信赖放在血缘上，与土地分离……因此，永恒民族的部落传说开始于土地之外的东西……只有人类的父亲……是出自泥土的……以色列的先辈则是迁徙而来的。"弗朗兹·罗森茨威格：《救赎之星》（*The Star of Redemption*），芭芭拉·加利（Barbara E. Galli）译，麦迪逊：威斯康星大学出版社，2005 年，第 319 页。关于布伯对土地和民族有机关联的立场，参见马丁·布伯：《在一个民族和它的土地之间》（*Between a People and Its Land*），耶路撒冷：肖肯图书公司，希伯来语，1984 年。

反应完全是敌意的。

我们必须记住，对于这个时期的变化，最初，历史的、传统的犹太教的斗争努力不是朝着犹太复国主义方向，亦即集体融入现代性的方案前进的。19 世纪最初的斗争目标是半集体整合（犹太教改革派）和个人的基本是世俗的同化。通过后两个过程，犹太人寻求加入他们所在国家中仍在发展着的民族文化。在西欧及随后而来的中欧国家，由于涉及犹太人平等权利的立法上的进步，长期限制犹太人存在的上层建筑的解体速度加快了。由于怀疑主义的启蒙观念向东欧的渗透，由于它们对受教育阶层和年轻一代的影响，犹太社区体制颇受扰动，它本已在尽一切可能来应对这些挑战。

在所有建立了政治自由主义的地方，改革派犹太教都发展迅速；有些时候，它甚至还促进了自由主义的实现。法国革命已将启蒙精神传播开来，在荷兰、英国、法国以及特别是德国，新成立的宗教社团试图让犹太习俗和策略适应这种精神。传统中一切被认为违反直觉的地方都得到修正，输入了新的内容，采用了新的表达方式。会堂和祈祷仪式发生了变化，新的礼拜建筑发展出生气勃勃的全新仪轨。

除了这些将社区活动现代化的努力外，改革派事业最突出的特征
185 是尝试把它们应用于正在成形的民族与民族文化的巩固上。在这一过程中，改革派犹太人寻求着自己的位置，认为自己首先和最主要的是新的集体身份的内在成分。希伯来语祈祷书翻译成了日益占据主导地位的标准民族语言。此外，改革派犹太教从仪式中移除了在最后日子回归锡安的救赎的一切指涉。根据改革派的思想，每个犹太人只有一个祖国，即她或他生活的国家。在有别的什么身份之前，犹太人是遵循摩西信仰的德国人、荷兰人、英国人、法国人、美国人。

19 世纪下半叶，原初犹太复国主义思想出现后，改革派犹太人强烈发声反对，担心强调文化而非宗教的区别会加剧恐犹症，危害

公民平等事业。不过，在中欧和东欧，他们的反对并未阻止现代反犹主义的兴起。为画出其国家尚不明确的边界，民族主义一般需要犹太人及其他少数群体。但到后来，种族中心主义的民族主义开始排斥犹太人，先是在宗教领域和神话式的历史领域，不久也延伸到生物学领域；作为对这种民族主义迅速的、直接的回应，原初犹太复国主义和犹太复国主义出现了。不过，对于自由主义的改革派犹太人来说，更可担忧的还是政治犹太复国主义。他们用数百部出版物表达了这种忧虑。在他们眼里，犹太复国主义越来越像害怕犹太人的民族主义的另一面：两股思潮都拒绝把犹太人看作他们所在祖国的爱国者，都对他们的双重忠诚表示怀疑。

在德国，改革派犹太教成长为最受欢迎的犹太运动，从中产生了大批宗教知识分子，从门德尔松的学生大卫·弗里兰德尔（David Friedländer）到博学的拉比亚伯拉罕·盖革（Abraham Geiger），以及西格蒙德·梅鲍姆（Sigmund Maybaum）和海讷曼·弗格斯坦（Heinemann Vogelstein）等。犹太研究（Wissenshaft des Judentums）在改革派轨道内运行；19 世纪上半叶，它对犹太历史研究的贡献超过其他任何文化运动。不考虑改革派犹太教的影响，我们就无法理解反犹太复国主义的犹太思想，比如说伟大的新康德主义哲学家赫尔曼·科亨的思想。[9] 主要在 1848 年革命后，这一运动也有群体到 186
了美国，在那里传播发展起来。[10]

---

9 关于这位哲学家的反犹太复国主义立场，见赫尔曼·科亨：《全集文选》，耶路撒冷：比亚利克出版社，希伯来语，1977 年，第 87—104 页，以及《宗教与犹太复国主义》（*Religion und Zionismus*），克莱菲尔德：布莱特出版社，1916 年。

10 只是到了 1937 年，纳粹兴起后，在美国民族主义的自由气氛影响下，这一进步主义的犹太教才开始与犹太民族主义观念和解。1967 年，以色列在战争中获胜后，它完全认同了以色列国。到 1975 年，它甚至加入了世界犹太复国主义组织。关于这个问题，更多内容请参见梅厄（Michael A.Meyer）：《回应现代性：犹太教改革运动史》（*Response to Modernity: A History of the Reform Movement in Judaism*），纽约：牛津大学（转下页）

改革派犹太教和传统犹太教也存在着激烈的竞争，不过，它们在一个基本问题上意见一致：坚决反对把巴勒斯坦看作民族资产，看作犹太移民或民族祖国的目的地。如我们已看到的，像其他公民一样，西欧和东欧犹太人也民族化了：不是接受了独特的犹太政治身份，而是融入了各自的国家。19 世纪即将结束的时候，一份重要的犹太报纸解释了这一现象："在热爱皇帝和帝国、国家和祖国问题上，所有犹太派别只有一个观点，不管是正统派还是改革派，超正统派还是受过良好教育的人（die Aufgeklartesten）。"[11]

关于这一动能，一个突出的事例是拉比萨姆森·拉菲尔·赫尔施（Samson Raphael Hirsch），19 世纪德国正统派犹太教领袖。那个时候，他已能流利读写德语，已有卓越评注家的名声，门下的天才学生和追随者超过了他在世时的其他拉比。对于拉比卡利舍和前共产主义者摩西·赫斯（Moses Hess）的观念，最早的原初犹太复国主义反响出现了。之后，赫尔施立即着手阻止这种异常现象，因为他相信，那是对历史犹太教的歪曲，很可能对它产生严重的伤害。他担心，
187 把圣地看作犹太祖国和对它提出主权要求的人们会重复哈德良时代巴尔·科赫巴的错误，带来又一场犹太悲剧。为免犹太人忘记，他提醒他们：

在旷野而非自己的国家和土地，以色列被授予了托拉。它成为一个民族，一个其灵魂为托拉的实体……托拉是神圣意愿的实现，构成

（接上页）出版社，1988 年。遗憾的是，对于自由主义犹太教和犹太复国主义的斗争，这项研究的作者没怎么关注，见第 326—327 页。

11 《以色列人》（*Der Israelit*）79/80，1898 年 10 月 11 日，1460，转引自亚科夫·祖尔（Yaacov Zur）：《德国的犹太复国主义与正统派》（"Zionism and Orthodoxy in Germany"），收录于哈伊姆·阿夫尼（Haim Avni）和吉迪恩·西姆尼（Gideon Shimoni）主编：《犹太复国主义及其犹太反对者》（*Zionism and Its Jewish Opponents*），耶路撒冷：哈次尼特出版社，希伯来语，1990 年，第 75 页。

> 了其子民的依托、基础和目标……因此，以色列即便有土地、繁荣、国家体制，它们自身也不是目标，而只是完成托拉目标的工具。[12]

《圣经》已彻底取代了圣地？这一观念鼓励了其他传统学者做进一步的阐发。到第一届犹太复国主义会议拟于1897年召开时，赫茨尔邀请德国拉比联盟参加，收到的是明确的拒绝。会议地点原定在慕尼黑，但当时的情形相当紧张，以至于慕尼黑犹太社区断然反对在德国土地上召开这次会议。后来，赫茨尔不得不转向瑞士的巴塞尔。在一封严厉抗议召集犹太复国主义会议的信中，代表德国的90名拉比中只有两人没有签名。

纳夫塔利·赫尔曼·阿德勒（Naftali Hermann Adler）是联合王国的大拉比，起初支持巴勒斯坦的犹太社区，还表达过对锡安热爱者运动的赞同，但是，他在第一时间表示反对政治犹太复国主义的殖民方案，并拒绝与赫茨尔公开会面。法国大拉比扎多克·卡恩（Zodoc Kahn）也一样，他赞成爱德蒙·詹姆斯·德·罗斯柴尔德的慈善事业，最初也曾被犹太复国主义吸引，只是对他来说，法国犹太人对法兰西祖国的忠诚远比新的犹太民族“冒险主义”重要。

莫里茨·古德曼（Moritz Güdemann）是维也纳大拉比、著名犹太史学者，在欧洲拉比中，他对犹太复国主义的立场是最令人感兴趣的。还在开始写作《犹太国》之前的1895年，赫茨尔接近这位声望卓著的拉比，想争取他的帮助，跟罗斯柴尔德家族维也纳分支 188
建立联系。大拉比很好奇，他相信赫茨尔想加入同反犹主义的斗争，或许还想把赫茨尔为之写作的、销量很大的维也纳报纸《新自由报》

12　萨姆森·拉菲尔·赫尔施：《第八封信：犹太人民的形成》（“The Eighth Letter: The Founding of the Jewish People”），见《十九封信》（*The Nineteen Letters*），纽约：费尔海姆出版社，1995年，第115—116页。

拉进来，保护受迫害的犹太人。他去了赫茨尔的家，惊讶地发现这位记者有一株圣诞树，他变得担心起来。[13] 人们知道，赫茨尔不太在意犹太戒律，甚至没给儿子行割礼，原因很可能是他认为割礼会损伤男子气。不过，古德曼克制了对奇特的年轻异邦人（goy）的踌躇不定，继续与这位有趣的记者通信。

在赫茨尔颇显戏剧性的丰富想象中，他把古德曼看作未来犹太国首都的大拉比。[14] 由此来看，两人间出现的严重“误会”很说明问题。虽然古德曼是传统的而非改革派拉比，但他回避一切形式的民族主义，其世界观反映了奥匈帝国反民族主义的政治和文化。在第一届犹太复国主义会议召开的 1897 年，维也纳拉比发表了名为“民族犹太教”的小册子。[15] 文章不长，是针对犹太复国主义观念最富教益的神学与政治批判中的一部。

作为拉比和虔诚的犹太人，古德曼没有质疑《圣经》的叙述。不过，他的“摩西五经”和先知书评注表现出对普世主义及人类团结的渴望。关于现代反犹主义，他的深切担忧使他成为一贯的、有条理的反民族主义思想家。在他看来，即便犹太人曾是个古代民族，但从圣殿毁灭以来，他们就只是重要的宗教共同体，目标是将一神教信息传播给世界，将人类转变为一个伟大民族。犹太人总是能很
189 好地适应各种文化，如希腊人的、波斯人的、阿拉伯人的，同时维持着他们的信仰和托拉。不管是传统拉比古德曼还是改革派拉比，如维也纳自由社区领袖拉比阿道夫·杰利尼克（Aldof Jellinek），他们原则上都同意，德国犹太人是德国人，英国犹太人是英国人，法

---

13 《第一部日记》，1895 年 12 月 24 日，收录于西奥多·赫茨尔：《作品集》（*Writings*），特拉维夫：纽曼出版社，希伯来语，1960 年，第 212 页。

14 1895 年 6 月 7 日，同上书，第 35 页。

15 莫里茨·M. 古德曼：《民族犹太教》（*National Judaism*），耶路撒冷：迪努尔出版社，希伯来语，1995 年。

国犹太人是法国人，而这是好事：

> 在流散史上，最重要的篇章是由斐洛、兰巴姆、门德尔松体现的。这些人不仅是犹太教的旗手，在他们那个时代的普遍文化中也光彩夺目。[16]

古德曼声称，民族利己主义在世界蔓延，但根本上与犹太宗教精神相抵触，《圣经》和犹太宗教律法的虔信者应避开沙文主义蛊惑性的危险势力。正是在这条路上，犹太人不应追随异教徒，也就是说，同化进现代世俗文化，可以；同化进现代政治，不行。每个有教养的犹太人都知道，在犹太文化中，源自希腊－罗马文化的基本政治概念并不存在。这位富于个人魅力的拉比袒露了自己的担忧：在将来的某一天，"拥有大炮和刺刀的犹太教会转换大卫和歌利亚的角色，变成对自身的荒谬否定"[17]。然而，由于反犹主义的威胁，古德曼不反对犹太人向别的国家移民定居，也是在这里，赫茨尔严重误解了这位博学的拉比：

> 在他们当前的祖国，犹太人的生存斗争变得异常困难，为此，给他们在其他地方定居的机会是很可嘉许的行为。我们只能请求和希望，在圣地或别的地方，已经存在的和未来会建立的犹太殖民地能够继续
> 存在和兴旺。不过，虽然这些定居活动值得称许，如果与民族主义愿 190
> 望联系起来，被看作神圣许诺的完成，那就成了跟犹太教精神和历史背道而驰的大错。[18]

在古德曼看来，犹太教从不依赖时间或地点，也从不曾有祖国。他

16 莫里茨·M. 古德曼：《民族犹太教》，第 27 页。

17 同上书，第 28 页。

18 同上注。古德曼用的是术语"圣地"和"巴勒斯坦"，但希伯来语翻译将它们换成了标准术语"以色列地"。

认为，许多犹太人有意忘记犹太历史并扭曲它，将对圣地的盼望、热爱和埋葬在那里的愿望解释成它们并不是的民族主义精神。原因很简单：

> 为免人们误解以色列的生存有赖于土地所有权，或是跟它继承的土地紧密关联，《圣经》解释道：“耶和华的份，本是他的百姓；他的产业，本是雅各。”（《申命记》32：9）这一视角更多地将以色列子民看作上帝的产业，而不是产业的主人；它不是与圣地建立起密不可分关联的本土主义的基础。原住民状态或本土性是古代其他民族的立身之本，但从不是以色列的。[19]

毫不奇怪，这一尖利的小册子出版后，赫茨尔对西欧、中欧的改革派和传统派拉比全失去了希望。他也知道，自己不可能从美国犹太人那里获得支持。无论如何，拉比伊萨克·梅厄·怀斯（Isaac Mayer Wise）是美国中央拉比会议的创建者，他明确地公开表示，犹太复国主义是假弥赛亚主义，宣布美国而非巴勒斯坦是犹太人真正的避难所。这样，他击破了赫茨尔从日益强盛的新美国犹太社区得到支持或援助的一切希望。[20]

191 从这时起，赫茨尔只把希望寄托在东欧拉比身上，后者是这个地区庞大意第绪语人口的精神向导。事实上，在年轻的民族主义运动历史性的 1897 年会议上，米兹拉西运动的少数传统犹太人几乎都来自沙俄帝国。英国、法国、德国、美国拉比都已在讲各自的民族语言；跟他们不同，东欧拉比仍有自己的语言意第绪语，绝大多数

---

19 《民族犹太教》，第 20 页。关于赫茨尔的回应，见《古德曼博士的民族犹太教》（“The National Judaism of Dr. Güdemann”），本－耶胡达网上计划，http://benyehuda.org/herzl/herzl_009.html，希伯来语。

20 见迈尔文·韦恩曼（Melvin Weinman）：《伊萨克·梅厄·怀斯对犹太复国主义和巴勒斯坦的态度》（“The Attitude of Isaac Mayer Wise Toward Zionism and Palestine”），载《美国犹太档案》3，1951 年，第 3—23 页。

都用它写作，同时还有神圣的希伯来语。东欧拉比体制强烈反对使用俄语或波兰语。

如我们所知，东欧犹太人的状况完全不同于西欧。数百万犹太人仍住在与邻居分离的区域或小镇，而且，相较于西欧犹太人，他们清楚地展示了一种独特而活泼的大众文化。因此，虽然未必是全部，但在这些地方，世俗化和政治化影响了特定文化的形成。政党以意第绪语组织和管理，报纸和文学作品用意第绪语发行。像沙皇俄国的所有居民一样，犹太人是臣民而非公民；这里没能发展出什么重要的非犹太地方民族主义。考虑到这些地区形成的剧烈恐犹症，我们就理解了，为什么犹太复国主义在这里取得第一个立足点、赢得第一场胜利，而不是在别的地方。

19 世纪 80 年代以来，从传统拉比体制那里，定居巴勒斯坦的最初努力获得了一定程度的鼓励；它们远非主流，不支持民族目标，小心地遵守犹太律法。拉比们最忧心的是在意第绪青年那里传播开来的、世俗社会主义的激进主义。发起移民圣地运动的是锡安热爱者，其中有一些是传统犹太人。拉比们对这一运动不算积极，后者起初看上去也不对犹太宗教机制构成威胁。有关犹太复国主义政治组织的早期报道也没有立刻引起不安。人们希望，鼓励对神圣锡安的期盼会有助于巩固犹太信仰的核心，抵消现代化世俗力量的影响。

不久，拉比们认识到，犹太复国主义对他们的亲和姿态纯粹是 192
工具性的。[21] 有一阵子，宗教拥护者希望以犹太复国主义为自己服

21 第一部犹太人的反犹太复国主义著作是图尔茨（Dob-Baer Tursz）的《赫茨尔的梦想》（*Herzl's Dream*），华沙：图尔茨出版社，1899 年。关于这本书和反对犹太复国主义的拉比著述，参见约瑟夫·萨尔蒙思虑周全的《犹太复国主义与俄国和波兰的超正统派，1898—1900 年》（"Zionism and the Ultraorthodox in Russia and Poland 1898–1900"），见萨尔蒙：《宗教与犹太复国主义的初次相遇》（*Religion and Zionism: First Encounters*），耶路撒冷：哈次尼特出版社，希伯来语，1990 年，第 252—313 页。

务，不过他们很快发现，虽然二者有许多共同之处，两种运动的目标却完全相悖。赫茨尔与新运动中的同事向传统派领导释放善意，原因是他们清楚，后者对犹太人有着强大的影响力。他们也想把虔信的犹太人转变为民族主义者，却没有保存宗教的意愿，因为宗教是反现代的，因而也是反民族主义的。

从1897年的第一次到1900年的第四次犹太复国主义会议，东欧拉比领袖响亮地反对那种变革性的远景，反对把圣地变成积聚所有犹太人去建设犹太国家的祖国。经过米特纳迪（Mitnagdim，反对者）与拉比哈西德的多年激烈斗争，对犹太复国主义的广泛敌意成功地把他们联合为好斗的统一东方阵线，包括拉敦（Radun）的以色列·卡根［Yisrael Meir Kagen of Radun，也以彻菲茨·哈依姆（Chofetz Chaim）而闻名］；大拉比耶胡达·奥尔特（Yehuda Aryeh Leib Alter）；《斯法思·埃莫斯》（*Sfas Emes*）的作者，也被人以此名称呼；布里斯科的索洛维奇克（Chaim Halevi Soloveitchik of Brisk）；拉宾诺维奇［Yitzchak Yaakov Rabinovich，即大拉比伯讷韦泽（Ponevezher）］；立陶宛特尔兹的戈登（Eliezer Gordon of Telz）；洛兹的梅塞尔（Eliyahu Chaim Meisel of Lodz）；卡林－平斯克（Karlin-Pinsk）的大卫·弗里德曼；韦尔纳的格罗钦斯基（Chaim Ozer Grodzinski of Vilna）；拉脱维亚德文斯克的约瑟夫·罗森（Yosef Rosen of Dvinsk），他以洛加彻夫·加昂（the Rogatchover Gaon）为人所知；鲁巴维奇莱比西尼索恩（Sholom Dovber Schneersohn, the Rebbe of Lubavitch），以及其他许多人。这些人都明确地捍卫托拉，反对他们认作毁灭托拉先兆的东西。[22]

22 我没有列出沙俄帝国之外的拉比，不过，犹太复国主义的直言反对者还包括匈牙利的绝大部分拉比，无论传统派还是改革派（Neologs）。从拉比斯皮拉（Chaim Elazar Spira）到拉比伊萨克·布鲁尔（Isaac Breuer），再到拉比凯斯克米提博士（转下页）

这就是东欧犹太人的精英，掌管着整个沙俄帝国大型社区的重 193
要犹太教领袖。他们是那个时代的卓越托拉评注家，而且他们凭此能力，在塑造成千上万信徒的精神和情感方面，承担着比其他任何人更大的责任。他们遏制了犹太复国主义的势头，效果远远胜过"崩得"、社会主义者、自由派合在一起的影响，阻止它成为东欧犹太人的领导力量。在会堂或学习托拉的地方，大拉比们不允许犹太复国主义行动者进入，还不许阅读犹太复国主义者的著作，严格禁止同他们进行任何政治合作。

对于民族主义，这些拉比的作品展示了老练、清醒的诊断。有时候，他们的概念工具或许显得幼稚和不充分，不过在那个时代，很少有世俗学者表现出如此尖锐的洞见。这不是说拉比们特别聪慧，而是因为在 19 世纪末，他们是仅有的能从外部分析民族主义的知识分子。作为现代时期的局外人和外国土地上的陌生人，他们直觉地认出了这种新集体身份的显著特征。

1900 年，一批有着强大影响的拉比共同编辑出版了一部书，名为"反对犹太复国主义方略，义人的光明之书"。在该书的导言中，编者已阐明了自己的立场：

我们是书的子民。在《圣经》诸卷中，在《密西拿》和《塔木德》中，在《米德拉什》中，在有关我们大德圣师可贵记忆的传说中，我

（接上页）(Dr. Lipot Kecskemeti)，在对犹太复国主义的反对中，犹太教的一切派别都联合了起来。关于斯皮拉，更多内容请参见艾维泽·拉维茨基（Aviezer Ravitzky）:《蒙卡斯与耶路撒冷：反对犹太复国主义和阿古达主义的超正统派》("Munkács and Jerusalem: Ultra-Orthodox Opposition to Zionism and Agudaism")，收录于希缪尔·奥尔茂格、耶胡达·雷恩哈兹、阿尼塔·夏皮拉主编：《犹太复国主义与宗教》，新罕布什尔州汉诺威：布兰代斯大学出版社，1998 年，第 67—92 页。关于凯斯克米提，参见耶胡达·弗里兰德尔：《犹太复国主义者的思想、行为与匈牙利的反犹太复国主义拉比》("The Thoughts and Deeds of Zionist and Anti-Zionist Rabbis in Hungary")，博士论文，巴尔伊兰大学出版社，希伯来语，2007 年，第 123—143 页。

们没有发现提到“民族主义”一词的地方，无论从“民族”一词的希伯来语词源那里，还是在我们可贵记忆中的导师们的暗示或语言中。[23]

考虑到这部书的众多超正统派参与者，很明显，犹太世界面对的是前所未有的历史现象。拉比们解释道，犹太人的确是一个民族
194 （people），因为上帝希望他们这样；不过，这个民族的依据只有《圣经》，信仰之外的任何权柄都不能定义它。出于策略，蛊惑人心的犹太复国主义者辩称，民族（nation）包容了信徒和非信徒，托拉是第二位的。这是一项发明，因为在犹太传统中，人们找不到有关犹太教聚集的是民族政治群体而非宗教群体的说法。犹太复国主义者还特意选择圣地作为领土，在那里建设国家，因为他们清楚，圣地对犹太人是多么珍贵。他们甚至盗用了锡安的名义，目的是引诱天真的信徒，把他们变成民族主义的支持者。在一切形式的犹太复国主义者看来，犹太人都是一个僵化的民族，需要重新注入活力。然而，本卷的作者们认为，上述说法提出的是现代“希腊化”，是一种新的假弥赛亚主义。

洛兹的拉比梅塞尔（Meisel of Lodz）说，“犹太复国主义者不寻求锡安”，他们只是披上这层语言外套，以欺骗天真的犹太人。[24]拉比哈依姆·索洛维奇克（Chaim Soloveitchik）和洛加彻夫·加昂（Rogatchover Gaon）把犹太复国主义看作“狂热崇拜”（cult），似乎都找不到足够的词汇从整体上谴责它。鲁巴维奇莱比警告道：“他们的全部愿望和目标是摆脱托拉和诫命的重负，只要民族主义，民族

23　兰达（S. Z. Landa）和拉宾诺维奇（Y. Rabinvich）主编：《反对犹太复国主义方略，义人的光明之书》（*The Book of Light for the Righteous, Against the Zionist Method*），华沙：哈塔尔出版社，希伯来语，1900 年，第 18 页。

24　同上书，第 53 页。

主义就是他们的犹太教。”[25] 这位受欢迎的哈西德领袖使用了激烈的言辞，反对犹太复国主义者对《圣经》的选择使用：忽略他们认为不相关的部分，从理论和实践上创立了新的信仰，将《圣经》民族化到完全不同于摩西在西奈山接到的那一部。

与其他书籍、文章一起，这部合作出版物不容置疑地反映了传统拉比的观点，即犹太复国主义是个人世俗同化在集体和民族层面上的翻版。在犹太复国主义中，圣地取代了《圣经》，对未来国家压倒一切的崇拜取代了与上帝的紧密结合。从这个角度看，犹太民族主义对 195
犹太教构成了很大威胁，远甚于个人的同化，甚至连卑鄙的宗教改革也比不上。就后二者而言，经历了失望之后，犹太人还有机会回归原来的信仰，但在犹太复国主义的情形中，犹太人没有可能回头。

最终，传统犹太教对民族主义力量的恐惧被证明是有道理的。在历史的可怖帮助下，犹太复国主义击败了犹太教。“二战”后，从大灭绝中幸存下来的很大一部分犹太人接受了不可抗拒的判决，接受了指定圣地为犹太人国家的原则，它将是犹太人的民族祖国。除了耶路撒冷的一个小社团和纽约的大规模哈西德社区，在不同程度上，绝大多数虔信的犹太人成为新民族主义的追随者，有些甚至支持极端扩张性的民族主义。当宇宙的主人显露出衰落的迹象乃至死亡时，像世俗的激进右派一样，他们也把人类——也可以说是民族主义——当作地球的全能主人。

萨特玛拉比约尔·泰特鲍姆（Yoel Teitelbaum）著有一部很有影响的书，《瓦约尔·摩西》（*Vayoel Moshe*）；关于犹太教同原初犹太

25　兰达和拉宾诺维奇主编：《反对犹太复国主义方略，义人的光明之书》，第 58 页。另见《鲁巴维奇莱比苏莱姆·本·西尼索恩关于犹太复国主义的言论》（“Statement by the Lubbavitcher Rebbe Shulem ben Schneersohn, on Zionism”，1903），收录于迈克·塞尔彻（Michael Selzer）主编：《犹太复国主义再思考》（*Zionism Reconsidered*），伦敦：麦克米兰图书公司，1970 年，第 11—18 页。

复国主义和犹太复国主义的对立，这部书可以说是顶峰之作，是令人钦佩的理论结语。[26] 此书的第一部分写于 20 世纪 50 年代。虽然没有多少新内容，但对于已没有多少影响的三项《塔木德》劝诫，它的确注入了新的生命力，因为它禁止救赎到来前集体移民圣地；强调圣经之地从来不是民族领土，没有对适用于圣地的清晰诫命的周全遵循，不许在那里定居；认为希伯来语是神圣语言，严格限于祈祷和律法讨论，不应用于商业、诅咒、辱骂，或根据这位拉比的说法，不应用于军事命令。

直到犹太复国主义于 19 世纪末诞生之时，很少有犹太人设想圣地是或者能变成世界犹太人的民族领土。犹太复国主义不在意传统、
196 诫命和拉比的观点，并自行代表那些完全拒绝此类事情、公开对它们表示蔑视的人们。当然，这不是历史上第一次出现这样的代理行为：正如雅各宾派以绝对的信心代替当时尚不真实存在的法国人民说话一样，正如在沙俄帝国布尔什维克自命刚刚出现的无产阶级的代理一样，犹太复国主义者将他们想象的祖国定位在犹太教里，将自己理解为它的继承者和经过授权的代表。[27]

最终，犹太复国主义革命成功地将犹太宗教话语的主要成分民族化了。从此，圣地多少被定义为属于永恒人民的地方。总之，在 20 世纪，圣地成了“以色列地”。

历史权利与土地所有权

与所有竞争对手相比，有关东欧、中欧犹太人的状况，赫茨尔

26　约尔・泰特鲍姆：《瓦约尔・摩西》，布鲁克林：耶路撒冷出版公司，希伯来语，1961 年。

27　有关目前犹太人反对犹太复国主义的最好、最全面的研究，参见亚科夫・拉金（Yakov Rabkin）：《内部威胁：犹太人反对犹太复国主义的一个世纪》（*A Threat from Within: A Century of Jewish Opposition to Zionism*），伦敦：柴德图书公司，2006 年。

的诊断更为准确。这解释了为何长期以来他的观念如此强而有力。对于欧洲这些地区民族主义自私的、咄咄逼人的本质，传统派、改革派、自治论者、社会主义者、自由主义者都没能理解，因此，也没能像赫茨尔那样，认出犹太人生存所面临的严重威胁。今天回头来看，我们也很清楚，与决定留在原地的人们相比，大批离开东欧、前往美洲海岸的无家可归的贫穷移民做了更好的选择。不过，要判断他们固执地拒绝迁往巴勒斯坦是否正确依然为时尚早。无论如何，朝向西方的大移民拯救了数百万生命。遗憾的是，犹太复国主义方案不能说也有此效果。[28]

不过，虽然犹太复国主义创始人做了准确的诊断，开出的药却 197
有问题，因为它跟现代反犹情绪的意识形态内核非常相像。根据犹太复国主义神话对想象的犹太国家的描绘，指派给这个"国家"的领土，它是要跟其他民族进行"族群"隔离，要霸占别人生活在其上的土地。

赫茨尔本人不那么族群中心主义，而且事实上，也不像这个新生运动的其他重要领导那么"犹太复国主义"。跟大多数人相比，他不真的相信犹太人是以种族为基础的独特民族；此外，不同于这一运动的绝大多数成员，对他来说巴勒斯坦并不必然是建国的目的地。在他眼里，受迫害的无助的犹太人急需集体的民族避难所，这是最重要的。在 1896 年的《犹太国》一书中，他阐明了对避难所问题

---

28 犹太复国主义运动没能也不可能真正从纳粹手中拯救犹太人。不过，它对种族屠杀的总体应对措施相当有问题。关于这一主题，参见萨巴泰·本－兹维（Shabtai Beit-Zvi）开创性的勇敢之作《审判乌干达方案后的犹太复国主义：对犹太复国主义运动在大屠杀时期所犯错误的原因的研究》（*Post-Ugandan Zionism on Trial: A Study of the Factors that Caused the Mistakes Made by the Zionist Movement During the Holocaust*），1991 年。关于犹太复国主义运动对纳粹迫害的牺牲者的态度，以及"二战"爆发前的反犹主义，参见赫茨尔·苏伯特（Herzl Schubert）：《语境中的埃维昂问题》（"The Evian Question in Context"），硕士论文，特拉维夫大学，希伯来语，1990 年。

的立场："我们应选择巴勒斯坦还是阿根廷？我们选择给我们的，选择犹太大众所选择的。"[29]第六次犹太复国主义会议发生了关于乌干达的争论，其间，他迫使同事们接受了英国的提议，选择在东非进行殖民活动。

不过作为现实的政治家，赫茨尔也知道，要打动东欧犹太民众，仅有的路是通过传统与前景之间牢不可破的纽带。要使神话可信可靠，它的根基中必须有一层"古代"意象。意象不但可以彻底地重新编织，也必须如此。这是无可替代的出发点。现代时期的民族记忆建构中，此类做法很常见。

然而，在一块绝大多数居民并非犹太人的土地上，需要什么样的权利才能建立犹太民族－国家？在传统派的一切辩论中，无论站
198 在哪一边，巴勒斯坦阿拉伯人的存在几乎从来不曾被提出。当然，少数人理解这个问题的重要性，但在犹太人的政治光谱中，他们必然地处在远离民族主义和托拉的地方。举例来说，鲁巴诺维奇是人民意志组织（Narodnaya Volya）的犹太成员，之后成了俄国社会主义革命党领袖；早至 1886 年，他便提出了下面的尖锐问题：就算有钱的犹太人从土耳其人那里买到了"历史祖国"，

> 阿拉伯人怎么办？犹太人要成为阿拉伯人中的陌生人，还是要阿拉伯人成为他们之中的陌生人？……阿拉伯人肯定拥有同样的历史权利。如果你们寻求国际抢劫者的保护，利用腐败外交的私下交

29　西奥多·赫茨尔：《犹太国》，纽约州米诺拉：多夫出版社，1988 年，第 95 页。就此而言，赫茨尔之前的原初犹太复国主义者利奥·平斯克（Leon Pinsker）也不把巴勒斯坦看作唯一的犹太国家目的地，记住这一点很重要。在 1882 年的文章《自我解放》（"Auto-Emancipation"）中，平斯克写道："我们当前努力的目标不是'圣地'，而是一块我们的土地。我们只需要给我们的贫穷弟兄找一大块地，它将一直是我们的资产，没有外来势力能把我们从那里赶走。" 见 http://www.jewishvirtuallibrary.org/jsource/Zionism/pinsker.html。

易和密谋，你们会促使和平的阿拉伯人保卫他们的权利，那对你们是不幸的。[30]

能在论证中使用这样的逻辑，作者必定是支持某种普世道德的革命者，亦即他不会是虔敬的犹太人，不会是犹太复国主义者。那是殖民主义的黄金时代，当时，这个星球的非白人居民跟欧洲人还不平等，断然没有同样的公民权和民族权。尽管绝大多数犹太复国主义者很清楚，巴勒斯坦的许多当地居民还不时在作品中提到他们，却不把他们的存在解读为不能在圣地自由进行殖民活动的理由。在这个问题上，犹太复国主义者的根本意识符合 19 世纪末、20 世纪初的气氛：只要有白人在，从意愿和目标上来说，非欧洲世界便成了没有人民的地方，正如在白人还没到达时，两百年前的美洲荒无人烟一样。

不过，犹太复国主义者中也有少数例外，如精神犹太复国主 199
义领袖阿哈德·哈姆，即金斯伯格（Asher Hirsch Ginsberg）。他于 1891 年访问了巴勒斯坦，之后他带着极大的忧虑，激动地谈到了当地人：

站在国外，我们惯于相信，以色列地目前几乎没有人，是未经耕作的荒漠，谁想在那里买地都行。可事实不是这样……站在国外，我们惯于相信，阿拉伯人都是沙漠里的野蛮人，像驴子一样，既不看也

30 伊亚·鲁巴诺维奇（Ilya Rubanovich）:《犹太人该怎么做？》（"Chto delat evreiam v Rosii?"），载《民意导报》5，1886 年，第 107 页，转引自约拿单·弗兰克尔（Jonathan Frankel）:《预言和政治：社会主义、民族主义与俄国犹太人，1862—1917 年》（*Prophecy and Politics: Socialism, Nationalism, and the Russian Jews, 1862–1917*），剑桥大学出版社，1981 年，第 129 页。以后，"崩得"运动成员也用了类似的论证。例如，参见维克多·奥尔特（Victor Alter）的意第绪语著述《巴勒斯坦真相》（*Der Emet Wagen Palestina*），华沙：迪维特出版社，1925 年。

> 不理解发生在周围的事。大错。和闪的所有孩子一样，阿拉伯人也有敏锐的智力，非常聪明……到了那个时候，我们的人民在以色列地的生活开始侵犯当地人，他们不会轻易地交出自己的地方……我们必须得多么小心，才能不使我们可指摘的做法激起其他人民的怒火？关于我们再次在他们中生活的外国人民，我们的行为需要多么加倍小心，才能在爱与尊重中与他们走在一起，更不用说在正义与正当中？可我们的兄弟在以色列地是怎么做的？恰恰相反！他们本是流放地的奴隶，却突然发现有了无限的自由……突然的变化让他们有了专制冲动，就像“奴隶变成国王”时总会发生的那样；看哪，他们不义地侵犯阿拉伯人，凭敌意和残酷与他们走在一起。[31]

到 19 世纪末，源自对这个地方进行殖民活动而产生的犹太 – 阿拉伯关系的基本模式已经形成；阿哈德·哈姆这位道德思想家支持以色列地的非政治犹太精神中心的存在，他对所看到的景象非常震惊。他是位很受尊敬的作家，写了很多流畅敏锐的文章，在犹太大众中有广泛的读者。尽管有这样的地位，在正兴起的民族主义阵营中，
200 他的痛苦抗议并没有引起认真的讨论。这是可以想到的，虽然连阿哈德·哈姆自己也无法理解：无论如何，这样的讨论会抵消民族运动的冲力，损害它的许多主张的道德基础。

上面的引文表明：一般来说，第一批定居者无视当地人，他们没被教导要平等看待他们。一个例外是伊萨克·爱泼斯坦（Yizhak Epstein），一位 1895 年移民巴勒斯坦的语言学家，他在那里做希伯来语教师。1907 年，在柏林出版的犹太复国主义杂志《示罗》

31　有关阿哈德·哈姆论文的英语翻译，参看阿兰·道蒂（Alan Dowty）:《小题大做：阿哈德·哈姆的“来自以色列地的事实”、犹太复国主义和阿拉伯人》（“Much Ado about Little: Ahad Ha’am’s ‘Truth from Eretz Yisrael,’ Zionism, and the Arabs”），载《以色列研究》5：2，2000 年，第 154—181 页。引文在第 161—175 页。

（*Ha-Shiloah*）中，爱泼斯坦发表了题为"隐藏的问题"（A Hidden Question）的文章；并非巧合的是，杂志是阿哈德·哈姆创办的。文章从下面的评估开始：

> 与我们的人民在其土地上重生的观念相关的一些复杂问题中，最具分量的是我们对阿拉伯人的态度问题。我们民族希望的复兴有赖于对此问题的正确解决。这个问题没被遗忘，但犹太复国主义者将它完全隐藏起来，我们的运动的文献极少以真实的形式提到它。[32]

从富有的权贵（effendis）手中购买土地使得农民成批成批地失去土地，爱泼斯坦也担心这种不道德行为会在以后导致敌意和冲突。

如同阿哈德·哈姆的抗议，爱泼斯坦的文章也无人倾听。在犹太复国主义者的认知中，所有权意识、拥有一块土地的意识太过强大，让他们无暇考虑被认为是他们的应许之地上不速之客的那些人。可是，虽然包裹着传统的祈祷披巾，这场运动本质上却是世俗的，它怎能把自己的土地权利建立在写于久远的古代史晨光乍现时的宗教文本基础上？

在早期的犹太复国主义会议中，一个宗教少数派遵循了它在对圣经之地立场上的警示，于 1902 年形成一股运动潮流。这个米兹拉 201
西群体采纳"回归锡安"（shivat Tziyon）的新民族观念，以之作为可行的人类行动，认为它为救赎的到来做了准备。不过，与缺乏神圣权力信念的世俗犹太复国主义者相比，米兹拉西成员宣称，基于

---

32 关于爱泼斯坦文章的英译，见阿兰·道蒂：《"最重要的问题"，伊萨克·爱泼斯坦和犹太复国主义者对阿拉伯人问题的认识》（"'A Question That Outweighs All Others,' Yitzhak Epstein and Zionist Recognition of the Arab Issue"），载《以色列研究》6：1，2001 年春，第 34—54 页。上面的引文在第 39 页。另见爱泼斯坦的小册子《定居这块土地上的问题中的问题》（*The Question of Questions in Settling the Land*），雅法：哈伊苏出版社，希伯来语，1919 年。

《圣经》知识，那与所有权不相干。由于其神圣性，锡安的授予是有条件的，人类永远不会对它有充分的权利，无论是否属于特选子民。

第一批宗教犹太复国主义者把犹太国看作一个具体问题的解决方案，并不必然是神授权利的实现。因此，在火热的乌干达辩论时期，不同于激烈的世俗“巴勒斯坦中心主义者”，米兹拉西支持赫茨尔的提议，投票赞成接受临时的避难地。只是到了后来，这一运动的发言人才犹豫起来，并且由于内部的矛盾，开始伸张对以色列地的宗教权利。许多人忘记了，从 1897 年的第一次犹太复国主义会议到 1967 年战争的“奇迹”之间的 70 年里，在考虑圣地主权的时候，大部分宗教犹太复国主义者都属于最不教条的那些人——除了亚伯拉罕·伊萨克·科亨·库克（Abraham Issac HaCohen Kook）这样的显著人物。[33]

在现代世界，若不乞灵于某种普世道德维度，为政治行为辩解事实上是不可能的。必须有权力，集体方案才能实施，然而，如果没有伦理正当性，此类方案也不会持久和稳固。走出最初的几步时，犹太复国主义理解这一点，想要援引权利原则来实现民族主义目标。从 1882 年的摩西·雷伯·利林布鲁姆（Moses Leib Lilienblum）到 1948 年的《独立宣言》，基于历史权利的常见借口，犹太民族主义动用了伦理和法律正当性体系，亦即先到者权利，或者用直白的话说，“我们第一个到这里的，现在回来了”。

202 正如法国革命发明了对民族领土的“自然权利”观念，形成“历史权利”概念的是普法战争。从 1793 年到 1871 年，祖国的概念通行全欧，不时催生出权利的新概念。在德国吞并阿尔萨斯－洛林时，德国历史学家的主要论点是，在遥远的过去，这个地区曾属于德意

33　直到去世前，耶沙亚胡·雷伯维茨（Yeshayahu Leibowitz）教授都自认为是犹太复国主义者，他可以被视作米兹拉西运动最初成员精神的真正传人。

志帝国。与之相对照，基于自决的权利，法国人支持居民的权利，支持由他们自己决定认同哪个国家。

围绕这个地区的冲突开始后，民族主义左翼和不时有自由派右翼倾向于求助“历史权利”，而一般来说，自由派和社会主义左翼采纳居住在自己土地上的人们的自决观念。意大利法西斯说克罗地亚海岸属于他们，因为那里以前是威尼斯帝国的，之前是罗马帝国的；基于1389年对奥斯曼穆斯林的战争，基于直到19世纪末说塞尔维亚语的基督徒在科索沃占据多数的事实，塞尔维亚人要求对它的主权。现代历史中，种种凭借历史权利原则的主张加剧了一些最恶劣的领土纠纷。[34]

还在赫茨尔之前，锡安热爱者运动的领袖利林布鲁姆便建议犹太人离开不友好的欧洲：

> 定居邻近的我们父辈的土地上，在那里，我们的历史权利没有因我们的统治的失去而消失，正如巴尔干人民没有因他们统治的失去而失去自己的权利一样。[35]

利林布鲁姆在虔诚的犹太家庭长大，但后来成为一名世俗学者， 203
有关圣地的政治观念占据了上风，取代了宗教的认识。作为将《圣经》读作世俗文献而非神学作品的第一批犹太人，他断言：“我们不需要

---

34 吞并阿尔萨斯－洛林时，纳粹辩解的理由是历史权利，吞并苏台德区时，它的理由改成了自决权。1919年，捷克人说服了胜利的协约国，要惩罚战败的德国，将这个说德语的地区合并到新的捷克斯洛伐克，根据是可以追溯到波西米亚王国时代的“历史权利”。在获取权力前的民族主义宣传中，希特勒有效地利用了这件事，之后在国际领域也是如此。20世纪上半叶，“历史权利”在波兰和立陶宛的激烈冲突中也发挥了作用。

35 摩西·雷伯·利林布鲁姆：《论以色列在我们父辈土地上的复兴》（*On the Revival of Israel on the Land of Our Fathers*），耶路撒冷：犹太复国主义组织出版，希伯来语，1953年，第70页。

耶路撒冷城墙，不需要圣殿，不需要耶路撒冷。”[36] 在他看来，问题不在于与圣城的宗教纽带的权利，而是民族领土权利。

梅纳赫姆·乌西斯金（Menachem Ussishkin）是重要的犹太复国主义领导，属于第一批研究巴勒斯坦阿拉伯人的犹太复国主义者。他决定对利林布鲁姆的立场予以阐发，改为要求“阿拉伯人同犹太人和平团结地生活在一起，承认以色列的孩子对这块土地的历史权利”[37]。这种伪善修辞引起迈卡·伯迪彻斯基（Micah Joseph Berdichevsky）的坚定回应；他是位早期的现代希伯来语作家，与乌西斯金的不同之处是特别正直。以简单的逻辑，伯迪彻斯基回答了那些合理化的方式：

> 就其绝大多数而言，我们的父辈不是这块土地的本地人，而是它的征服者；他们获得的权利来自后来从我们手中征服了它的征服者……他们不承认我们的权利，而是否认它。以色列地不是我们面前的处女地，上面住着耕作它的人，拥有对这块土地的权利的人。[38]

与那个时期的其他许多人一样，伯迪彻斯基真诚而天真地把《圣经》看作精确的历史文本。不过，他对《圣经》的阅读不依赖各种犹太复国主义前提；后者将征服逻辑正当化，但不论现在还是过去，只是当征服者为“以色列的孩子”时才这么做。

根据这一点，对于犹太人民的永恒权利，作为世俗文本的《圣经》成了犹太道德论据的首要成分。必须做的还有一件事，即引用

---

36 《论以色列在我们父辈土地上的复兴》，第 71 页。

37 希缪尔·奥尔茂格（Shmuel Almog）:《犹太复国主义与历史》（*Zionism and History*），耶路撒冷：马格尼斯出版社，希伯来语，1982 年，第 184 页。

38 伯迪彻斯基 :《从以色列地到仅仅是一块地……》（“From the Land of Israel to Just a Land...”），收录于《米加·约瑟夫·伯迪彻斯基作品集》，第 8 卷，特拉维夫：基布兹观察家出版社，希伯来语，2008 年，第 270 页。

看起来无可置疑的事实，说犹太人在公元70年或稍后的某个时候被 204
迫离开圣地，并且相信从"种族上"或"族群上"看绝大部分现代犹太人是古代希伯来人的后代。只有接受了这三个前提，建立和维持对犹太人历史权利的信念才有可能；它们是能够唤起和动员犹太大众的神话，削弱任何一个都将损害其整体功能。

如我们在前几章看到的，有鉴于此，在巴勒斯坦的犹太复国主义社区，在以色列教育体系赞助下的现代以色列国，《圣经》成为所有孩童学习的第一部历史书。如今，圣殿毁灭后犹太人民的流散故事变成了历史公理，不许研究，不可置疑，只能用于政治宣传和官方的民族展示；如今，从美索不达米亚的阿迪亚贝纳王国到南部俄罗斯的哈扎尔帝国，那些皈依了犹太教、其人口构成世界上一些最重要犹太社团的王国成为禁忌话题，被粗暴地不许探讨。正是有了这些意识形态前提，"历史权利"才能变成犹太复国主义意识坚如磐石的道德平台。

赫茨尔本人有着非常殖民主义的心态，不关心权利之事，不受复杂的历史问题的困扰。从欧洲之外得到一个祖国，它将成为资本主义"文明"世界的分支领土——生活在帝国主义时代的赫茨尔不认为需要为这一目标辩护。不过，他是明智的政治家，出于实用主义的理由，他逐渐相信了在他身边编织的民族叙述。

随着阿拉伯人首次发出对《贝尔福宣言》之含义的抗议声，犹太民族主义不得不越来越多地使用道德超级武器即"历史权利"的各种形式。这一意识形态的拥护者娴熟地把与圣地的长期宗教纽带解说为对民族土地的所有权。在有关奥斯曼领土的未来的会谈中，犹太复国主义组织的代表受邀参加，提议通过下述决议：

> 缔约方承认犹太人民对巴勒斯坦的历史权利，承认犹太人在巴勒
> 斯坦重建民族家园的权利……这块土地是犹太人的历史家园，他们曾 205

> 在此赢得大步发展……他们被武力赶出巴勒斯坦，许多年来，从未停止思念，从未失去回归的希望。[39]

1922年，国际联盟通过了巴勒斯坦委任统治书，任命英国为托管国。这一国际实体虽然没有确认犹太人对巴勒斯坦的权利，却已赞同他们和这块土地的“历史联系”。此后，与新的“国际法下的权利”一起，历史权利的概念成为犹太复国主义宣传的修辞基础。由于欧洲犹太人遭受的压力越来越大，且没有国家愿意让他们进入避难，越来越多的犹太人和非犹太人开始相信这一新权利意识的重要性，将它变为不可置疑的“自然权利”。至于1300年以来这个地区的居民几乎全是穆斯林的事实，他们以当地人没有独特的民族特征并且从未要求过自决权来回应。相比之下，按照犹太复国主义的说法，犹太民族一直存在，每个世代都渴望回归它的国家，实现它的权利，虽然很是不幸，政治环境总是阻挠它的愿望。

当然，对基于历史权利概念的正当性辩解，一些犹太复国主义者也感到不安，尤其是来自政治左翼的人们；那种辩护否认生者的权利，将优先地位赋予久远过去的死者。踌躇不定和发出反对声音的有和平契约的成员，它是个很小的和平主义群体，处在犹太复国主义运动的边缘，曾短暂存在于20世纪20年代；也有一些犹太复国主义的社会主义者，特别是接近青年卫士运动的那些人。他们很清楚，根据19世纪自由主义和社会主义的理论，土地总是属于耕作它的人。他们努力要将各种权利连接起来，有时甚至把当地人继续
206 生活在自己土地上的权利等同于新定居者的历史权利。尽管如此，当地人对定居者的抵制还是加剧了，英国人承受着日益增长的压力，

39 引自吉迪恩·西姆尼（Gideon Shimoni）:《犹太复国主义意识形态》（*The Zionist Ideology*），汉诺威：布兰代斯大学出版社，1995年，第352—353页。

要求他们抑制移民。这引起了大批论文、故事、法律文章的写作，试图以任何可能的方式把历史神话建立在流浪的、以种族为基础的民族之上：犹太人曾被迫流散，如今已抓住最早的机会，启动了回归祖国的步伐。

1936年4月标志着巴勒斯坦阿拉伯人反抗的开端。按照犹太复国主义社团领袖的描述，它不是针对外来统治和外国入侵的、真正的原初民族主义起义，而是敌对的阿拉伯领导反犹煽动的产物。不过，面对大众的觉醒和英国人愈益增长的担心，烦恼的巴勒斯坦犹太事务局很快准备了一份冗长的备忘录，题为"犹太人民与巴勒斯坦的历史联系"[40]。备忘录呈送巴勒斯坦皇家委员会，也叫皮尔委员会，是以任命的委员会领导威廉·皮尔之名称呼的。这个文本费心费力，极好地展示了20世纪30年代犹太复国主义的权利观念。

备忘录解释道，要理解为什么这个国家属于以色列人民，人们需要回到最初的时候，回到《创世记》。所有人都知道、都承认的神圣权能将这片土地许给了亚伯拉罕。在这个种族的后人中，雅各的儿子约瑟是第一个从这里流散的[41]；摩西想回到这里，是第一个犹太复国主义者。第一次流散将这个民族带到了巴比伦，但凭借坚毅的民族精神，他们很快回来了。这种坚毅的精神也促成了马加比起义，后者再次建立了广大的犹太王国。罗马时期，这块土地是400万居民的家；两次民族起义导致一些犹太人离开了本土，使他们离散在各民族中。但并非所有犹太人都流散了：许多人一直留在他们的土地上，巴勒斯坦一直是犹太人民的领土中心所在。阿拉伯征服造成又一次流散，外国政权残酷地压迫这个国家的犹太人。虽然如此，
备忘录告诉我们，留在这里的犹太人对祖国忠心不渝，而"锡安悼 207

40 《犹太人民与巴勒斯坦的历史联系》，耶路撒冷：巴勒斯坦犹太事务局，1936年。

41 同上书，第4页。

念者”回到了耶路撒冷而且留下了。对犹太人来说，哭墙一直是世界上最神圣的地方。在此意义上，所有弥赛亚运动本质上都是犹太复国主义的，即便它们没有明言如此。

这份历史调查把很大的篇幅留给同情犹太复国主义的英国人，如迪斯雷利、帕默尔顿勋爵和以色列人民的其他支持者，把他们刻画成积极的犹太复国主义者。事实上，备忘录留给沙夫茨伯里的地方比亚伯拉罕加上摩西还多，当然，对这位英国勋爵将所有犹太人改宗基督教的私下愿望，备忘录提也不提。[42] 与基督教犹太复国主义所占页数相比，只有赫茨尔和犹太复国主义运动兴起部分的篇幅更多一些。根据这份文件，全部犹太历史都指向犹太复国主义观念、运动及其现实努力的出现。文件未提及巴勒斯坦的非犹太多数群体的权利；那个时候，他们也生活在同一片小小的土地上。

这份重要理论文件没有署名。我们不知道作者们是谁，但很有理由认为，他们是耶路撒冷希伯来大学的新历史学家们；他们的领袖是本 - 锡安 · 迪努尔（Ben-Zion Dinur），新生犹太社区中有关过去的研究领域的族长式人物。在备忘录的许多地方，这位重要的政治历史学家留下了印记，包括对以下事例的强调：圣地在犹太历史的中心地位，古代两次起义后没有发生真正的流散，阿拉伯征服造成了更多的流散，以及这个地区一直有犹太人的事实。

奠定历史权利概念基础的人们不是法律专家，主要是历史学家、
208 《圣经》学者、地理学家。[43] 从 20 世纪 30 年代起，绝大部分犹太复

42 《犹太人民与巴勒斯坦的历史联系》，第 23—25 页。

43 不过，有一项“法律”研究是一位宗教作者完成的。参见鲁文 · 加夫尼（Reuven Gafni）：《我们对以色列地的法律 - 历史权利》（*Our Legal-Historical Right to Eretz-Israel*），耶路撒冷：托拉 · 维阿沃达文库，希伯来语，1943 年。这项研究认为，犹太人同这块土地一直有着历史的、法律的、道德的纽带，而“这块土地和阿拉伯人之间不存在民族主义的精神联系。出于经济利益的考虑，他们作为个体生活在这里……因此，（转下页）

国主义历史学家不辞辛劳，将"以色列地"建构和保存为犹太经验的核心所在。正是在这个时期，我们看到了高效的、一贯的生产之开始：生产出重塑犹太过去的新型集体身份，使之具备更多的领土性。从现代时期第一位犹太历史学者艾萨克·约斯特（Isaak Markus Jost），到他那个时代最重要的犹太历史学家西蒙·杜布诺夫（Simon Dubnow），由于犹太历史学既不是巴勒斯坦中心的，也不是犹太复国主义的，所以，希伯来大学的历史学家不得不煞费苦心，清除它危险的非民族主义作品。与此同时，他们用精心编织的叙述表明一个犹太民族始终存在，它源自以色列地；他们还要抵消和清除漫长的犹太传统，因为后者站在了作为世界犹太人之民族世俗目标的"回归锡安"的对立面。

在这一过程的初期，为牢固确立犹太人圣地权利的概念，一些重要的犹太复国主义活动家试图证明，这里的阿拉伯人是犹太人的久远后裔，如以色列·贝坎德（Israel Belkind）、大卫·本-古里安、伊萨克·本-兹维及其他人。然而，1929年起义迅速终结了"这两个部分的人民的民族和种族统一"。于是，本-锡安·迪努尔和他的同事们给自己定了任务，要说服犹太领导层相信，以色列地有着更为真实的犹太存在。他们争辩说，圣地一直都有强大的犹太社区，一代代犹太移民潮巩固和扩大了它。证明这个有问题的命题不是件容易的事，不过凭借大量的说服、对这一方略正当性的强烈信

（接上页）以色列地没有阿拉伯人的民族历史"，第58页。多年后，一位以色列历史学家重复了这一逻辑："一代一代又一代，这块土地的独特性的基础只存在于以色列人民的精神中，而且只是因为这一事实和深植于以色列人民心中的这一意识，我们才能谈论以色列地的历史。"与不把圣地看为独特的原住民相对照，"对以色列人民来说……由于以色列的孩子进来了，这块土地变成独一无二的了"。亚科夫·夏维特（Yaacov Shavit）：《作为地理-历史单位的以色列地》（"The Land of Israel as a Geographical-Historic Unit"），收录于以色列·依法尔（Israel Efal）主编：《以色列地史》（*The History of Eretz Israel*），第1卷，耶路撒冷：科特出版社，希伯来语，1982年，第17页。

任，以及犹太复国主义机构的持续支持和赞助，新近的建构进展顺利，最终获得了全面的教学胜利。

209 作为犹太人对圣地权利的基础，他们想整理有关犹太人在所谓祖国的持续存在的资料，其中，最能反映这种盲目冲动的是首次出版于 1939 年的多卷本文集《巴勒斯坦犹太社区大全》。[44] 主持这一方案的是塞缪尔·克莱恩（Samuel Klein），耶路撒冷希伯来大学首位重要的地理学家；方案涵括的时间是公元 70 年到 1882 年，内容是犹太人存在于巴勒斯坦的一切证据。在文集导言中，本－锡安·迪努尔承认，“颇具讽刺意义的是，虽然圣地的变迁注定与流散的民族密不可分，目标朝向形成单一的历史单位，但并未得到它应当得到的、犹太历史性的关注”。[45] 这标志着民族和圣地新历史写作的开始，其本质直到今天都没怎么变化。

迪努尔不仅是天才的作家，还是记忆的多面代理人。他整理了数十卷资料，主编多种杂志，最后在 1951 年到 1955 年成为以色列议会议员，担任新国家的教育部长。对迪努尔的一次访谈提供了有关他的意识形态遗产的准确概括。所发表的访谈题为“我们对圣地的权利”，副标题为“以色列地的阿拉伯人拥有权利，但对以色列地没有权利”，标明了他的理论信条和经验主张。[46] 迪努尔的历史叙述一向流畅，一有机会就会使用它：公元 634 年，阿拉伯人征服了这块土地，此后一直作为外国占领者存在。犹太人则一直紧靠着他们

---

44 塞缪尔·克莱恩主编（Samuel Klein）：《巴勒斯坦犹太社区大全》（*Sefer ha-Yishuv*），第 1 卷《从第二圣殿时期到阿拉伯对以色列地的征服》（*From the Second Temple Period to the Arab Conquest of the Land of Israel*），特拉维夫：德维尔出版社，希伯来语，1939 年。

45 同上书，第 9 页。

46 本－锡安·迪努尔：《我们对圣地的权利》（“Our Right to the Land”），收录于莫迪凯·科亨主编：《以色列地史的诸篇章》（*Chapters in the History of Eretz-Israel*），第 1 卷，特拉维夫：国防部，希伯来语，1981 年，第 410—414 页。今天的巴勒斯坦人会怎样利用同样的句子，只是将“阿拉伯人”换成“犹太人”？想想这个会很有趣。

的祖国，从不放弃，哪怕有时候被挤到了角落。以今天听起来有些讽刺的历史与法律逻辑，这位犹太复国主义左派领袖、以色列历史学先驱说：

> 占领不产生历史所有权。只是当土地主人不在的时候，只是当占领这一偷窃行为长期未遭反对的时候，占领者对所征服的土地的所有 210
> 权才有效。如果主人在他的土地上……数百年里被挤到角落里，这没有改变他们的权利，反倒加固了它。[47]

通常，神话的创造者也是第一个相信神话的人。事实上，与迪努尔合作的历史学家都是这么看的；他们全是欧洲移民，不是"被挤到角落的"巴勒斯坦土著。伊萨克·巴尔（Yitzhak Baer）、格肖姆·肖勒姆（Gershom Scholem）、以色列·海尔普林（Israel Heilprin）、约书亚·普劳尔（Joshua Prawer）、纳胡姆·施洛希兹（Nahum Slouschz）及其他人，利用他们在各自研究领域的天分，证明犹太史从来不是神学－宗教的，而是目的性－民族主义的。也就是说，那不是一个坚持独特信仰仪式的信徒团体的漫长故事，而是民族的历史：这个民族一直在努力实现它的至高目标，回归以色列地。伊萨克·巴尔是跟迪努尔合作的历史学家中声望最高的一位，在他职业生涯初期，借着解说16世纪布拉格的马哈拉尔（Maharal）的作品，他带着激情的爱国主义说出了犹太复国主义叙事的精髓：

> 上帝分派给每个民族一份土地遗产，以色列人的是以色列地。它是他们的自然地域，而任何从自然地域拔出的东西都失去了它的自然掌控，直到回到自己的地域。[48]

47 《以色列地史的诸篇章》，第410—411页。

48 伊萨克·巴尔：《流散》（*Galut*），纽约：肖肯图书公司，1947年，第118—119页。

并不是说，这些学者多年研究的诸多成果没有价值。不过，在“以色列地”研究的名目下，绝大多数概念方法引出的是存在着经验瑕疵的东西，令人质疑他们的历史学结论。

经过长达10年的、将权利导向意识（rights-oriented consciousness）整合进犹太复国主义精神的意识形态战役，毫不奇怪，到《独立宣言》于1948年发布时，宣言作者们认为，有了对圣地的“自然与历
211 史”双重权利，在以色列地建立以色列国的正当性是自明的。[49]然而，国家成立和稳定以后，历史学家、考古学家、哲学家、《圣经》学者、地理学家继续努力巩固历史权利及其副产品，寻求将它们变成公理，以免任何考察分析进行反驳。

从泽夫·亚伯廷斯基（Ze’ev Jabotinsky）到他21世纪初的传人，犹太复国主义右翼的知识分子和政治家把他们对圣地的权利看作不言自明的，很少费力去阐明。不过，必须强调的是，为赋予土地征服以正当性，即便他们不将自己局限于“权利”哲学，犹太复国主义的修正主义派一向真诚地相信，历史是按时间先后顺序编排的一种结构，其根本性内容从不改变。相应的，土地权利被概念化为永恒权利，在过去、现在、未来有着同样的分量。因此，领土权利一代代地保持着完整的格局，只是到了星球毁灭时才停止存在。梅纳赫姆·贝京是20世纪70年代末和80年代初的以色列总理，他以此为基础，异常简洁地概括了这一遗产：“我们凭权利而不是力量回到了以色列地；感谢上帝，我们有实现这权利的力量。”[50]

49　在以色列独立宣言中，“权利”（zekhut）一词出现了8次。显然因为一部分犹太人民始终“留在”他们的土地上，这权利是自然的，并且是历史的，因为在1900年前被武力“赶出”之前，土地属于他们。

50　梅纳赫姆·贝京：《创造了力量的权利》（“The Right That Created the Power”），收录于约瑟夫·内达瓦（Joseph Nedava）主编：《我们为以色列地所做的斗争》（*Our Struggle for the Land of Israel*），特拉维夫：贝塔尔出版社，希伯来语，1986年，第27页。

与这种不含糊的立场相比，许多年里，一批靠近犹太复国主义左翼的更敏感的学者将犹太人对圣地的历史权利看作有问题的，有待彻底解决。在每一代人中，经由复杂的道德修辞，自我说服的需求都在重复着正当化过程。这并不总是很容易。例如，历史学家西缪尔·艾廷格（Shmuel Ettinger）宣称，权利或许不存在，但犹太人民长期与这块土地紧密相连，亦即在数千年中，犹太人从未忘记他们的土地，把流散看作不自然的境况，总是努力回归原来的地方；这样，复兴就是正当的，就是合法的。虽然有犹太信仰史方面的知识，艾廷格仍以科学的确定性宣布："在他们的宗教创造和民族思想中， 212
以色列地一直是核心所在，犹太民族的心脏所在。"[51]

历史学家约书亚·阿利里（Yehoshua Arieli）的声望不输艾廷格，与后者相比，他构建的假说是这样的：正如权利创造了亲密（affinity），亲密也变成了权利。"在此基础上，经由国际社会对犹太复国主义的犹太问题解决方案的公开认可（《贝尔福宣言》和巴勒斯坦委任管理），历史性亲密变成了权利。"[52]事实上，"国际社会公开认可"等同于英国和西方殖民主义对其自身行为的认可，而无视了土著居民；在极力提出对犹太复国主义殖民活动的道德辩护时，这一事实是被丢在一边的。

很有代表性的是，政治科学家希罗莫·阿维讷里（Shlomo Avineri）也乐于强调亲密而不是权利：

51　西缪尔·艾廷格：《历史独特性和以色列地纽带》（"Historic Uniqueness and Connection to the Land of Israel"），见《现代反犹主义》（*Modern Anti-Semitism*），第 260 页。

52　耶胡沙·阿利里：《历史与政治》（*History and Politics*），特拉维夫：阿莫韦德出版社，希伯来语，1992 年，第 401 页。写出下面的话时，大卫·本 - 古里安也明白，它们不是强有力的道德声明："我在这里是因为权利。我们不是因为贝尔福宣言或巴勒斯坦委任统治才在这里的。在那之前很久，我们就在这里了……只有委任统治权是因为有了委任统治才出现在这里的。"本 - 古里安：《以色列对其土地的宣言》（"Israel's Declaration in Its Land"），给英美调查委员会的证词，耶路撒冷：犹太事务局，希伯来语，1946 年，第 4—5 页。

> 无疑，我们对历史性的以色列地的所有部分都存在着历史性亲密，而这一以色列地……不仅包括犹大、撒马利亚、加沙，也包括今天不在我们控制中的地区（我们和尼波山及安曼的亲密不及纳布卢斯？）。不过，不是所有跟我们有联系的地方都必须由我们进行政治统治。[53]

对此，来自“犹大和撒马利亚”的机灵定居者很可能这样回答，“的确没有将它置于我们的政治统治下的要求，但那令人向往”。

为此，以色列资深历史学家扫罗·弗里兰德尔（Saul Friedländer）求助于更为主观性的理念。在他看来，犹太人对这块土地的权利是独特的：

> 213 因为犹太人民只凭跟这块土地的联系定义自己……在将近两千年的整个流散存在时期，犹太人被从这块先辈的土地上赶出、驱离、流放，他们渴望回归。这在历史中是独一无二的。我认为，这种强固的、根本性的纽带给了人民回到这块土地的权利。只有犹太人赋予它如此高的价值，认为它是无可取代的，哪怕是许多个世纪里他们住在别的地方。[54]

在这段半是历史学、半是神话的陈词中，且不说对暂时与永恒的成问题的描述，弗里兰德尔没能注意到——即便不是他的本意——他的话被用来支持被占领土上的、犹太以色列定居者的意识形态了。写这些话的时候，定居者恰好开始实施一场民族之战，要把他们与他们历史土地心脏地带的“强固纽带”变成现实：他们问道，为什么他们对特拉维夫、雅法、海法等沿海平原的非犹太城市拥有

---

53 希罗莫·阿维纳里：《犹太复国主义与政治论文集》（*Essays on Zionism and Politics*），耶路撒冷：科特尔出版社，希伯来语，1977 年，第 66 页。

54 马哈茂德·胡赛因（Mahmoud Hussein）和扫罗·弗里兰德尔：《阿拉伯人和以色列人：对话》（*Arabs and Israelis: A Dialogue*），纽约：霍尔姆斯出版社，1975 年，第 175—176 页。

权利，对古老的耶路撒冷、希布伦、伯利恒却没有？

资深法律学者哈伊姆·甘斯认真地思考了历史权利问题，之后在一种更符合犹太复国主义叙事而非分配正义的陈述中，最终将犹太权利归结为"对形成期领土的权利"。[55] 对犹太复国主义来说，幸运的是，它的"形成期领土"没有处于英国的心脏地带或法国中部，而是在住着无权的阿拉伯人的殖民地带。

不同于以色列社会里已经出现和深化的共识——尤其是1967年的征服之后——这些学者都认为，犹太人与整个"圣地"存在着联系，在"圣地"有民族权利，但不拥有对全部"圣地"的权利。这种区别很重要，它出自不断扩大的对另一个民族的控制的现实、一种心有不安的道德感：这个民族没有权利，从未证明能用有目的、
有效的政治来表达自己。这里的首要原因是，后来的犹太复国主义 214
左翼的绝大多数知识分子没能理解，虽然宗教纽带并不必然地需要转化为权利，披着爱国外套的所有权纽带却需要，因为此类权利总是蕴含在对祖国领土所有权的范畴中，而这些范畴又深植于一切民族教育中。也就是说，在以色列政治文化的事例中，被认为组成以色列地的区域最终也被视为犹太人民的资产，放弃部分这想象的土地被视为等同于私有地产主想要放弃他的部分财产。虽然后一种情形有可能发生，但大多数人都同意，那是罕见、可疑的。

从一开始，犹太复国主义殖民活动就伴随着对它的合理化论说，不过，对于潜在限制乃至完全阻止它掌控土地的那些伦理上的细微之处，它从未费过多少时间。与其他殖民活动一样，约束犹太复国主义事业的唯一界限是它自身力量的局限所指示的，而不是它的妥协让步，不是出于对和平解决同当地居民纠纷的方式的寻求。

---

55 哈伊姆·甘斯（Chaim Gans）：《民族主义的限度》（*The Limits of Nationalism*），剑桥大学出版社，2003年，第118页。

在犹太复国主义思想中，资产“妥协”的含义是什么？我们知之甚少。不过，现在它给我们带来另外两个问题：根据犹太复国主义的想象，哪些地块不可置疑地一直属于犹太人民？哪些土地在民族主义者眼中是神圣的，以及它们是否曾有过具体的边界？

犹太复国主义的地理政治学与土地的救赎

从《塔木德》中，殖民定居的犹太复国主义借用了术语“以色列地”，但对于犹太律法分配给它的边界不太满意。如前面指出的，将圣地圈起来的线很短，只是从阿卡到阿什克伦。而且，从民族祖国的角度看，这些边界围起来的土地不够连续。对传统上指称从巴比伦“归来”的“流亡者”的奥雷·巴维尔（Olei Bavel）来说，以色列地不包括加沙、贝特谢安、特兹马、恺撒里亚及其他一些地方。与宗教律法实体的边界相比，神圣应许之地则诱人得多，拥有演变
215 为大犹太国的巨大潜力，是一块配得上其名的领土，和 20 世纪初欧洲殖民地的广阔地域相称。

《创世记》写道：“当那日，耶和华与亚伯兰立约，说，‘我已赐给你的后裔，从埃及河到幼发拉底大河之地’。”（15：18）。《圣经》第一部书的作者们极可能来自巴比伦；以这种方式，他们把自己原来所在土地的一部分包括在神圣的应许之地中。有趣的是，做区分的线是自然边界，比如河流。由于不同的《圣经》文本由怀着不同领土想象的不同作者写成，那里还存在着别的边界线。《民数记》中，上帝许给摩西的是略逊一些的边界：从埃及河（Wadi El-Arish，阿里什河谷）经今天的内格夫沙漠到死海，到今天的安曼，由此经一条曲线，到大马士革盆地的德鲁兹山，接着向北，到现在的黎巴嫩城市提尔。确认这些地点往往很不容易，试着追踪《民数记》34：3—12节的地名就知道了。在《约书亚记》中，我们再次读到更为慷慨的前景：“凡你们脚掌所踏之地，我都照着我应许摩西的话赐给你们了。从旷

野和这黎巴嫩，直到幼发拉底大河，赫人的全地，又到大海日落之处，都要作你们的境界。"（1：3—4）想象的大卫和所罗门王国与应许之地近乎相应，一直延伸到美索不达米亚。(《诗篇》60：2）[56]

19 世纪中叶，当海因里希·格拉茨（Heinrich Graetz）写作第一部原初民族主义史时，他在人民（people）一词的现代意义上发明了犹太人民的用法，将这人民的诞生置于一个奇异的神秘中东土地中："这块土地是迦南，今天叫巴勒斯坦，位于地中海海岸，南部与腓尼基交界。"[57] 关于边界，这位先驱学者含糊地未加界定。进入 20 世纪之际，在那些每年参加犹太复国主义大会的人们中间，这种状况持续了一段时间。第一批定居者是锡安热爱者，他们对自己神圣土地的范围也不明了。

与此同时，1883 年，在出版于耶路撒冷的《以色列地之书》（*Book* 216
of the Land of Israel）中，新希伯来语的发明者埃利泽·本－耶胡达根据"摩西五经的边界"想象他的新圣地，从阿里什河谷到西顿，从西顿到赫尔蒙山，在东部从东经 52 度到 55 度，总面积约 33.6 平方公里。[58]1897 年，第一位务实的犹太复国主义者（practical Zionist）以色列·贝坎德画了一幅以色列地地图，向北远至阿卡，向东到叙利亚沙漠，向南到埃及河；他宣布，"约旦河将以色列地分成了两个不同的部分"。后来，这个时期的大多数定居者赞同他的看法。[59] 根

---

56 关于这一主题，参见摩西·布劳俄（Moshe Brawer）：《以色列边界：过去、现在与未来》（*Israel's Boundaries: Past, Present and Future*），特拉维夫：亚夫内出版社，希伯来语，1988 年，第 41—51 页。

57 《犹太史》（*History of the Jews*），第 1 卷（1855 年），特拉维夫：耶斯里尔出版社，希伯来语，1955 年，第 5 页。

58 埃利泽·本－耶胡达：《以色列地之书》，耶路撒冷：萨洛蒙出版社，希伯来语，1883 年，第 1—2 页。

59 引自约拉姆·巴尔－加尔（Yoram Bar-Gal）：《百年犹太复国主义教育中的祖国和地理》（*Moledet and Geography in One Hundred Years of Zionist Education*），特拉维夫：（转下页）

据早期犹太复国主义教师协会编制的地理教学大纲所制作的用于祖国研究的实验模型，依据的就是那些大方的边界。其刻画的土地既大又宽，完整的约旦河汹涌奔流在它的中部。[60]1918 年，在划定以色列地边界时，犹太复国主义积极分子又向前走了一步；这次是以较科学的方式做的，因为大卫·本 – 古里安和伊萨克·本 – 兹维决定，要“适度地和理性地”标出他们国家的边界。不出所料，它跟小小的巴勒斯坦的边界并不一致。

在未来以色列国的创建者和他的同学看来，太过广袤的、《圣经》许诺的边界站不住脚，《塔木德》诫命中的边界又太狭窄，不适合自然的以色列国，不能满足一个大国的需求。两位作者认为，可欲求的以色列地边界必须客观地划定，要符合自然的、文化的、经济的、人种的考虑：

> 西边是地中海……北部是提尔和西顿之间的利塔尼河……南边是斜着穿过拉非亚和亚喀巴的纬度线，东部是叙利亚沙漠。以色列国东
> 217 部边界不应画得很精确……随着沙漠的破坏性影响的降低……这块土地的东部边界将向东移，以色列国的面积将会扩大。[61]

换言之，以色列地无疑包括了约旦河东岸，直到大马士革和以后划给伊拉克的部分，以及阿里什地区，虽然根据两位作者的看法，阿里什在“土耳其巴勒斯坦”之外。这里重要的是须注意一个事实，

（接上页）阿莫韦德出版社，希伯来语，1993 年，第 126 页。

60 《百年犹太复国主义教育中的祖国和地理》，第 34 页。

61 大卫 · 本 – 古里安和伊萨克 · 本 – 兹维：《过去与未来的以色列地》（*The Land of Israel in the Past and in the Future*），耶路撒冷：本 – 兹维研究所，希伯来语，1980 年，第 46 页。在多年后写的《回忆录》中，本 – 古里安解释道：“《塞克斯 – 皮克协定》将外约旦北部地区分配给了法国；但在所有时期，它都是以色列地的内在组成部分……随着以色列地犹太人口的增长，他们与来自外约旦粮食的关联将会更加紧密。”《回忆录》，第 1 卷，特拉维夫：阿莫韦德出版社，希伯来语，1977 年，第 164—165 页。

即约旦河两岸组成了不可分割的自然实体。两位作者宣称，这些边界既不是意识形态的，也不是最大化的，而是更加现实的，更有可能容纳汇集来的犹太人民的边界。

那个时候，一方面，本 – 古里安和本 – 兹维都是社会主义革命者，并且在政治生涯的这一早期阶段，他们都不怎么关注外交。另一方面，在表达对他们寻求建立的犹太国家如何划界的看法时，两位犹太复国主义运动领袖颇多顾虑，极其小心。不管怎样，两位"左翼人士"草绘的边界其实恰在形成中的民族共识里。本 – 古里安和本 – 兹维写作此书的同年，哈伊姆·韦兹曼（Chaim Weizmann）给妻子写了封私信，表达了对在约旦河两岸建立犹太国的支持，在他看来国家的面积应达到 6 万平方公里，应包括并能控制河源；他相信，只有这样，国家才能维持巴勒斯坦犹太社区的经济生存。[62]

1919 年，犹太复国主义者向国际联盟提交了备忘录，其领土要
求基本符合本 – 古里安和本 – 兹维一年前提议的边界。这里所展望 218
的犹太土地也包括外约旦，不过只到希贾兹铁路，即从大马士革到安曼的延伸线。[63] 在犹太复国主义行动委员会的一次秘密会议上，韦兹曼受到批评，因为他同意这些"狭窄的"边界，这位次年成为犹太复国主义组织主席的领袖回答道：

> 备忘录所提议的边界给了我们足够的空间。我们先将把边界内的

62 信的日期是 1918 年 6 月 17 日，引自埃利泽·普尼·吉尔（Eliezer Pney Gil）：《以色列地边界的概念》（"Conceptions of Borders of Eretz Israel"），硕士论文，特拉维夫大学，希伯来语，1983 年，第 7 页。

63 伊萨克·加努尔（Itzhak Galnoor）：《巴勒斯坦的分割：犹太复国主义运动的决定性时刻》（*The Partition of Palestine: Decision Crossroads in the Zionist Movement*），阿尔巴尼：萨尼出版社，1995 年，第 37—39 页。1921 年，在以色列地快运公司（Express Company）订购的一本旅游册中，希贾兹铁路已显示为犹太土地的自然边界。见耶沙亚胡·佩雷斯：《以色列地和它的南部秘密》（*The Land of Israel and Its Southern Secret*），耶路撒冷、柏林、维也纳：赫茨尔出版社，希伯来语，1921 年，第 19 页。

> 空间填满吧。还需要一个世代，犹太定居运动才能到达希贾兹铁路。一旦我们到了，我们就能跨过它。[64]

1937 年，以色列地理学之父塞缪尔·克莱恩（Samuel Klein）写了部重要的书《犹太与普通文献中的以色列地研究史》；制图时，他惊讶地看到，《圣经》表现出与“划分圣地边界时同样的科学精确性”。对他和读者来说，迦南地很明显只是“西部以色列地”[65]，而几乎所有以色列国后来的地理学家都接受这种评估。的确，在 2000 年，特拉维夫大学的一位资深边界专家仍很自在地使用这一“科学”术语，视之为完全专业的地理术语，而不是不必要的语言政治学表达。[66]

至少从 19 世纪末到 1967 年的六日战争，犹太复国主义传统中
219 使用的术语“以色列地”一直包括约旦河东岸和戈兰高地——今天，认识到这一点的以色列读者必会很惊奇。复国主义传统背后的逻辑不复杂，本－古里安极其简练地做了解释：

> 即便犹太复国主义者也不时地发出声音，说外约旦不是以色列地；这种观点完全缺乏对这个国家自然史的知识。众所周知，在征服约旦

---

64 引自依加尔·埃拉姆（Yigal Eilam）：《政治史，1918—1922 年》（“Political History, 1918–1922”），收录于摩西·利萨克（Moshe Lissak）主编：《第一次阿利亚以来以色列地的犹太伊休夫史》（*The History of the Jewish Yishuv in Eretz Israel since the First Aliyah*），第 1 卷，耶路撒冷：比亚利克出版社，希伯来语，1993 年，第 161 页。

65 塞缪尔·克莱恩：《犹太与普通文献中的以色列地研究史》（*The History of the Study of the Land of Israel in the Jewish and General Literature*），耶路撒冷：比亚利克出版社，希伯来语，1973 年，第 3 页。另见 A. J. 布劳俄（A. J. Brawer）：《圣地：以色列地研究之书》（*The Land: A Book to Study the Land of Israel*），特拉维夫：德维尔出版社，希伯来语，1927 年，第 4 页。

66 吉迪恩·比格尔：《有着许多边界的土地：划分巴勒斯坦－以色列地新边界的第一个百年，1840—1947 年》（*Land of Many Boundaries: The First Hundred Years of the Delimitation of the New Boundaries of Palestine-Eretz Israel, 1840–1947*），塞得伯克：本－古里安大学出版社，希伯来语，2001 年，第 15 页。

河西部之前，希伯来人就控制了约旦河东部。[67]

按照《圣经》的神话，以色列的两个半部落住在约旦河东，大卫和所罗门仍统治着他们。因此，从犹太史的视角看，这个地区的重要性不比河西差，更不用说巴勒斯坦－迦南的沿海低地了；我们知道，古代以色列的孩子对那些低地没什么兴趣。经济上的考虑也提出了要求，希望控制约旦河两岸的水源。

在犹太民族主义领土想象的早期阶段，约旦河不是划分边界的单位，而是连接一整块土地的两个部分的水道。因此，在所有犹太复国主义学术与政治文献中，通用的术语是"以色列地西部"和"以色列地东部"，而"以色列全地"是包括二者的单一地理实体。在此语境下，从这块土地任何部分撤离都被看作痛苦的民族妥协。

事实上，虽说主要的殖民活动发生在相对更绿色、更肥沃的以色列地西部，但也有一些人去了约旦河东，特别是其北部地区。从本书前一章提到的首位基督教犹太复国主义者劳伦斯·奥利芬，到另一位活跃的基督教犹太复国主义者查尔斯·华伦（Charles Warren），再到爱德蒙·德·罗斯柴尔德男爵，在某种程度上，有些人甚至优先考虑去约旦河那一边进行殖民活动。在男爵购买的土地中，1/5 位 220
于河东；那里的土地更便宜，更容易获取，那里的人口不那么稠密，国外的拓殖不那么引人注目。1888 年，在加利利海东部，一个名为犹大之子的开拓群体建成了临时定居点，1891 年又有定居德鲁兹山东部土地的尝试。各种协会都去那边买地，首先是戈兰高地南部、

67 大卫·本－古里安：《我们土地的边界》（"The Borders of Our Land"），1918 年，收录于《我们和我们的邻居》（*We and Our Neighbors*），第 41 页。甚至到 1967 年后，耶路撒冷希伯来大学法律学者本雅明·阿克金（Benjamin Akzin）依然断言："我们让出了以色列地东部，尽管我们有权占有。"《流散者的权力》（*Tfutzot Hagolah*），希伯来语，1975 年，第 27 页。

约旦河东北部。只是到了 1920 年，高地被划出英国统治范围之外后，定居那里的工作才停下来。1922 年，英国委任政府将外约旦分出巴勒斯坦，犹太复国主义阵营极感沮丧。如今，犹太民族家园不再包括河东地区，这一事实令人强烈不满，但没能消除犹太复国主义者对大国的领土欲望。他们的普遍估计是：分割是暂时的，最终会被撤销。1927 年，在亚姆克河流入约旦河的纳哈拉伊（Naharayim），建立了一个大型发电站，紧挨着它也出现了犹太定居点。20 世纪 20 年代，在以色列全地进行犹太殖民活动的希望没有消失。[68]

圣经式大国梦引来了 1929 年暴力冲突的强力一击，并因 1936 年阿拉伯起义的爆发再遭重创。面对巴勒斯坦本地人口的大规模反抗，英国政府任命了皮尔委员会，去调查暴力根源，提出应对措施。1937 年，尽管犹太复国主义者花大力气进行了游说，委员会仍得出了不合其意的结论，认为巴勒斯坦必须分开。[69]

经过 1922 年“让出以色列地东部”后，犹太复国主义运动认为，再失去“以色列地西部”的一大部分是不可容忍的。在巴勒斯坦犹
221 太社区，声名显赫的知识分子们立即发出了反对的声音。不赞成分开的重要政治人物和派别中，人们看到了梅纳赫姆·乌西斯金、泽夫·亚伯廷斯基、伯尔·卡茨内尔森（Berl Katznelson）、伊萨克·塔本金（Yitzhak Tabenkin）、犹太复国主义左翼及宗教犹太复国主义者。更为实用主义的领袖有大卫·本－古里安、哈伊姆·韦兹曼等，他们不仅赞成皮尔方案，还成功说服了第二十届犹太复国主义会议，让它半心半意地接受了这个计划——主要是因为当时欧洲犹太人面

68 有关对约旦河东实施的所有殖民活动的全面记述，以及相伴而生的领土梦想，参见兹维·伊兰（Zvi Ilan）:《外约旦的犹太定居尝试，1871—1947 年》(*Attempts at Jewish Settlement in TransJordan, 1871–1947*)，耶路撒冷：本－兹维研究所，希伯来语，1948 年。

69 根据巴勒斯坦皇家委员会报告全文，建立犹太国和阿拉伯国需要进行人口交换，需要离开自己家的有 22.5 万名阿拉伯人和仅仅 1250 名犹太人。

临的艰难状况。[70]

他们的逻辑类似于乌干达辩论时赫茨尔的理由，认为其时其地获得一个小犹太国，胜过拿已经通过殖民活动得到的东西冒险。另外，犹太复国主义运动没有多少选择余地。在民族事业的这个阶段，它只有密切地与英国统治者进行军事和外交合作，才能击退和压制当地人的反抗；后者的反抗已持续了三年，同时针对外国殖民势力和稳步扩大的犹太复国主义殖民社区。

当然，这不意味着分立的支持者放弃了梦想，不再追求掌握整个以色列地。当被问及没有包括进犹太控制区的土地时，哈伊姆·韦兹曼以其独特的幽默指出，它们哪儿也去不了。第二十届会议后不久，时任犹太事务局执行主席的本－古里安告诉英国媒体："争论的内容不是赞成或反对以色列地的不可分割性。没有犹太复国主义者能放弃以色列地哪怕最小的一块。辩论是有关两条路线的：哪一条能更快地实现共同目标。"[71]

综合考察1937年的情势，如同10年后对于联合国分治方案的
判断，与占有全部以色列地的长期神话目标相比，实现具有主权的 222
犹太多数的可能性更具诱惑力。在20世纪30年代末期，犹太复国主义运动主流派的领袖发出了严厉的警告，并已得出结论，那个时

---

70 关于同意和反对这个方案的争论，参见西缪尔·多单（Shmuel Dothan）的细致考察《委任统治时期的以色列地分立：犹太论战》（*The Partition of Eretz-Israel in the Mandatory Period: The Jewish Controversy*），耶路撒冷：本－兹维研究所，希伯来语，1979年。

71 引自克里斯托弗·塞克斯（Christopher Sykes）：《通向以色列的十字路口：从贝尔福到贝文的巴勒斯坦》（*Crossroads to Israel: Palestine from Balfour to Bevin*），伦敦：新英国文库，1967年，第212页。1938年6月7日，在犹太事务局执行委员会会议上，本－古里安明白地说，他倾向于最终废弃分立，扩展到全部以色列地——当然，以"阿拉伯－犹太的谅解"为基础。参见会议记录摘要，埃弗莱姆·卡什（Efraim Karsh）：《编织以色列史：新历史学家》（*Fabricating Israeli History: The New Historians*），伦敦：弗兰卡斯出版社，1997年，第44页。

候最好“不要谈论地图”。不过，土地神话依旧指导着犹太复国主义政治，直到 1967 年仍未被替换。限制这一历史目标的还有另一种同样具有提升士气作用的重要考虑：建设生活在自己主权国家中的“族群”民族，以免被本地的庞大人口所同化或整合。起初，相比朝向西方的大规模移民，移民巴勒斯坦的犹太人少得可怜。面对之后欧洲犹太人的大难，犹太复国主义的领土热暂时冷却下来，其领导学会了更为平衡的政治。

因此在本质上，他们接受狭窄边界的意愿是实用主义的灵活战术的产物，是基本的“民族中心”政策的一种功能。从一开始，“多一杜纳姆[72]，多一头山羊”的殖民原则就引领着犹太复国主义的土地征服，灵活的外交策略不过是对它的老于世故的政治解读。从一开始，制造占有土地的既成事实就是犹太复国主义政策的指导原则，一直延续至今。

在 19 世纪末的起步阶段，殖民活动进展迟缓。[73] 它在土地救赎这样一幅鼓动性的、无所不至的意象下实施，其实是一桩谨慎的、精于计算的、多方面的事业。就像“以色列地”概念，犹太人只能“上升”（oleh）而不是移民到这里，“土地救赎”也是犹太复国主义思潮中的关键概念，指称土地的购置和最初耕作只能用这个神话式的术语。在犹太传统中，“救赎”（redemption）指拯救（salvation）和重
223 生、清洁和净化，指从敌人手中解放俘虏。这三层含义为新移民的

---

72 杜纳姆（Dunam），以色列的地积单位，1 杜纳姆等于 1000 平方米。——译者注

73 19 世纪 90 年代中期，巴勒斯坦的犹太定居者为 2000 人，比同期 1400 人的圣殿骑士团开拓者多不上太多。兰·阿隆索恩（Ran Aaronsohn）：《以色列地第一次新犹太定居潮的幅度和特征（1882—1890 年）》[“The Scope and Character of the First Wave of New Jewish Settlement in Eretz-Israel（1882–1890）”]，收录于耶胡沙·本－阿里、约西·本－阿奇、哈伊姆·格伦主编：《以色列地定居活动的历史－地理研究》（*Historical-Geographical Studies in the Settlement of Eretz Israel*），耶路撒冷：本－兹维研究所，希伯来语，1987 年，第 9—10 页。

精神需求注入了力量，将他们超拔于简单的土地耕作者之上。毕竟，哪怕是异常贫困，那些小资产阶级也不愿变成农民。不，在先辈们流散大约 1900 年后，他们是来救赎已被废弃的荒凉土地的。

从 19 世纪 80 年代起，抵达巴勒斯坦的移民 – 定居者有传统犹太人，有笃信那个时期盛行于俄国的激进平民主义的青年男女。两个群体都常援引"救赎"一词，援用环绕着这个词的氛围。到 80 年代末，一个名为"锡安救赎者"的小团体成立了，而锡安热爱者的"1887 年方案"宣称："救赎这个国家的实质是购买土地（karka），将它从异邦人手中救赎。"[74]

在随后的移民潮中，这个词越来越深入人心，尤其是在年轻的理想主义者中。农奴的救赎是俄国平民主义浪漫想象的典型特征，犹太复国主义用土地救赎替换了它。对于"先锋们"来说，土地成为一种神秘的乃至性渴望的核心所在。[75] 由此，在隐喻的意义上，土地被想象为空的，久久期待着救赎它的先锋们到来。时时处处的荒凉土地意象与救赎过程密切结合起来。荒芜意指特殊的、广阔的处女地环境，急切地盼着被伊休夫亦即有组织的巴勒斯坦犹太复国主义社区穿透，被施予生命的精华。按照这种观念，直到先锋们进入的历史性时刻以前，废弃的阴郁土地上有的只是沙漠和沼泽。[76] 即便

---

74 引自西缪尔·阿尔茂格：《犹太复国主义修辞中的救赎》（"Redemption in Zionist Rhetoric"），收录于鲁斯·卡尔克（Ruth Kark）主编：《以色列地的救赎：意识形态与实践》（*Redemption of the Land of Eretz Israel: Ideology and Practice*），耶路撒冷：本 – 兹维研究所，希伯来语，1990 年，第 16 页。

75 参见鲁斯·卡克：《传统文化及以色列地的土地和土地救赎观念》（"Land and the Idea of Land Redemption in Traditional Culture and in The Land of Israel"），见《卡尔卡》（*Karka*），希伯来语，1989 年，第 22—35 页。另见伯阿兹·纽曼（Boaz Neumann）：《早期犹太复国主义中的土地和欲望》（*Land and Desire in Early Zionism*），特拉维夫：阿莫韦德出版社，希伯来语，2009 年。

76 关于犹太复国主义概念中的荒野角色和它与沙漠的联系，参见亚尔·泽鲁巴维尔（Yael Zerubavel）：《希伯来文化中作为神秘空间和记忆之处的沙漠》["The （转下页）

224 “外国”农民住在犹太地区，他们也不怎么可能让荒地开花，因为他们本质上是狭隘的和落后的。他们也不真爱这片土地，因为只有犹太复国主义者才有这种能力。

对所有犹太复国主义领袖和绝大部分犹太复国主义知识分子而言，与外国土地的征服者相比，将自己想象为一直属于他们的以色列地的拯救者更为便当。阿伦·大卫·格登（Aaron David Gordon）是犹太复国主义劳工运动的重要思想家，1912 年，他清楚地定义了这个仍在形成中的神话：

> 我们来以色列地干什么？救赎（这里，在广义或狭义上用这个词没什么区别）和复兴民族。不过，这不是两个不同的目标，而是一件事的两个方面。不复兴民族，这片土地得不到救赎，不救赎土地，民族也不能复兴。从民族角度说，如果土地不是由犹太人来耕作，花钱买地不能成就救赎。[77]

从 1905 年起，新一代社会主义移民再次强调了劳动本身的救赎价值。在埃德蒙·德·罗斯柴尔德支持的殖民地居民那里，在其他一些犹太定居者那里，一种常见做法是普遍雇佣非犹太短工，新的重心也是对此的间接批判。如今，在定居事业中，犹太复国主义对雇佣短工做法的批评成为共识的一部分，而且，这里或许隐藏着它成功的秘密：救赎不能通过使用阿拉伯劳工实现。

现代时期，殖民活动有着多种不同的领土控制类型。很久以前，学者们区分了欧洲殖民活动的几种类型：征服者用军队占领的殖民

（接上页）Desert As a Mythical Space and Site of Memory in Hebrew Culture”]，收录于摩西·伊德尔（M. Idel）和格伦瓦尔德（I. Grunwald）主编：《犹太文化中的神话》（*Myths in Jewish Culture*），耶路撒冷：扎曼夏扎出版社，希伯来语，2004 年，第 227—232 页。

77 A. D. 格登：《书信作品集》（*Letters and Writings*），耶路撒冷：哈次尼特出版社，希伯来语，1954 年，第 51 页。

地，如印度和大部分非洲地区；定居者和当地人混合的殖民地，如拉丁美洲；种植园殖民地，如美国南部、南非、阿尔及利亚、肯尼亚；纯“族群”殖民地，如美国北部的清教徒、澳大利亚和新西兰的英国人。当然，这些都是极端类型，现实中，种种形式不是那么绝对，225
存在许多中间事例。[78]

起初，19 世纪 80 年代的犹太殖民活动属于种植园式和纯粹模式的混合。希伯来语的莫沙瓦（moshavot）意为“殖民地”，巴勒斯坦的第一批定居点就叫这个名字；一开始，莫沙瓦不愿跟本地人融合，但很快不得不依靠他们，范围也越来越大。那个时候，欧洲人在阿尔及利亚的殖民活动已经开始，某种意义上，犹太复国主义的定居过程和它的各个阶段相似。正因为这样，罗斯柴尔德男爵能够相对容易地推进其计划：虽然他提供的财政援助最初维持了犹太定居点的生存，但后来，他为注资加上了效率和生产力条件，迫使它们赢利。这些措施使一些农业拓殖依赖更便宜的劳动力，而这样的工作只有“本地人”合适来做，“先锋们”无法跟他们竞争。其结果是，相当数量的定居者被迫离开巴勒斯坦，移民西方国家。

问题的最后解决靠的是新一波激进的年轻移民，他们其实是 1905 年俄国革命的离心力甩出来的激进圈子中的一部分。在这波移民活动进行期间，人们理解的土地救赎是它需要跟劳动征服结合起来，这导致了纯粹殖民地模式的出现。其中，一方面是基于族群中心主义神话，另一方面，它是促进殖民活动发展的基本经济要求。

社会学家格肖恩·夏弗尔（Gershon Shafir）出生于以色列，在美国生活和工作；对于这种原创型新定居方式的特点，他是做出实

78 更多论述请参见大卫·肯尼思·菲尔德豪斯（David Kenneth Fieldhouse）：《殖民帝国：对 18 世纪的比较考察》（*The Colonial Empires: A Comparative Survey from the Eighteenth Century*），伦敦：麦克米兰出版社，1982 年。

质分析和详尽清晰探讨的第一人。[79] 除了移民从俄国革命风潮中带来
的公社 – 集体主义精神外，19 世纪下半叶深植于德国的普鲁士模式
226 也发挥了重要作用。第二帝国政府不高兴看到说德语的农民移居城
市和美国，想阻止波兰农民逐渐取代他们的趋势，开始资助“更具
日耳曼特征”的土地耕作者去族群“受到威胁”地区的定居点。

德国犹太社会学家弗朗兹·奥本海默（Franz Oppenheimer）学习了这一历史经验。在于 1910 年访问巴勒斯坦后，他看到“新犹太主人翁种族”出现在圣地，能够咄咄逼人地对待阿拉伯人，很受这种热情的感染。[80] 鉴于犹太复国主义组织缺乏德国统治者的手段，他向犹太复国主义的同事们推荐，采纳民族公社的定居模式，他认为对于横行全世界的资本主义矛盾，这是一种全面的解决方略。

这个时期，犹太复国主义运动基本没什么进展，因此，奥本海默的先锋民族 – 合作方案受到热烈欢迎。虽然开始有一些挫折和失利，但这种做法慢慢进入了开拓定居框架，后来以“基布兹运动”闻名。作为土地救赎的最高成就，基布兹不仅仅是平等派理想主义的产物：年轻的定居者从俄国带来了这种理想主义，使之成为努力工作和牺牲精神的心理支撑。基布兹还是两种本地经济需求的历史产物：创造在劳动力市场具有竞争力的生产部门，即不比阿拉伯劳力贵；对土地集体定居的需求，因为基于核心家庭的定居方式极难维持——当地人口相对密集，通常持有敌意。

奥本海默模式奏效了。从一开始，基布兹土地就不是私人的，而是属于世界犹太复国主义组织的犹太民族基金会（Keren Kayemeth

79 格肖恩·夏弗尔：《土地、劳工和以色列 – 巴勒斯坦冲突的起源，1882—1914 年》（*Land, Labor and the Origins of the Israeli-Palestinian Conflict, 1882–1914*），剑桥大学出版社，1989 年。

80 阿尔茂格：《犹太复国主义修辞中的救赎》（“Redemption in Zionist Rhetoric”），第 29 页。

le-Israel）的，所以是"民族"资产。它不能出售，而且只能租给犹太人。1908 年，作为犹太复国主义组织的代理机构，巴勒斯坦办公室在雅法设立，开始以实体身份负责绝大部分土地的购买。聪明练达的阿瑟·鲁平（Arthur Ruppin）受命担任这个新机构的领导；在 227
"民族"土地资产的增长方面，他做的比其他任何犹太复国主义领袖都多。[81]

基布兹人员一向由犹太人口中的少数精英构成。"一战"后，尤其在以色列地希伯来总工会（Histadrut，希斯他助）于 1920 年成立后，基布兹成了年轻的定居社会的排头兵。作为最有活力的土地救赎者，基布兹赢得并维持了数十年的支配地位，甚至到以色列国成立后也一样，而且在边境地区担当军事堡垒的安全角色也加强了它的精英地位。直到 1967 年前，这个国家的诸多犹太政治、文化、军事领袖出自基布兹，老练地维护着这一运动的成就。不过，完成其历史作用后，这种形式的定居点被扫进了历史垃圾堆。1967 年后，新成立的定居点奠基于不同的意识形态，并受到政府的财政资助。

我们要记住，不仅为犹太民族购买的土地不能转归非犹太人所有，坚持平等主义生活方式的基布兹也不接纳当地人。也就是说，在任何情况下，阿拉伯人都不能加入基布兹。后来，在偶尔有女性基布兹成员想和某位巴勒斯坦裔以色列人共同生活时，通常，她必须离开这个先锋集体。[82] 由此，借助它的排外做法，借助它整个社会

81　参见鲁平在 1924 年的文章《团体》（"Ha-Kvusta"）中对基布兹观念的描述，见《以色列地建设 30 年》（*Thirty Years of Building Eretz Israel*），耶路撒冷：肖肯出版社，1937 年，第 121—129 页。英语版见阿瑟·鲁平：《巴勒斯坦 30 年：建设犹太民族家园过程中的演讲和文章》（*Three Decades of Palestine: Speeches and Papers on the Upbuilding of the Jewish National Home*），康涅狄格州西点市：绿林出版社，1936 年。

82　青年卫士的基布兹属于马克思主义的犹太复国主义运动，支持犹太人占据多数的双民族国家，然而，它也不愿接受阿拉伯成员。

道德模范的角色，在维护纯粹定居者社会方面，犹太复国主义的公社社会主义成为最有效的机制之一。

犹太复国主义的劳动力市场希望排除阿拉伯人，这一斗争不止
228 于合作生产集体的创立。无论乡村的还是城镇的，所有其他定居点都只是为犹太人而建。除了目的明确的隔离政治，在“希伯来劳力”的旗帜下，一场浩大的政治 / 意识形态战役也在犹太复国主义社区的所有生产部门展开。一切生产单位的雇主都承受了强大的压力，任何情况下不得雇佣阿拉伯人。就在德国宣传部门号召将犹太人解职、关闭犹太商店（Juden raus!）的同一年，委任统治的巴勒斯坦成为进行全面公开的犹太复国主义战役的场地，目标针对同当地人的所有经济互动。在两个地方，战役效果都超出了预料。到大批新移民于 20 世纪 30 年代抵达巴勒斯坦时，两个几乎完全分开的市场经济出现了，一个是犹太人的，一个是阿拉伯人的。[83]

大部分斗争是总工会希斯他助进行的；这个组织原只是为犹太人设立的，1966 年，它向巴勒斯坦裔以色列人开放了。希斯他助不只是个工人联合会，而是个包容一切的框架结构：建立和维持各类实业，指导公共工程，提供医疗和银行服务，以及别的一些功能。它还以工人协会之名（Hevrat ha-Ovdim）为人所知。直到 20 世纪 70 年代末，它一直是犹太复国主义左翼的权力基础，随着时间的推移变成了某种国中之国。

我们要记住，不管是劳工联合会还是政治左派，左翼的出现过

83　上面的话所做的比较只能应用于 20 世纪 30 年代族群中心主义的隔离政治，绝不能理解为暗示着 40 年代纳粹灭绝行动与犹太复国主义定居事业的类似；后者在过去、现在都没有一丝一毫灭掉对方的想法。有关 20 年代已经形成的“希伯来劳工”（avoda ivrit）的观念和实践，参见阿尼塔·夏皮拉：《无用的斗争：犹太劳工冲突，1929—1939 年》（*The Futile Struggle: The Jewish Labor Controversy, 1929–1939*），特拉维夫：基布兹观察家出版社，希伯来语，1977 年。它原是阿尼塔的博士论文，相当有趣，尽管满篇都是辩解的腔调。

程都不同于欧洲左派，亦即，不是经由资本与劳动力的斗争产生的。
它诞生于"土地征服"和建设纯粹民族殖民地的需要。因此，在犹 229
太复国主义社区和后来的以色列，有着广泛工人阶级基础的社会民主运动从未出现。犹太复国主义左翼一向奉行纯粹群内道德，所以能够一直毫不踌躇地认同《圣经》道德观。事实上，犹太复国主义左翼从来不曾深扎于普世主义传统，并且由于这个原因，到 20 世纪末失去统治地位时，它迅速丢掉了所有社会平等的价值观。

犹太复国主义殖民活动经历的是一场独特的进程：其实施者是民族运动，没有一开始在政治和经济上依赖某个帝国主义祖国。[84] 到 1918 年，在没有当地政权帮助的情况下，有时在它们反对的情况下，犹太复国主义争取到了圣地中的立足点。虽然英国委任统治提供了政治与军事保护伞，促进和掩护了犹太复国主义社区在巴勒斯坦的扩张，但这把伞有很大的局限。就犹太复国主义拓殖的主要动力来说，它也不同于其他殖民活动，因为经济收益不是首要诱因。巴勒斯坦土地很贵，而且犹太复国主义运动买得越多，土地价格升得越高。此外，与别的定居事业相比，购买土地的难处也很独特。一些土地在阿拉伯语中称作木沙（musha），并不真的是私人财产，而是由整个村庄一起耕作的。可供购置的土地绝大部分是大地产，拥有者是住在别处的权贵，买下它们需要赶走一直在土地上劳作和生活的佃农。这正是实际发生的事，如伊萨克·爱泼斯坦 1907 年的文章生动描述的那样；他警告犹太复国主义运动，剥夺佃农土地的做法隐含着危险。

---

84 有关犹太复国主义殖民活动和其他殖民进程的有趣比较，参见伊兰·帕皮（Ilan Pappe）：《作为殖民主义的犹太复国主义：色彩不鲜明的亚非殖民主义的比较认识》（"Zionism as Colonialism: A Comparative View of Diluted Colonialism in Asia and Africa"），载《南大西洋季刊》107：4，2008 年，第 611—633 页。

从1882年到1947年，与世界上其他地方相比，巴勒斯坦缓慢发生的农业改革有着同样的整体效果，即土地所有权从少数人转到多数人手里。不过在巴勒斯坦，土地权的流动是从本地人转到定居
230 社区那里。以此为基础，到1947年，巴勒斯坦有了291个兴旺的犹太农业定居点。只是，我们必须记住，1937年前，在委任统治的巴勒斯坦，犹太复国主义机构仅购买了所有可耕地中的5%，绝大部分位于沿海平原和内地山谷。1947年11月，联合国正式批准分治，此时，犹太人拥有的土地只占这个国家的11%，只占可耕地的7%。

联合国通过分治决议前夕，大卫·本－古里安在个人日记里写道：

> 在一个、一些或可能是全部阿拉伯国家的帮助下，阿拉伯世界、以色列地的阿拉伯人也许会攻击伊休夫……我们必须……保卫伊休夫和定居点，征服整个或大部分圣地并占领下去，直到达成正式的政治解决方案。[85]

在这个问题上，与1948年后的现实相比，这位实用主义政治家的远见更适合于1967年后。虽然如此，20世纪40年代末的战争和此背景下形成的以色列土地政策彻底改变了这个国家的土地占有关系。

从内部安置到外部殖民

对1947年的巴勒斯坦分治决议和以色列国的成立，犹太复国主义社区的兴奋难以言状。欧洲犹太人遭受的史无前例的屠杀仅仅过了两年，成千上万不被许可迁居的难民依旧住在临时营地，绝大部

85 引自米海尔·巴尔－左哈尔（Michael Bar-Zohar）：《本－古里安政治传记》（*Ben-Gurion: A Political Biography*），第2卷，特拉维夫：阿莫韦德出版社，希伯来语，1978年，第663页。

分在德国——本书作者就生在其中的一个营地，生命的最初几年就
是在那里度过的。西方国家发现，把这些犹太难民送到中东是摆脱
他们的好办法。这是当时停滞不前的犹太复国主义的重大时机。虽
然残酷的反犹迫害是这个时期的特征，从美国对移民关上大门的
1924 年到 1947 年，只有 50 万移民抵达巴勒斯坦，使委任统治的巴 231
勒斯坦的犹太人数量到达近 63 万。同一时期，这个国家的阿拉伯人
口总计 125 万。

阿拉伯人拒绝接受将他们的国家分开，拒绝承认以色列国；如今回头来看，那已被证明不符合他们的最大利益。虽然如此，阿拉伯人的选择符合逻辑，是可以理解的。在这个世界上，极少有人同意让渴望土地的外国人在他们那里殖民：这些外国人慢慢地得到他们领土的一块又一块，不愿与他们生活在一起，盼着成立自己的国家。而且，对于 125 万“本土”居民，联合国分治计划仅授予其英国委任统治的巴勒斯坦土地面积的 45%，却将 55% 分配给定居者人口。基于当时阿拉伯人和犹太人的人口对比，很明显，即便一些犹太地区是沙漠，在受分治方案歧视的人们看来，它也不能算是公正的。

从软弱的巴勒斯坦居民的视角看，同样荒谬的还有，按照最初的联合国计划，大致 1/3 的巴勒斯坦阿拉伯人，即差不多 40 万人占有的大片土地将划在提议的犹太国边界内。历史的讽刺体现在，如果没有的确是由阿拉伯领导发动的 1948 年战争，新成立的以色列国将拥有一个庞大的阿拉伯少数群体；随着时间的前行，它会增强自己的力量，最终抵消这个国家的犹太隔离主义本质，或许还能与这个国家相抗衡。如不发生军事冲突，新国家不大可能进行大规模的流放驱逐。同样的，如无惨烈的战斗，几十万阿拉伯居民不大可能逃离家园。

多年来，犹太复国主义修辞想让世界，尤其想让犹太复国主义的支持者相信，巴勒斯坦阿拉伯人的逃离是在响应他们领袖的宣传。自

西姆哈·弗拉潘（Simha Flapan）、本尼·莫里斯（Benny Morris）、伊兰·帕皮（Ilan Pappé）的研究出版以来[86]，我们知道这不是事实，
232 本地人的领袖没有建议他们离开，大灾难（Nakba）的发生不是缘于阿拉伯领袖的建议。许多巴勒斯坦人出于恐惧而逃走，犹太武装则使用了多种手段刺激着他们这么做——本书的后记提供了一个事例，可以帮我们更好地理解这一过程。还有许多人被直接装上卡车，被带到尽可能远的地方。总计 400 多座村庄被毁灭，近 70 万居民变成无家可归的难民，数量超过了那时这个国家的犹太人口。

近些年里，争论集中在一个问题，即大多数巴勒斯坦人选择离开是“自愿的”，抑或其实是被赶走的；问题虽然重要，但我不认为它有着决定性意义。从历史和宣传角度看，关于“族群清洗”是有计划地还是自发地、局部地发生的辩论也重要，不过，另一个根本性伦理前提更重要：为躲避纷飞的子弹、落下的炸弹，难民家庭逃走了，但到战斗结束后，他们应有回家的基本人权。然而，众所周知——对此没有学术争论——1949 年以来，以色列强硬拒绝难民回归，尽管他们中的绝大多数人没有参加战斗。[87]对照这一明确回绝，新生的以色列国迅速于 1950 年实施了《回归法》，允许所有证明是

86　西姆哈·弗拉潘（Simha Flapan）：《以色列的诞生：神话与现实》（*The Birth of Israel: Myths and Realities*），纽约：万神殿图书公司，1987 年；本尼·莫里斯（Benny Morris）：《巴勒斯坦难民问题之诞生的再考察》（*The Birth of the Palestinian Refugee Problem Revisited*），剑桥大学出版社，2004 年；伊兰·帕皮：《巴勒斯坦族群清洗》（*The Ethnic Cleansing of Palestine*），伦敦：一世界出版社，2006 年；另见乌里·本－埃利泽：《以色列军国主义的产生，1936—1956 年》（*The Emergence of Israeli Militarism, 1936–1956*），特拉维夫：德维尔出版社，希伯来语，1995 年，第 232—279 页。需要指出的是，在他们之前的许多年里，巴勒斯坦学者一直在强调这些事实。

87　关于以色列拒绝让难民回归的问题，参见莫里斯：《巴勒斯坦难民问题之诞生的再考察》（*The Birth of the Palestinian Refugee Problem Revisited*），309—340 页。在美国的强大压力下，以色列勉强同意 70 万难民中的 10 万人回家——此事参见同一本书，第 570—580 页。

犹太人的人移民以色列，即时给予他们充分的公民权，哪怕他们是他们原来所在国家的正式公民，并未因宗教或族群出身遭受迫害。此外，即便以后决定回到原来的国家，这些以色列国的犹太移民也不会失去他们在"历史祖国"的权利。

1948 年战争期间，新国家相当程度上还获得了修改联合国决议 233
分配给它的边界的能力。停战协议签订后，刚刚占领的地区没有被归还阿拉伯人，以色列立即吞并了它们。在此背景下，我们要记得，虽然犹太复国主义机构接受了分治理念，成立了以色列国，但以色列《独立宣言》没提到边界并非偶然。战争结束后，以色列控制了 78% 的委任统治巴勒斯坦的土地，或者说是 78% 的"以色列地西部"。[88] 不过，比领土扩张更重要的是阿拉伯人的"消失"：它是新国家期待的真正奇迹，即便并未真的筹划过。

逃走和被赶走的巴勒斯坦人有 70 万，而在整个战争期间，奇迹般地设法留下的仍有 10 万人，另有 4 万人或在停火协议实施时回家了，或在那之后不久成功越过了边界。一夜之间，这些"幸运的"阿拉伯人成了自己国家的少数群体，按联合国分治决议的明确要求成为以色列公民，但直到 1966 年底，他们中的绝大多数不得不生活在严厉的军政府体制下。他们与仍在扩大着的犹太移民人口隔离，独自留在一个定居范围内，只有得到军队许可才能离开。他们的活动受到限制，几乎没有在远离家的地方找到受雇机会的可能。借着这种状态，借着以色列法律特别禁止被界定为犹太人和非犹太人之间的民事婚姻，犹太复国主义国家成功地继续实施着纯粹"族群"

88　皮尔委员会分给所提议的犹太国约 5000 平方公里面积，联合国 1947 年分治计划给拟议的以色列国的是委任统治巴勒斯坦土地中的 14000 平方公里。对照来看，1949 年停火线圈进来 21000 平方公里。到本书写作的今天（2012 年），以色列控制了 28000 平方公里，比英国委任统治下的巴勒斯坦大，但离本－古里安及其同事们于 1918 年设想的地域仍相距甚远。

殖民的政策。[89]

234 随着 1948 年战争的推进，基布兹自发占据了逃走的或被从自己家、村庄赶走的前阿拉伯邻居放弃的土地，收获了他们的丰饶庄稼。还在战争结束前，以色列就在分治计划的边界外建立了定居点，到 1949 年 8 月，此类定居点已有 133 个。稍后，对“缺席者”资产的大规模国有化开始了；所谓“缺席者”是一种法律界定，指外部难民和许多留下来成为以色列公民的巴勒斯坦阿拉伯人，后者也由此被用自相矛盾的术语“在场的缺席者”来指称。通过 1950 年的缺席者资产法，这个国家没收了 200 万杜纳姆左右的土地，相当于全部阿拉伯人私有土地的 40%。与此同时，对于约占总量 10% 的英国委任统治巴勒斯坦时的国有土地，以色列立法机构采取措施，确保从法律上将它们转给以色列国。总的来看，这些行动导致了对 2/3 曾属于巴勒斯坦裔以色列人土地的征用。到 20 世纪末，巴勒斯坦裔阿拉伯人占以色列人口的 20%，但在以色列 1967 年前边界的土地中，他们只占了 3.5%。[90]

1948 年后，“土地救赎”“排干沼泽”“让沙漠开出鲜花”获得了新的号召力和动力，而且，如今它们由主权国家的授权单位管理着。一些土地以象征性价格转给了犹太事务局和犹太民族基金会，二者都是有治外法权的实体，它们制定的内部章程禁止把土地从它们那里转给非犹太人。由此，相当部分的征用土地不属于新国家的公民，

89 从 1948 年前的英国殖民政权那里，以色列继承了（紧急）防卫规定，军政府的运作以此为基础。有关这个时期巴勒斯坦裔以色列人的处境，请参考萨布里·杰伊斯（Sabri Jiryis）开创性的《以色列阿拉伯人》（*The Arabs in Israel*）一书，纽约：月评出版社，1976 年。就在军事管理于 1966 年取消前不久，这本译书的原希伯来语版完成了。

90 关于以色列国成立后立即开始的土地犹太化，参见巴鲁赫·吉莫林（Baruch Kimmerling）的全面研究之作《犹太复国主义与领土：犹太复国主义政治的社会－领土维度》（*Zionism and Territory: The Socio-Territorial Dimensions of Zionist Politics*），伯克利：加利福尼亚大学出版社，1983 年，第 134—146 页。

而属于世界犹太人。直到今天，80% 的以色列土地仍不许非犹太人购买。[91]

“国家犹太化”成了新的口号，逐渐取代了“土地救赎”，在犹太 235
复国主义左右翼的共识中都扎下了根。后来，术语“加利利的犹太化”流行起来，因为顽固的阿拉伯多数仍住在那里。国家成立后，从 1949 年到 1952 年，大规模移民潮让以色列人口增加了两倍，政府得以用成千上万的新犹太移民填充没收的土地。包括基布兹、莫沙夫以及较小程度上也有发展城镇在内，大量土地免费转给了它们。到 1964 年，432 个新定居点建立起来，其中 108 个是基布兹。[92] 绝大部分基布兹沿边界建在“边疆地区”，以防阿拉伯难民跨越边界的活动。在以色列行话中，这些难民被称作“渗透者”，他们试图回到自己的村庄，或是取回一些自己失去的财产。也有相当数量的人跨界报复自己财产的占有者。仅在 1952 年，被杀的“渗透者”就有 394 人，另有大量新定居者受伤。巴勒斯坦人感到很难接受将他们与他们的家隔开的边界，而对很多以色列人来说，边界同样是不明确的。

在 1967 年前的 20 年里，以色列看起来愿意以“1949 年停火线”作为最终边界。在理论上和实践上，犹太复国主义运动建立犹太主权的重大愿望都实现了。大多数国家——虽然不包括阿拉伯邻居——都承认了以色列国，而且，20 世纪 50 年代以来，犹太人向新国家的大规模移民没有受过干扰。同一时期，对于美国不肯接收的

91 奥伦·伊夫塔彻（Oren Yiftachel）:《族群国家、地理学和民主制：以色列的犹太化政治评论》（“Ethnocracy, Geography, and Democracy: Comments on the Politics of the Judaization of Israel”），载《两千年》19，2000 年，第 78—105 页。

92 在土地分配方面，有关“阿什肯纳兹人”和“米兹拉伊人”之间的犹太内部歧视问题，参见奥伦·伊夫塔彻 :《国家建设和以色列“族群国家”中的空间分割：定居点、土地和族群区别》（“Nation-Building and the Division of Space in the Israeli ‘Ethnocracy’: Settlement, Land, and Ethnic Disparities”），载《法律评论》（*Iyunei Mishpat*）21 : 3，希伯来语，1998 年，第 634—664 页。

大屠杀幸存者，以色列成功将他们带回自己这里。犹太国也接回来大部分阿拉伯犹太人；由于以色列和新出现的民族主义之间的冲突，他们很快被赶出了阿拉伯国家。也是这个时期，由于对新社会的经
236 济和文化组织注入的巨大能量，由于向以色列控制的前英国委任统治地巴勒斯坦 78% 土地填充人口的需要，倾向于完整占据古代以色列地的领土收复主义受到遏制。例外的是右翼犹太复国主义青年运动贝塔尔的年轻成员，他们还在高歌泽夫·亚伯廷斯基的叠句“约旦河有两岸，这一边是我们的，那一边也是”。就国家教育机构来说，它没有采用暗示要打破和扩大以色列国边界的明确修辞。新国家的最初 19 年看起来巩固了一种新的犹太文化，其爱国主义重心更多地放在了语言、文化和已经住了犹太人的领土上。

与此同时，我们也不能忘记，除了阿拉伯人和超正统派犹太人，在所有公立学校中，《圣经》学习对所有以色列孩子的民族领土想象产生了重大影响。每个学生都知道，大卫城耶路撒冷是阿拉伯人征服的，以色列教育体系的每个毕业生都清楚，他们的所谓先祖埋在麦比拉洞（Cave of Machpela），如今那里是伊斯兰清真寺。地理课本的普遍做法倾向于模糊停火线，强调历史祖国的“广阔自然”边界。[93] 虽然没有进入日常政治宣传内容，但神话式的以色列地依旧安居在犹太复国主义意识的缝隙中。

以色列大众不把停火线看作以色列国的最终边界。犹太复国主义右翼当然从未停止梦想一个大以色列，左翼的劳工联盟对土地的胃口也未见缩小[94]；此外，如以色列社会学家阿德里亚纳·坎普敏锐

---

93 关于这一点，更多内容请参见巴尔 - 加尔：《祖国和地理》（*Moledet and Geography*），第 133—136 页。

94 关于这一政治运动对以色列地的观点，参见为纪念运动领袖伊萨克·塔本金（Yitzhak Tabenkin）而出版的小文集，阿尔耶·菲亚考夫（Aryeh Fialkov）编：《定居与以色列地的边界》（*Settlement and the Borders of the State of Israel*），依法尔：塔本金（转下页）

地指出的那样，这里存在着代际区别。[95] 本地出生的以色列一代成长
于 20 世纪三四十年代的委任统治巴勒斯坦，在部分由不断发展着的 237
定居实践所形成的氛围中，他们有了拒绝承认领土局限和障碍的心理动力。年轻的以色列人中，摩西·达扬（Moshe Dayan）和伊加尔·阿隆（Yigal Alon）可能是最突出的代表，对于他们采取的立场我们可称之为民族空间民族主义（ethnospatial nationalism）。1948 年战争时期，这些人是最好的战士和优秀指挥官，但在扫空阿拉伯村庄的行动中，他们的坚决和肆无忌惮也很引人注目。

这一代战士不喜欢 1949 年的停火协议，他们觉得如果许可的话，年轻的以色列国防军应该继续挺进到西奈半岛，轻松占领约旦河西岸。[96] 的确，在 50 年代的冒险主义行动中，这些以前的战士越过了边界，质疑着这个国家"狭窄的和不自然的"边界。对于许多以色列青年来说，夜间长途跋涉到佩特拉的纳巴泰城（Nabataean city）风行一时，偶尔的伤亡则一夜间将他们抬举为文化英雄。[97] 但是，对巴勒斯坦"渗透者"穿越边界的做法，国防军的反应是组建 101 部队，

（接上页）研究所，希伯来语，1975 年。请特别注意会议期间前国防军的利哈瓦姆·泽维（Rehavam Ze'evi）将军发布的简短证词。

95 阿德里亚纳·坎普（Adriana Kemp）：《从领土征服到边界民族主义：以色列的例子》（"From Territorial Conquest to Frontier Nationalism: The Israel Case"），特拉维夫大学，大卫·霍洛维兹研究所，见《论文》第 4 部，1995 年，第 12—21 页。

96 1949 年 3 月 24 日，伊加尔·阿隆给本 - 古里安写了封信，表示反对停火线，提出了另一个边界，其基础是一项判断，"约旦河流的长度也是这个国家的长度，谁能想出比这一线更牢固的边界线？" 在 1979 年的访谈中，他确认了这个立场，惆怅地回忆道："到解放战争末期，一次难得的机会出现了，它能让我们大胆地占领整个以色列地西部。" 泽夫·特祖尔（Ze'ev Tzur）：《从分治辩论到阿隆计划》（*From the Partition Debate to the Alon Plan*），依法尔：塔本金研究所，希伯来语，1982 年，第 74 页。

97 参见纳西亚·夏弗兰（Nessia Shafran）：《记忆中的红色岩石》（"The Red Rock in Retrospect"），见阿哈龙·阿米尔（Aharon Amir）主编：《特乌达彩虹：古老的以色列地》（*Keshet Te'uda: The Old Land of Israel*），拉马特甘：马萨达出版社，希伯来语，1979 年，第 69—89 页。

以阿里尔·沙龙（Ariel Sharon）为指挥官，毫不犹豫地越界攻击怀疑为巴勒斯坦人基地的村庄和营地。许多新以色列人把边界看作可伸展的边境地区，而不是无可置疑的永久界线。[98]

238 不过，将领土想象令人惊愕的一层展示出来的是1956年的西奈战役，它们在和平时期没能浮上以色列政治的表面。埃及领导加麦尔·阿卜杜拉·纳赛尔（Gamal Abdel Nasser）把苏伊士运河收归国有，引出了英国、法国、以色列的战争联盟，它们的目标是入侵埃及，推翻其政权。这是一次标准的殖民反应，以色列认为以此为借口，它的参与将能阻止渗透者进入自己的领土。

1956年，在巴黎近郊塞夫勒，以色列总理大卫·本－古里安、法国总理居伊·莫勒、英国外交大臣约翰·塞尔文·劳埃德（John Selwyn Lloyd）举行了一次预备会议。本－古里安提出了一个重组中东的大胆计划，要求在军事胜利后，将约旦哈希姆王国一分为二，当时亲英的伊拉克接收东岸，条件是承诺在那里重新安置巴勒斯坦难民，以色列接收西岸，作为一个自治区。本－古里安还宣称，应允许以色列把北部边界向北伸展到利塔尼河，并完整吞并蒂朗海峡和埃拉特湾。[99]

这位以色列国创立者没有回到他在1918年时的领土概念。如今，本－古里安认真地打算放弃东部的外约旦。不过，关于南方的西奈半岛，他的新视野反映出一些变化：年轻时，这位犹太复国主

98　关于以色列不情愿承认1949年停火线为最终边界之事，参见阿德里亚纳·坎普的重要作品《探讨边界：以色列政治领土的形成，1949—1957年》（“Talking Boundaries: The Making of Political Territory in Israel, 1949–1957”），博士论文，特拉维夫大学，希伯来语，1997年。另见阿德里亚纳·坎普：《从地点政治到意义政治：建国初期以色列政治领土的建构》（“From Politics of Location to Politics of Signifi cation: The Construction of Political Territory in Israel's First Years”），载《地区研究》12，1998年，第74—101页。

99　阿维·西拉姆（Avi Shlaim）：《铁壁：以色列和阿拉伯世界》（*The Iron Wall: Israel and the Arab World*），伦敦：企鹅图书公司，2001年，第171—172页。

义的社会主义活动家没把阿里什绿洲以南地区看作以色列地的一部分。并非偶然地，在 1956 年飞往巴黎的时候，他花了些时间读拜占庭地理学家普罗克皮乌斯写的历史材料，是关于蒂朗岛上称作犹特瓦（Yotvat）的犹太王国的。

在西奈半岛，联盟迅速赢得军事胜利，这位 71 岁的以色列领袖再添精气神和力量，表明他对领土的欲望并未因年迈而消退。在给征服了沙姆沙伊赫的国防军部队的信中，他写道："埃拉特再次成为首要的南部犹太港口……（如今）称作蒂朗的犹特瓦……将再次成为第三以色列（即犹太）王国 / 共和国的一部分。"[100] 正如在 1948 年， 239
他认为吞并分治计划之外的占领领土是"自然的"民族行动，现在，热情的以色列总理把征服西奈半岛描述为解放真正的祖国土地。每一次，当领土梦能够与力量联系起来的国际背景出现时，"以色列地"便回到了舞台中央，再次成为实用主义的工作重心。

1956 年 12 月 14 日，战斗结束才两个月，沙姆沙伊赫建立了第一个以色列定居点，名为奥非拉（Ofira），意为"朝向奥非尔（Ofir）"，奥非尔是一个希伯来《圣经》提过的地方。[101] 方案是摩西・达扬提议的，直到国防军开始从西奈半岛部分地区撤退时，这位总参谋长依然相信，沿红海海岸定居是可能的。总理访问了新渔村，就犹太定居问题发表了演说，激起了沿海岸建立更多定居点的希望。

同一时期，在加沙地带南部的拉非亚，第二个定居点建立了。纳哈尔（Nahal）意为战斗的青年先锋，是国防军一个旅的名称；这

---

100 引自本尼・莫里斯：《以色列边界战争，1949—1956 年》（*Israel's Border Wars, 1949–1956*），牛津大学出版社，1993 年，第 444 页。发出这封信的同一天，本 – 古里安在议会演讲中提到了普罗克皮乌斯。

101 参见梅隆・拉伯鲍特（Meron Rapoport）：《1956 年的摩西・达扬已经梦想过的定居事业》（"The Settlement Enterprise Was Already Dreamed Up by Moshe Dayan in 1956"），载《国土报》，希伯来语，2010 年 7 月 10 日。

个旅的战士定居到一个废弃的军营，开始耕作1000杜纳姆土地，目标是尽快由定居点构成一条锁链，隔开加沙地带与半岛，将它变为以色列领土。另一计划是在这个地区的白沙滩处，由青年卫士运动的团队建立一座渔村。达扬负责定居行动具体措施的执行，并受到其顽固政治对手伊加尔·阿隆（Yigal Alon）的充分政治支持。1956年12月，犹太复国主义左翼前途光明的青年领袖阿隆自信地宣布：

> 如果我们决心保卫加沙……我认为，萨姆森市（Samson）将成为以色列城市、以色列国的一部分。这项政策与我们对加沙地带的历史
> 240 权利相一致，与我们的生存利益一致，与指引我们的原则一致——以色列全地的原则。[102]

然而，1949年停火线外的第一次定居事业很快遭到了致命一击。一项联合国决议要求从整个西奈半岛撤退，再加上美苏的压力，本-古里安和年轻同事们建立“第三以色列王国”的希望破灭了。此外，快速的强迫撤离冷却了以色列兼并主义者的热情，其领导也似乎从中学到了什么，开始抑制一直是国家行为显著特征的殖民愿望。1957—1967年间，以色列边界虽不能说完全平静，但到这黄金10年结束时，以色列终止了对其阿拉伯公民的军事管理，它在中东的存在展示出正常化的气氛。也是在这个时期，以色列加入了核武国行列，这或许也增加了以色列政治与军事精英的安全感与平静感受。

“在所有的阿以战争中，1967年的‘六月战争’是唯一一次双方都不想要的。战争源于一场危机，它滑向了以色列及其对手都无力

102 伊加尔·阿隆：《解放加沙地带》（“Release the Strip”），载《地区报》（*La Merhav*），希伯来语，1956年12月12日。

控制的地方。"[103] 这一精炼的概括是阿以冲突专家阿维·西拉姆（Avi Shlaim）写下的。我们只想加上一句：虽然现在的主流观点是纳赛尔不想要战争，国防军将领们间接导致了战争爆发，但埃及领袖是危机的首要责任人，这一结论很难反驳。1956 年战争结束时，埃及尽管没错，却受到了惩罚，不得不将西奈半岛非军事化，同意在那里部署紧急国际部队；虽然如此，对于埃及媒体发出的战争话语，即便空洞无物，上述惩罚也不足以构成历史正当性辩解。纳赛尔掉进自己挖的陷阱，国防军机敏地抓住了机会。[104]

1967 年，19 岁的以色列或许赢得了一次惊人的军事胜利，结果 241
却是落入了更大的陷阱。它没有发动战争,没有准备征服 1948 年"失去的"部分以色列地——虽然一直有此类应急计划——但是，它也没对自己能实现这一征服感到震惊。

以色列人的胜利喜悦感染了许多人，这深深地让他们感到，如今一切皆有可能。据说，以色列外交部长阿巴·埃班（Abba Eban）曾把停火线叫"奥斯维辛边界"，它曾带给以色列人受困心态；现在这种心态消散了，取代它的是空间的梦想、回归古代景观的事实、士气的提升，以及一个犹太帝国的远景——它能令人联想到大卫和所罗门王国。大批以色列人觉得，他们最终得到了一开始便指引着民族想象的、犹太复国主义意象祖国的那些部分。事实上，早在 1967 年，以色列政府就对以色列调查局发布了指令，停止在国家地图上标注 1949 年停火线，即"绿线"。从这个时候起，以色列学校

103 西拉姆：《铁壁》，第 236 页。

104 战争爆发前几天，后来成为以色列军事情报单位领导的埃利·泽拉上校对下属，也就是精锐的总参侦察营军官们说："战争将在一周内开始。两三支阿拉伯军队会参加，我们将在一周内击败他们……向着完成的方向，犹太复国主义事业将再前进一步。"引自兰·埃德里斯特（Ran Edelist）：《我们错在哪里？》（*Where Did We Go Wrong？*），耶路撒冷：十一月图书公司，希伯来语，2011 年，第 25—26 页。

的孩子们不再学习这个国家以前的“临时”边界。

刚刚征服东耶路撒冷时，战争还未结束，摩西・达扬就宣布：“我们回到了我们最神圣的地方。我们回来是为了再不同它分开。即便是现在，我们也向阿拉伯邻居伸出和平之手。”[105] 因此，我们不必惊奇：6 月 28 日，在催眠式的心满意足的气氛中，以色列议会投票决定，吞并东耶路撒冷及周边地带，同时宣布愿为和平而努力，以撤离西奈半岛和戈兰高地作为交换，同所有对手谈判。今天的人们很难想象，头脑冷静的以色列大人物怎能认为，受到战败羞辱的阿拉伯领导会同意跟以色列进行严肃的和平谈判——在“犹太国”刚刚正式吞并阿拉伯和穆斯林圣城（Al-Quds）的时候？然而，这就是
242 弥散于 1967 年夏天的、犹太复国主义的以色列逻辑。很大程度上，这种逻辑直到今天仍在运作。[106]

在战争刚过几个月的 1967 年 9 月，《以色列全地宣言》发表了，签名者首先是接近以色列劳工运动的人们，但也包括犹太复国主义右翼人士。在这份文件中，一些当时最重要的以色列知识分子正式宣布：“如今，犹太人民掌握了以色列地……我们忠诚地致力于我们土地的完整，任何以色列政府都无权在这方面做出让步。”[107] 拿单・奥特曼、哈伊姆・古里（Haim Gouri）、亚科夫・奥兰德、乌里・兹

105　1967 年 6 月 7 日，以色列之声播出了达扬的话。引自阿尔耶・纳奥尔（Arye Naor）的广泛研究，《大以色列：神学与政策》（*Greater Israel: Theology and Policy*），海法大学出版社，希伯来语，2001 年，第 34 页。

106　《沙姆沙伊赫》由阿莫斯・艾廷格作词，拉菲・加贝（Rafi Gabay）作曲，是 1967 年战争后的一首动人爱国歌曲，表达了这种矛盾的、欺骗性的精神。歌词写道：“沙姆沙伊赫，我们又回到了你这里。你在我们心中，一直在我们心中……夜晚降临，带来又一个梦，将和平的希望带到水面。”

107　1967 年 9 月 22 日，宣言同时刊登在读者最多的一些以色列报纸上，如《新消息报》《晚报》《国土报》《话报》。丹・米伦（Dan Miron）进行了信息量丰富的分析，见《特乌达以色列》（“Te’uda b’Israe”），载《政治学》（*Politics*），希伯来语，1987 年 8 月，第 37—45 页。

维·格林伯格（Uri Zvi Grinberg）等诗人携起手来，宣扬祖国的领土完整。杰出作家沙伊·阿格农（Shai Y. Agnon）、哈伊姆·哈扎兹（Haim Hazaz）、耶胡达·伯拉（Yehuda Borla）、摩西·沙米尔等联手情报和军事人员，如前摩萨德首脑伊塞·哈雷尔（Isser Harel）和阿夫拉姆·约菲（Yoffe）将军，共同阻止以色列政治家妥协。连广受赞誉的获奖教授多夫·萨丹（Dov Sadan）和哈罗德·费西（Harold Fisch）也跟华沙隔都起义的前战士伊萨克·楚克曼、兹维亚·卢贝金（Zivia Lubetkin）建立了联盟，鼓励在以色列地的所有地方定居。还有许多人同他们看法一致，只是不愿在他们看来人已很多的情况下做这种含义自明的宣言。不公开"谈论地图"的多年传统被打破了，如今，绝大多数政治、经济、文化精英不再避讳。

在胜利进程中，以色列控制了西奈半岛、戈兰高地和包括东耶路撒冷在内的西岸。主要由于残酷的1973年战争和美国总统吉米·卡特的有效干预，10年之内，以色列让西奈半岛"解放了"，但是，能让以色列从戈兰高地、西岸、阿拉伯耶路撒冷中解脱的外部拯救者 243
还未出现。此外，以前亲犹太复国主义的犹太机构跟弱小的以色列维持着相对冷淡的关系，到1967年的闪电般胜利后，它们突然成为强大的新以色列的坚决支持者。[108]"流散地的犹太人"注视着大海那边他们资产的扩大，没有任何亲自去那里生活的愿望，却为以色列国提供了金钱和政治支持，以色列则开始陷入持续的占领与压迫的泥沼。在此背景下，定居事业不断发展，军事政权在那里建立起来，深刻地嵌入了以色列经验；它们以一种几乎难以觉察的历史逻辑，实施着自觉"抱愧"版的地方种族隔离政策。

以色列的1967年不像1948年那样幸运。在20世纪40年代末

108 不仅因为它们钦佩以色列的力量，也源于传统民族主义的衰落——它要求明确地忠诚于一个祖国——源于同一时期西方世界加强了跨国社区认同。

和50年代初的“二战”后现实中，大规模的人口转移依然是可能的，但20世纪60年代后期的后殖民世界对它的接受程度要低得多。在战斗期间和战斗刚刚结束时，戈兰高地的许多居民逃走或被赶走了；在耶路撒冷附近的拉特伦（Latrun）地区，3个被摧毁的巴勒斯坦村庄的居民走了；杰里科附近一个难民营的人走了。不过除此之外，占被征服人口大多数的西岸与加沙地带居民都留在自己家里，少数人要求立即将当地人口驱离[109]，但以色列很清楚不能这么做。因此并非偶然，战事完结约一个月后，第一个定居点建在了最近人员已“被疏散”的戈兰高地，之后还建了32个。由于本地人口不多，以色列
244 受到鼓舞，于1981年正式吞并了这个地区，表明它将不考虑今后跟叙利亚达成和平协定。这一举措背后还有一种假设：正如世界不得不接受1948年的征服，它也会接受以色列对1967年征服成果的控制。

在西奈半岛，第一个纳哈尔定居点新西奈成立时间也很早，1967年12月建于阿里什的东北。追随着这一先锋模范，另外20个永久定居点在这个地区建成了。1979年，以色列最终与埃及签了和平协定。根据协定，这些定居点都得和以色列军队一起撤离。在加沙地带，第一个以色列定居点到1970年才建立，随后又有了17个繁荣的居民点。2005年，它们全都撤出了。

不过，在“历史祖国”的核心地带，受完全不同的情感包袱的影响，从一开始，事情的处理是照着不同的战略进行的。战后前10年，原来的犹太复国主义左翼掌握着以色列的权力。如我们看到

---

109 作家哈伊姆·哈扎兹是文学领域以色列奖的获得者，以色列知识圈的重要人物，他的公开说法可以作为佐证：“现在有犹大和埃弗莱姆（Efraim）的问题，那里的大量人口需要搬走，送到阿拉伯邻国……各回各家——以色列回以色列地，阿拉伯人回阿拉伯……”哈伊姆·哈扎兹：《关键之事》（“Things of Substance”），见阿哈龙·本－阿米主编：《以色列全地之书》（*The Book of the Whole Land of Israel*），特拉维夫：弗里德曼出版社，1977年，第20页。

的，与犹太复国主义右翼相比，左翼的领土冲动并不见小，只是与右翼不同，犹太复国主义左翼较为实用主义，在1937年、1947年、1957年等关键性历史时刻，以及在1967年，它显得很克制，行动时较迟疑和谨慎。

一个重要因素是以色列顾忌当时的两个超级大国，担心它们再次采取一致的外交政策，强迫以色列从所占领的全部土地撤退。但1967年不是1957年，对以色列极为不幸的是，它未受到任何强烈的国际压力。第二个因素更麻烦：征服西岸时，那里有67万巴勒斯坦人，具有人口急剧增长的潜力。要在这些人中建犹太定居点，那将质疑从犹太复国主义运动在巴勒斯坦迈出第一步时就指导着它的纯粹殖民地原则。有鉴于1948年整合进这个国家的阿拉伯人口的高出生率，以色列从未考虑过给他们公民权。一些情报官员提出了更符合以色列利益的建议，即让西岸成为自治区，由以色列统治，不向那里引进定居点。然而，长期以来形成的犹太复国主义事业的本性最终更具决定性意义。

在西岸，几个因素支持着第一个定居点的成立：向死者致敬， 245
土地偷窃的神话，民族屈辱的消除。1967年9月，战争刚刚结束几个月，在1948年战争中放弃和摧毁的犹太定居点的废墟上，树林村庄出现了——加沙地带的南部村庄（Kfar Darom）也是这样形成的。依循同样的逻辑，一群人进入了希布伦的一座旅馆，宣布要复兴这个城市以前的犹太社区；1929年，社区遭受了严重伤害，1936年他们被迫完全撤离希布伦。[110]不过，在第一个事例中，定居点建在靠

110 有关希布伦犹太定居点的重要性，参见米歇尔·菲格（Michael Feige）：《一个空间，两个地方：信仰者集团、现在就和平运动与以色列空间的构造》（*One Space, Two Places: Gush Emunim, Peace Now, and the Construction of Israeli Space*），耶路撒冷：马格尼斯出版社，希伯来语，2002年，第101—125页。

近 1949 年停火线的地区，迅速获得政府的大力支持，第二个则建在巴勒斯坦人口中心。因此，在以色列－巴勒斯坦冲突史上，希布伦犹太定居点的出现应看作决定性的转折点。

回头来看，在被占领土上，我们可以认出漫长的占领和定居历史中的三个关键时刻。首先是以色列单方面吞并东耶路撒冷及周边地区，不考虑当地居民的意愿，不给予他们充分公民权。以色列从未真正统一这座城市，除非我们不把术语“统一”应用于人民，而用在石头、垃圾、房屋、坟墓上。那个时候，这一特别的吞并行动甚至得到了乌里·阿夫讷里（Uri Avnery）等坚定的和平战士的支持，代表着神话对历史逻辑的彻底胜利，圣地对民主原则的彻底胜利。

另外两个决定性时刻与希布伦市相关，那里有犹太男性和女性先辈的墓地。一次发生在 1968 年逾越节期间，当时一些犹太先锋人士侵入了这个城市，稳健的总理利维·艾西科尔（Levi Eshkol）要求他们立即撤回。然而，面对强大神话和越积越多的公众压力——伊加尔·阿隆和摩西·达扬有效地和冷漠地将之转换成个人政治资
246 本——的合力，总理退却了，同意妥协，在靠近阿拉伯城市希布伦的地方建立了犹太定居点四人镇。大坝破裂了，以色列慢慢地、稳步地渗入了西岸。

另一次发生在 1994 年，以色列籍美国医生巴鲁赫·格德斯坦（Baruch Goldstein）于希布伦杀害 29 名穆斯林礼拜者后不久。在这一事件造成的强烈公众震动下，事件为总理伊萨克·拉宾（Yizhak Rabin）创造了难得的机会从希布伦或许还有四人镇撤出定居者。这样的决定将巩固促使以色列从对西岸的全部或部分占领中脱身的联合意愿，极大地加强巴勒斯坦人的和解力量。然而，由于先辈土地的神话和对公众抗议的畏惧，变得越来越温和的政治人物拉宾总理的反应受到了约束。这位诺贝尔和平奖得主支持被占领土上的“安全”定居。事实上，在 1992—1995 年的第二次总理任期中，定居点

建造基本保持着以前的水平。他不敢撤离哪怕一个定居点，但还是于 1995 年 11 月被谋杀了。[111]

1977 年，工党首次失去对政府的控制，1992 年和 1999 年又回到权力中心。在它的种种面貌中，它对西岸定居事业的态度就像是一头奶牛想要被人挤奶。对那些想要挤奶并往往使用不合法手段的人们，工党远非断然拒绝，而是最终带着悲伤、和解与爱奉上自己的奶。按照这个中间偏左政府遵循的原则，根据 1967 年阿隆计划建立的"积极"定居点是所谓的"安全定居点"，主要位于巴勒斯坦人不多的地方，如扩大了的约旦河谷，跟将要永久包围耶路撒冷的新犹太区不同。

但在殖民冲动中，一个冲劲十足的活跃少数派找到了共同事业， 247
推动着犹疑不定的政权向前走。本章开始的时候，我们讨论了 1897 年加入犹太复国主义运动的民族主义 - 宗教小团体。对于上帝的力量和个体信徒本质上的软弱，他们有着坚定的信念。可是，在这些宗教民族主义者眼中，伴随着占领圣地的每一步，圣地越发圣化了，越发重要了。早在 1967 年前，宗教犹太复国主义就有了将中心从上帝换成圣地的倾向，并且将被动等待弥赛亚的立场变成积极参与民族行动以加速它的到来，只是，这还只能归入宗教民族主义政治的边角处。到以色列取得令人惊愕的军事胜利后，在已是联合政府一部分的民族宗教政治游说势力中，上述倾向从消极转变到积极的诱惑力放大了。

早在 1967 年的树林村庄，更多是在 1968 年的希布伦，开始确

111　应该指出，在《奥斯陆协议》中，巴勒斯坦代表团同意放弃恐怖主义和暴力，以色列却不愿以停止定居点建设作为交换。1995 年 10 月 6 日，拉宾向议会发表演讲，列出了指导他的和平进程的原则，包括红色上升城（Ma'ale Adumim）在内的耶路撒冷的统一，不及国家水平的巴勒斯坦实体，不回到 1967 年前边界，沿着约旦河谷的安全边界。

立定居步伐的新先锋已经出现。到那时为止，宗教高中毕业生和民族主义犹太经学院学生原本处在以色列文化边缘，突然就成了时代英雄。从 20 世纪开始，犹太复国主义定居者首先是世俗的社会主义犹太复国主义者，但现在，圣地征服者最具冲力的部分成了披着祈祷巾、头戴作为民族主义象征的针织圆顶小帽的人。他们鄙视质疑上帝许诺圣地的真实性的“人道和平主义者”，正如早先几代的信教犹太人鄙视将圣地变为仪式崇拜核心的现代民族主义者一样。如此，以“信仰者集团”闻名的先锋运动诞生了，它促进了以色列定居点在被占领土的扩张，使之获得了远超其他方式的更多土地。

信仰者集团仅代表以色列社会的少数群体，却没有哪个政治潮流、派别或同盟能成功地挑战它的修辞，后者的基础是以色列人民对其土地不可否认的权利概念。鉴于有犹太民族主义的意识形态和领土主义先例，整个犹太复国主义阵营一直觉得，应该听从这个少
248 数派的要求，哪怕它搅乱了这个主权国家政治、外交、经济、逻辑的资产负债表。[112] 如我们看到的，面对要保卫民族领土资产的、骄傲的爱国主义话语，最温和的势力也难以进行长期的抵抗。

犹太复国主义右翼于 1977 年上台，显著地加快了定居步伐。1979 年，为交换与埃及的和平协定，梅纳赫姆 · 贝京“让出了”整个西奈半岛，同时又尽力推进西岸的犹太定居点建设。自树林村庄于 1967 年建立后，这个地区见证了从无到有的 150 个定居点、城镇、村庄及更多前哨站的建立。[113] 到本书写作时，住在这些定居点的以

112　这是真的，除了事关西岸的水政治时。对犹太定居点和以色列国而言，管理被占领土的水都是一件有利可图的事。

113　关于定居者世界、定居点建设速度、它们与不同以色列政府的关系，参见阿吉瓦·艾达尔（Akiva Eldar）和伊迪丝 · 彻塔尔（Idith Zertal）:《圣地的主人：定居者与以色列国，1967—2004 年》(*Lords of the Land: The Settlers and the State of Israel 1967–2004*)，奥耶胡达：吉来比坦出版社，希伯来语，2004 年。

色列人超过了 50 万。并非所有人都是意识形态定居者，想要从外国占有者手中解放以色列地。一些人是经济移民，之所以生活在西岸，是因为可以用象征性价格拥有一座带着部分土地的房屋，拥有山区景色。而且在慷慨的政府资助下，与绿线内的以色列相比，先锋定居点的教育、医疗、福利服务要好得多。前者的福利状况衰落得相当快，被占领土地却在发展中，相当兴旺。有人甚至在那里买房当投资，期望一旦以色列强迫人们撤离，他们能得到满意的补偿。

大部分定居点是由生活在军事占领中的巴勒斯坦劳工建造的。他们白天在定居点干活，有时还建隔离墙，晚上回自己的村庄。到第一次因提法达（起义）于 1987 年底爆发时，巴勒斯坦劳工已在以色列主权区域的城市以及基布兹、莫沙夫占有了一席之地。出于纯粹的经济利益考虑，以色列不自觉地成了典型的种植园殖民地，拥有缺乏公民权和主权的和平温顺的人口，后者为不仅有公民权和主 249
权，也有着家长式保护意识的主人工作。摩西·达扬的家长式幻想塑造了一种"文明"占领，经受了 20 年的时间考验，到 1987 年才彻底崩溃。"软"占领政策将巴勒斯坦人起义推迟了 10 年，让世界对它漠不关心，促进了缓慢前进的殖民化。不过，最终，它间接导致了一次大起义。

参与者广泛的因提法达和随之而来的残酷恐怖主义破坏了平静的控制关系，由此又拯救了"族群－民主"国家原则。以色列把巴勒斯坦"入侵者"赶回西岸的住处，终止了到那时已有相当进展的经济共生局面，并开始从东亚市场引入廉价劳动力。同一时期，从崩溃的苏联来的大批移民也为以色列提供了人手[114]；除了让民族主

114 参见尤瓦尔·鲍图加利（Juval Portugali）:《难言的关系：以色列巴勒斯坦冲突中的社会与空间》（*Implicate Relations: Society and Space in the Israeli Palestinian Conflict*），特拉维夫：基布兹观察家出版社，希伯来语，1996 年，第 204—206 页。

义的超正统派惊慌外，以色列不太在意这些人手是否是犹太人，是“白人”就行。

从1967年到1987年，巴勒斯坦人的生活水准明显提升，生育率也相应增加了。2005年，西岸的人口为250万，与加沙地带人口合起来共400万。此后，它们的人口继续增长。在20世纪80年代末和90年代初的起义中，生于60年代末占领状态的人们成了领导者，构成普遍武装抵抗的主力。虽然从未被其他政权统治，但这些巴勒斯坦青年很快了解到，在20世纪末的地球，极少人有那种不寻常的境遇：没有正式公民权，没有自治权，没有祖国；在当今世界，这种状态已变得极其罕见、极不可行，绝大多数人认为完全不能忍受。

对新出现的动荡，大多数以色列人很吃惊，觉得难以理解。以色列主流话语的流行辩解是：“他们比这个地区的所有阿拉伯人过
250 得都好。”对持续生活在加了掩饰的种族隔离政权旁边的状况，犹太复国主义左翼知识分子很不自在，彼此用一个复杂的抗议术语交流，不说“被占领土”（ha-shtakhim ha-kvushim），而用“管理领土”（ha-shtakhim ha-mukhzakim）代替它。他们更担心的是，长期占领会损害这个国家的“犹太”性质，给自己的安慰是一种基本假定，即那只是暂时的，虽然它的存在时间已达1967年前的“狭窄”以色列的两倍。这导致了对待殖民控制的道德冷漠的固化，令人回想起“二战”以前，众多西方知识分子对殖民主义漠不关心的态度。[115]

115　关于对巴勒斯坦人民的军事控制体制，关于以色列文化、政治对其争论的限度，到目前为止所出版的最全面的研究请参见阿利拉·阿左雷（Ariella Azoulay）和阿迪·奥菲尔（Adi Ophir）:《大海与河流间的占领和民主制，1967年之后》[*Occupation and Democracy Between the Sea and the River*（*1967–*　)]，特拉维夫：莱斯灵出版社，希伯来语，2008年。

对于空间现实，1987 年和 2000 年的因提法达没带来什么变化。第一次因提法达导致了《奥斯陆协议》的签订和巴勒斯坦权力机构的建立，受到欧美的支持，由此减少了以色列的占领成本，但没能放缓殖民定居进程。相反，自 1993 年协议签订后，定居人口增加了近 3 倍。比较来看，第二次因提法达引起了加沙地带以色列定居点的撤出，不过，谁都清楚总理阿里尔·沙龙的动机：首先是逃避同巴勒斯坦领导的全面和解。其结果是，他制造了一个敌意的"印第安保留地"，剥夺了它与外部世界直接联系的权利。[116] 事实上，包括 2000 年的黎巴嫩和 2005 年的加沙，以色列不经过谈判，策划和实施了两次单方面撤离，目标是让以色列保有其他领土，尤其是戈兰高地和西岸。以色列建起将自己围起来的隔离墙，目的是减少窜入其边界内的自杀式爆炸；然而，隔离墙并非沿着 1967 年边界修建，
而是切入了巴勒斯坦领土，以容纳大批的定居点。与此同时，隔离 251
墙外的定居点变得更强固，建造更多前哨站的步子也未停下。

从 20 世纪 70 年代末的梅纳赫姆·贝京，经 90 年代的伊萨克·拉宾和埃胡德·巴拉克，到 21 世纪初的诸位以色列总理，压力之下的以色列领导人一直想给予巴勒斯坦人有限的、分裂的自治地位，由以色列控制下的陆地、空中、海上区域包围并割裂开。他们最想要的是两三个班图斯坦[117]，后者应恭顺地听从犹太国的指令。[118] 如所预料的那样，安全问题总是为这种立场做着正当性辩护，就像防卫战争的话语仍在塑造着犹太－以色列人身份与意识的主要轮廓一样。然而，这一话语隐瞒了大相径庭的深刻历史现实：即便是今天，以

116 我使用术语"保留地"指称加沙地带，原因在于它的大多数居民是 1948 年战争中的巴勒斯坦难民的后代。人们知道，阿里尔·沙龙是西岸的以色列定居活动的设计师之一。

117 班图斯坦，种族隔离政策下的南非和纳米比亚黑人领地。——译者注

118 从耶路撒冷到杰里科，通过领土上的大规模建造活动，以色列尽力要将西岸一分为二。

色列左右翼的政治精英都觉得，在精英们认作以色列地的领土范围内，认可巴勒斯坦人充分民族自治的正当权利极其艰难。在他们看来，这一领土完完全全如其名称宣示的那样，是永远属于“以色列人民”的先辈遗产。

在建国的第五个十年中，随着以色列定居者越来越多地渗透人口稠密的巴勒斯坦地区，未来的一切政治行动看起来都将受到阻击，而占领的状况似乎为双民族国家的形成铺平了道路。然而，从心理层面看，在许多以色列人中，以色列控制的压迫本质、国际社会的批评，以及最重要的，暴力的和绝望的巴勒斯坦抵抗，所有这些都指向越来越强烈的“独居的民”（《民数记》23：9）的意识。想象的以色列民族（ethnos）所形成的姿态反映的是对邻居的轻视和恐惧的混合心态，源自它自己的虚构，源自它对自己民族－文化身份的缺乏信心，特别是在面向中东时。以色列人依然拒绝与他们中间的“他者”共同生活，明确不愿平等地共同生活。

252 极端情况下，这一根本冲突会让以色列蛮横驱走生活在它控制下的阿拉伯人，无论他们是孤立的以色列国公民，还是陷在了独特的种族隔离体制内、没有任何公民权的那一部分。无疑，我们都能想象得出那种方式，其中，在发生“以色列全地”的所有非犹太人大规模起义的时候，这一危险的、前景漆黑的民族领土政策将继续堕落下去。

无论如何，到本书写作时，重大的和解看起来像是一个褪色的梦：梦中看到了以色列撤退到1967年边界，在以色列一旁的巴勒斯坦国的成立——耶路撒冷作为共同的首都，两个主权民主共和国组成邦联，并各自属于其全体公民。随着每一天过去，梦再褪色几分，似乎即将消失进时间的深渊。[119]

经历两次艰难的因提法达时期后，以色列社会的许多人开始厌倦圣地神话。不过，虽然这种意识形态弱化了、损耗了，虽然背后隐藏着快乐主义和个人主义，但仍远不足以导向稳定的、有意义的新选举结果。到目前为止，在公共意见中，关于定居点的大规模撤除，关于耶路撒冷的公正妥协，我们没看到决定性的变化。伴着每一次冲突，以色列人对以色列士兵的损失都更加敏感，但严肃的大规模和平运动仍未出现。犹太复国主义的内部道德仍有着绝对的控制力。到目前为止，以色列的政治权力平衡状态不仅没有发生方向性转变，事实上，民族宗教的和世俗－种族的潮流还在增强。本书写作时的民意调查显示，70% 的犹太以色列人天真并诚挚地相信，他们是特选子民。[120]

在这个地区和整个世界，以色列的外交格局越来越孤立，但这 253
似乎没有使以色列政治军事精英感到烦恼，他们的权力有赖于一直存在的被包围感。只要在犹太人和福音派亲犹太复国主义游说集团的压力下，在军事工业代表的压力下[121]，美国继续支持现状，让以色列感到它的政策是正当的，它的力量是无限的，向着重大和解方向前进的机会微乎其微。

119　2001 年，在地中海和约旦河之间，巴勒斯坦人和巴勒斯坦裔以色列人计有 560 万，同一地区的犹太以色列人 590 万。不久之后，两民族人口将达到均衡状态。参见巴拉克・拉韦德（Barak Ravid）：《人口恶魔仍在，但权利打算埋葬它》（"The Demographic Demon Lives On, but the Right Is Trying to Bury It"），载《国土报》，希伯来语，2012 年 1 月 3 日。

120　见尼尔・哈森（Nir Hasson）：《这个国家 80% 的犹太人信仰上帝》（"80% of the Jews in the Country Believe in God"），载《国土报》，2012 年 1 月 27 日。

121　在美国对以色列的慷慨援助中，武器弹药生产商手中掌握着一大块。更多关于亲犹太复国主义联盟的情况，参见约翰・J. 米尔斯海默（John J. Mearsheimer）和斯蒂芬・M. 瓦尔特（Stephen M. Walt）：《以色列游说集团和美国外交政策》（*The Israel Lobby and U. S. Foreign Policy*），纽约：法拉尔出版社，2007 年。

在这些历史条件下，基于普世道德的视野联合理性势力的前景，看起来完全是乌托邦的。如我们知道的，在21世纪初，乌托邦的力量已经消失。

结论

青蛙和蝎子的悲哀故事

只有直接与阿拉伯人合作，才能创造有尊严的安全生 255
活……令我悲伤的不是犹太人不够聪明，理解不了这一点，而是他们不够正直，不想这样做。

——阿尔伯特·爱因斯坦，《致雨果·伯格曼》，1930 年 6 月 19 日

一天，一只蝎子想过河，请青蛙把它放在背上，带着它过去。“可你叮所有动的东西！”青蛙惊恐地说。蝎子答道：“没错，但我不叮你，因为那样我也会死。”青蛙接受了这一回答的逻辑。走到河中央，蝎子叮了游泳者一下。“为什么这么做？”青蛙悲叹道，“现在我们都得死！”“这是我的本性。”沉入深水前，蝎子呻吟道。

——作者不明，时间不明

青蛙和蝎子的故事流传很广，人们也熟悉其寓意：不是所有人都凭常识行动，天性和本质往往决定着我们的所作所为。历史过程和运动没有什么确切的天性，更不用说什么本质。不过，它们的确拥有或至少伴随着内在的神话，后者不总是适合源于变化着的环境

的变化着的逻辑。如英国谚语所说："常识不总是常见的。"现阶段犹太复国主义事业的特征支持着这一看法。

流浪的犹太人民的神话说，两千年前，他们不得不离开祖国，只要有机会都盼着回归；这一神话的建构充斥着一种现实逻辑，虽然它完全基于历史虚构。圣经不是爱国主义作品，正如《伊利亚特》和《奥德赛》不是一神教著作。迦南地的农业居民没有政治祖国，
256 古代中东不存在此类祖国。那些拥护单一神信仰的当地人没有被从家乡赶走，他们只是改变了信仰的性质。这不是一个独特民族分散到世界各地的问题，它讲的是一种生气勃勃的新宗教扩散开来，赢得了新的信徒。大批皈依者及其后代设想救赎将在圣地发生，带着极坚定的意志热情地渴盼它，但从未认真考虑过迁居那里，从未这么做过。犹太复国主义根本不是犹太教的延续，而是对它的否定。的确，恰是因为这一点，在历史上较早的一段时间，犹太教拒绝了犹太复国主义。虽然如此，神话仍穿透了特定的历史逻辑，反过来，后者也促成了它的部分实现。

19 世纪下半叶，民族主义带着它内在的恐犹症，横扫中欧和东欧，将其原则播入一小部分受迫害的犹太人心中。这些"特选"先锋感觉到了笼罩着犹太人的危险，开始勾勒一幅现代民族的自画像。与此同时，它掌握了自己的神圣中心，将之转换成一幅古代圣地图景，"族群"部落看起来是从那里萌芽和扩散的。一向属于宗教的纽带被民族领土化了；即便不完全是原创，它也是犹太复国主义最重要的成就之一。就促成这种新爱国主义范式而言，基督教尤其是其中的清教主义担任了什么角色？虽然很难评估，但在作为一个民族的"以色列之子"的概念与殖民化方略的历史性相遇中，这些势力无疑也出现在这一场景的背后。

在通行于 19 世纪末 20 世纪初的政治条件下，在"荒芜"地区殖民定居的观念依然披着自己的一套逻辑外衣。那是帝国主义的黄

金时代，犹太复国主义工程受到一个事实的支持，即它的目的地住
着无名的当地人，缺少民族认同。若是这一图景和运动诞生的时间
早一些，诞生于沙夫茨伯里勋爵提出此观念的时候，殖民过程或许
不会那么复杂，对当地人口的再安置或许能较轻易地、较少担忧地
实现，就像其他殖民区域发生过的那样。然而在 19 世纪中叶，虔 257
敬的犹太人，特别是中东欧的犹太人相信，迁居圣地实属渎神，无
意这么做。西欧犹太人已经相当世俗化了，足以避开那种虚假宗教
的民族主义陷阱：后者召唤他们去在他们看来没有文化或经济吸引
力的地方。此外，即将席卷中东欧的可怕反犹主义的阵痛刚刚开始，
那里大批说意第绪语的犹太人一时未从昏睡中醒来，尚未尽力脱离
将反复蹂躏他们的不友好环境。

若非西方国家拒绝接受大批移民，很难说这个虚构的民族会不会建构出来，会不会有大量犹太人及其后代迁居巴勒斯坦。可是，所有别的选择都消失了，一小群无家可归者不得不踏上去圣地的路途，而他们起初把它看作极没有希望的地方。在那里，他们不得不赶走当地人，后者迟到般地、犹疑地刚有了民族特征。殖民活动引起的冲突无可避免，以为能绕过的人们只是在欺骗自己。第二次世界大战和它导致的犹太灾难制造了一种环境，使得西方能将一个定居者国家强加给当地人。作为受迫害犹太人的避难地，以色列国的成立发生于正在逝去的殖民时代的最后几小时，精确地说是最后时刻。

没有族群殖民的动员神话，争取自主权的斗争很可能不会成功。然而，在某个关节点，曾帮助构建以色列民族的逻辑消失了，神话式领土的恶魔得意地击败了它的创造者，超越了后者所创造的东西。它那带毒的一叮出现在叙事的开始，伴随着祖国意识的引入，而想象的祖国边界远远超过日常生活的真实空间。这种意识令人向往广袤无边的土地扩张，同时，由于巴勒斯坦人拒绝认可对其土地的外来入侵的正当性，由于他们的暴力抵抗，继续扩张有了源源不断的

258 借口。此外，在 2002 年，通过阿拉伯联盟提出的和平建议，整个中东同意正式承认以色列国，邀请它加入这个地区，以色列却反应冷淡。无论如何，它很清楚，这样的融合只能以以色列地和古代圣经地域的分割为代价，以色列将只能做“小”国。

在现代时期的民族冲突中，于巴勒斯坦所发生的是最持久的一个；在每一轮冲突中，犹太复国主义都设法攫取更多的领土。如我们看到的，一旦这些土地被从民族主义视角认作神圣的，再放弃就变得极为困难。最终，1967 年战争将以色列诱入甜蜜而残酷的陷阱，是它无力凭自身脱离的陷阱。尽管所有现代祖国都是文化构建物，从民族领土撤离依然是不可能的事，尤其是要主动选择的时候。即便世界能被说服，相信犹太复国主义真的是要为受迫害犹太人寻找避难地，不是要征服想象中的先辈土地，曾激励犹太复国主义事业、构成其一个最强大概念基础的民族领土的神话也不能和不愿撤退。

最终，像历史上别的民族主义神话，它必定也会枯萎。不过，谁若不愿服从这样彻底宿命论的路径，谁就得问问自己：这一神话会带着整个以色列社会和全部邻居一起死去，还是在它消失时留下生命的迹象？换句话说，蝎子仅仅象征着犹太复国主义神话吗？还是神话创造的所有民族主义文化事业全都浸透着蝎子独有的偏执品性，注定会自信地继续游向它自己和别人的毁灭？

青蛙的可悲命运不单单是未来的事，在当下的许多时候，巴勒斯坦人正承受着持续的折磨。这一过去和当下的苦难定下了本书的调子，并激发我写出下面的后记。

后记

纪念一个村庄

我们要在这些村庄做什么？……它们被朋友们未经战斗地放弃？我们要保护这些村庄，好让他们能回来？或者，我们想抹去村庄存在的一切证据？

——果尔达·迈耶森（梅厄）在马帕伊（Mapai，以色列地工人党）中央委员会上的发言，1948 年 5 月 11 日

我们也上了卡车。闪光的绿宝石
穿过我们的橄榄树夜晚说着什么。狗
冲着教堂塔上浮动的月亮叫
但我们不怕。因为我们的孩子没有
跟着我们。一首歌就够了：我们将回去
不会很久，回到我们的家……这时卡车倒空了
多余的装载物！

——马哈茂德·达维西（Mahmoud Darwish），《无辜的村民》，1995 年

经过穿越了“先辈的犹太家园”的漫长艰难旅程后，现在，我想把焦点聚在这一较大地理区域的一小块地方。对我来说，它的过去如同一个开放的伤口。我相信，用最后几页讲讲它的故事是重要的，它表明了记忆和忘却在以色列构建的方式。

我在特拉维夫大学教历史，住在离校园不远的地方。我的公寓和工作的地方都坐落在一个阿拉伯村庄的废墟上，它于 1948 年 3 月 30 日消失了。在那个春日，最后一批惊恐的村庄居民走在通向北部的土路上，带着他们能带的东西，慢慢消失在包围村庄的敌人的视线里。女人抱着婴儿，能自己走的小孩跟在后面。年轻人照顾着老人，生病的和有残疾的人骑驴。在满怀惊惧的匆忙逃离中，他们留
260 下了家具、厨房用品、箱子、散开的包裹，还有迷惑不解的村庄傻子，他不明白为什么自己被留下了。[1]

几个小时后，兴奋的包围者控制了村庄，他们盯着这里好长时间了。在以色列地的历史中，谢克·穆万尼斯村村民的一页淡出了，落入遗忘的深渊。

村庄的房屋和田地不存在了，只剩下两三座不牢靠的建筑，一些受到破坏和被忽略的坟墓，几颗碰巧不影响停车区的、特别粗壮的椰枣树。我的大学就建在村庄最后的遗迹旁，延伸在已没有了的村庄的土地上，发展成以色列最大的高等教育机构。本书的一部分就是在大学一间办公室里写的。正是由于这种奇怪的、建造与抹除之间紧邻般的存在，由于幻觉般的过去和不断前行的轻快现实之间难以忍受的摩擦，我获得了某种道德灵感，用在了这里的一些叙述

1 哈加纳的一份报告说：“发现了一个显然是傻子的老人，他藏在村庄的一座房屋里……留下来的财物的状况表明，他们是突然离开村庄的。”引自哈伊姆·费尔伯格（Haim Fireberg）：《特拉维夫：战争时期城市文化和社会的变迁、延续及多种面孔，1936—1948 年》[“Tel Aviv: Change, Continuity, and the Many Faces of Urban Culture and Society during War (1936–1948)”]，博士论文，特拉维夫大学，2003 年，第 62 页。

策略上。

作为历史学家，也就是说，作为记忆的授权代理，靠讲授那么多的昨天谋生，如果不谈谈日常生活所在地的过去，我就没法结束这本书。虽然人们尽其所能地隐藏和消灭这个阿拉伯村庄的痕迹，它仍是同一块地，同一片天空，西边可见的海上天际线仍是它一直就是的那个，只是看着它们的是不同的眼睛。

忘记这块土地

我们不知道谢克·穆万尼斯村是什么时候出现的，农民家的历史总是比权力中心、首都大厅、商业城市的少。在皮埃尔·雅克廷（Pierre Jactin）绘制的一幅地图上，这个位置清楚地标示着一个聚居区；他是训练有素的工程师队伍的队长、勘测员、绘图师，在拿破仑·波
拿巴于1799年征服这个地区时跟随着他的军队。虽然在这幅开创性 261
的地图上所出现的阿拉伯村庄没有显示名字，但在我们讨论的这个村庄处，绘图员写了个阿拉伯字dahr，意思很可能是“山坡”。村庄位于奥加河（al-Auja）北岸一座宽大的山上；今天，这河名叫雅康河（Yarkon）。从人口和土地面积看，它是雅法以北最大的村庄。除巴勒斯坦海岸的中心城市雅法之外，在这个地区，它可能也是连续定居时间最久的居住区之一。

20世纪40年代末，在谢克村土地下方，离河不远的地方，人们发现了名为泰尔·夸斯里（Tell Qasile）的宏大遗址。1948年10月，阿拉伯村居民被赶走6个月后，在废弃房屋南约800米处，灰质砂岩山上的考古发掘开始了。人们碰巧在表层处找到两个陶瓷碎片，上面的希伯来语明显指向公元前7世纪。起初，这令考古人员相信，

他们工作的地方是“所罗门王时代”的一处古犹太居住区。[2]

如后来以色列地进行的许多考古发掘一样，这里有丰富的文物，但不属于犹太人。这些文物表明，公元前 12 世纪，腓力斯人——“深绿的人”，法老文献这样叫他们——在河边建了个码头。码头周围，一个完备的居住区发展起来，面积约 16 杜纳姆。山的中部有一座泥砖建成的神殿，旁边是公共与私人建筑。公元前 11 世纪，这个祭拜
262 处被毁掉了，人们用石头重建了它的墙壁。从食物器皿到祭祀用品，考古人员找到了各种物品的大量碎片。居住区的街道是直的，彼此平行，说明经过了城镇规划，不是自发、无序地建起来的。公元前 10 世纪末，法老时期的埃及人征服了这个地方，放火烧了它，减少了但没有完全终止人们在这里的活动。

马其顿的亚历山大征服之前，公元前 5 世纪和前 4 世纪的遗存物表明，这个地方相对稳定地持续有人居住。在希腊化和罗马时期，我们有证据表明，这里进行着各种商业活动，居住区中心有座热闹的市场。拜占庭时期，一座建筑的遗存看起来是撒马利亚人的会堂，而在公元 7 世纪初，萨珊王朝的短期征服留下了一枚罕见的银币。阿拉伯统治初期，在伍麦叶王朝晚期和法蒂玛王朝时期，我们看到了由柱子支撑的一座大旅馆存在的证据。

由于土地肥沃，在穆斯林主导的漫长时期，我们可以假定，这个地方一直有村民生活，虽然居住区中心稍稍向东北移了些，很可

2　1948 年 12 月 24 日，《话报》报道说：“雅康河岸发现了一座古代以色列城市。”报纸还登了一首犹太复国主义工人运动诗人拿单·奥特曼的诗，庆祝这一民族发现。诗中写道：“这里的奇迹不是出自古代以色列国的山上的马赛克地板……不！这里的奇迹是地板及其建筑是在以色列国主权下发掘的。阿巴·埃班（Abba Eban，意为父亲石）向各国解释，犹太人的战斗理由是正义的。但幸运的是，从过去的深处，伊玛·埃班（Ima Eban，意为母亲石）说出了同样的看法。”搞清楚那块母亲石不属于犹太人后，人们很快忘记了当初的兴奋。

能是雨水特别多的冬季河流泛滥导致的。在附近一座略高于泰尔·夸斯里的山上，另一个村庄开始出现。随着时间的前行，居民们皈依了伊斯兰教，用埋在那里的一位本地名人的名字为村庄命名。

20世纪20年代初，雅各·伯格伦（Jacob Berggren）访问了巴勒斯坦，谢克·穆万尼斯的名字出现在他的旅行回忆录中；他来自伊斯坦布尔的瑞典使团，是位受过良好教育的神父。1821年12月，经拉姆拉（Ramla），他从耶路撒冷去阿卡（Acre，当时叫Akka）路过这个村庄。根据他的记载，村子在山上，山的周围是泥泞地，是由河流泛滥造成的——尽管那个冬天很温和。[3]

虽然不清楚这个时期的村庄人数，但我们有理由假定不少于325人，这是巴勒斯坦探索基金会（PEF）于1879年调查得出的人数。[4]
影响了中东许多地区的人口革命开始于19世纪后30年，加速于20 263
世纪。1922年，根据英国完成的第一次巴勒斯坦人口调查，村庄有664人；到1931年，人口上升到1154人；1945年，村庄人口达到1930人；3年后，到被迫迁离前夕，村子共有2160名男人、女人和孩子。[5]

巴勒斯坦人口自然增长的速度加快，首先应归功于英国委任统治下的状况，它或多或少类似于一个世纪前欧洲的人口发展过程。食物产量的增加提高了生育率，而现代性阻止育儿的方面尚未出现，

---

3 雅各·伯格伦（Jacob Berggren）：《欧洲与东方游记》（*Resor i Europa och österländerne*）5.3，斯德哥尔摩：S. 拉姆斯塔特出版社，1828年，第61页。

4 我在第三章讨论了这个组织。

5 瓦立德·卡利迪（Walid Khalidi）主编：《剩下的还有什么：1948年以色列占领和赶出其居民的巴勒斯坦村庄》（*All that Remains: The Palestinian Villages Occupied and Depopulated by Israel in 1948*），华盛顿特区：巴勒斯坦研究所，1992年，第259—260页。关于整个沿海平原的人口增长情况，参见巴鲁赫·基莫林（Baruch Kimmerling）和米格达尔（Joel S. Migdal）：《巴勒斯坦人：民族的形成》（*Palestinians: The Making of a People*），马萨诸塞州剑桥：哈佛大学出版社，1994年，第44—51页。

如教育、女性地位方面的进展，以及最重要的，对下一代社会流动的预期。很有可能，在这个富裕村庄存在的最后 30 年，它吸引了来自土地不太肥沃的山区的农业移民。如果此类移民真的来到了村子，他们会被吸纳，最终成为本地人口的组成部分。

随着谢克村的不断扩大，石块甚至水泥建造的房屋取代了一些泥坯房。摩西·斯米兰斯基（Moshe Smilansky）是位作家和农民，在巴勒斯坦的整个犹太复国主义社区都很有名，写出了许多关于巴勒斯坦阿拉伯人生活的作品；对于谢克村，他钦佩地描述道：

> 除了极少数人，所有农民都使用西式犁。村里有 4 台收割机，也有大型的打谷设备。效仿犹太农业，他们采用现代方式管理橘园，还使用商业肥料。[6]

264 它还属于首批组织了柑橘销售公司的村庄。村民萨义德·拜达斯（Sa'id Baidas）是巴勒斯坦柑橘委员会主席，还是穆夫提的反对者。[7]1932 年，村里为男孩建了一座地区学校，11 年后为女孩建了类似的机构。

这个村庄能有经济的繁荣，或许还因为对扩张着的犹太复国主义聚居区采取了温和、容忍的政策。特拉维夫在以惊人的速度向南发展，而村庄与新邻居的关系相当友好。村里的男孩有时骑上自行车去萨马尔村（Summayl, al-Mas'udiyya），它在河的南边，那里有

---

6 摩西·斯米兰斯基（Moshe Smilansky）：《犹太殖民与阿拉伯农民》（*Jewish Colonization and the Fellah*），特拉维夫：米斯夏·塔西亚出版社，希伯来语，1930 年，第 27 页。

7 但·亚哈夫（Dan Yahav）：《大灾难（1948 年）前雅法的文化与经济生活》[*Cultural and Economic Life in Jaff a Before the Nakba*（*1948*）]，阿左尔：切里克夫出版公司，希伯来语，2007 年，第 63 页。1949 年，以雅法和地区居民委员会的名义，身在贝鲁特的 12 名流亡者在一份请愿书上签名，请求美国政府支持归还难民对其财产和土地的所有权；萨义德·拜达斯位列 12 人之中。参见《巴勒斯坦研究》18：3 的资料，1989 年，第 96—109 页。

一些阿拉伯人与犹太人比邻而居。犹太人也定期从富裕农民手里买水果蔬菜。有一次，特拉维夫市政委员会试图对谢克村土地征税，村民不高兴；不过，他们的抱怨听上去更像是不满的纳税人，而不是抗议的民族主义者。村庄精英占有大部分土地，在位于村子北部的地方，他们甚至愿意卖给犹太人 3000 多杜纳姆土地。交易之后，他们还有 11500 杜纳姆肥沃土地，包括许多果园、绿香蕉林、谷地、放牧区。

到“一战”结束时，经一座名为基斯哈达（Jisr al-Hadar）的桥，相当部分的村庄农业产品会被运到雅法港。奥斯曼人撤退时炸掉了桥，英国人在原地造了浮桥。1925 年，巴勒斯坦第一座水泥桥取代了它，由开拓先锋犹太复国主义劳工大队（Gdud Ha'avoda）建造。前一年，北部新建了莫沙瓦（moshava）[8] 海尔兹利亚，造桥的目的是将它与特拉维夫连起来，并为村庄提供有更坚实路面的道路，以利它的农业出口。

阿拉伯人于 20 世纪 30 年代起义时，我们不清楚村民的心情怎 265
么样。不过，由于没有任何骚动的迹象，我们可以谨慎地认为，虽然反殖民抗议席卷了巴勒斯坦，但在谢克村，看起来没有产生回响，民族意识尚未出现在村庄居民中。[9]“二战”期间，许多英国士兵驻扎在这个地区。在桥边，与来自特拉维夫的退役士兵合作，村庄最富有家族的一名成员易卜拉欣·拜达斯（Ibrahim Baidas）开了个大饭馆。因为水边建有遮阴亭，饭馆起名夏威夷花园。它也举办表演会。名声起来后，它成了路标，当地人很快改用饭馆名来称呼那座

8 莫沙瓦，一种农业聚居的合作形式，其中土地和财产都属于个人。——译者注

9 不过，据信有位村民加入了巴勒斯坦阿拉伯党，即阿布·夸德尔·拜达斯（Abd al-Qader Baidas），位于雅法的中部阿拉伯农民联盟的主席。我的材料来自《谢克·穆万尼斯：一个地方的故事》（“Al-Sheikh Muwannis: The Story of a Place”），这是一份研讨会论文，2011 年，阿萨德·左阿比（Asaad Zoabi）将它提交给我。

桥。[10]热带太平洋岛屿的明媚生活变得触手可及。

我们不知道，很可能永远不会知道，在饭馆里喝茶和咖啡的时候，阿拉伯人和犹太人都谈些什么。不过，我们的确知道，首次打破这里宁静气氛的不是民族冲突，而是一次犯罪行为：1947年8月10日晚，饭馆遭到抢劫，是住在海尔兹利亚东面阿布基斯克村（Abu Kishk）的年轻贝都因人干的。破门抢劫中，三名从特拉维夫来的顾客和谢克·穆万尼斯的村民经理被杀。就数月后将搅乱村庄的政治震荡来说，这是一个奇怪的前奏。

1947年11月29日，联合国安理会对分治计划进行表决，之后，紧张局势立刻穿透了整个地区。根据决议，与所有沿海平原的村庄一样，谢克村处于犹太国的边界内。特拉维夫周边的巴勒斯坦人惊惶失措。阿拉伯人住在一个新移民国家会怎么样？而且大批移民还在源源不断涌入。他们怎能相信，一个外国人政权会公平对待当地居民？几乎可以肯定，绝大部分平静的村民不清楚犹太复国主义的权利声明，不清楚犹太人对“先辈土地”的历史所有权，虽然可以
266 有把握地假定，他们注意到了不请自来的邻居扩张土地的倾向。

按照分治计划，雅法是犹太国中的一个阿拉伯飞地；沿着它与特拉维夫之间的分界线，激烈的冲突立刻爆发了，双方都有十多人死伤。不过，在第一座全是犹太人的城市特拉维夫的北方地区，局势依旧平静，虽然可以断定，紧张的空气弥散在全地。

此时，哈加纳的第一个动作是，对奥加河——雅康河——以南靠近特拉维夫北部住房的三个阿拉伯村庄居民施加强大压力，想迫使他们放弃自己的家。到1947年底，萨马尔村民不得不搬离自己

10　按英国人的说法，桥的正式名字是阿拉门（El-Alamein）。参见耶胡达·泽夫（Yehuda Ziv）：《现场的一刻》（*A Moment in Situ*），耶路撒冷：茨维沃尼姆出版社，希伯来语，2005年，第143—144页。

的家，去雅马森（Jammasin）住下。接着，1948 年 1 月，雅马森村民放弃自己的家，跟之前逃难到他们村子的人们及雅里沙（Jarisha）村民一起，去大村庄谢克·穆万尼斯暂时住下。由于这些没了家的邻居们的涌入，本已糟糕的村庄气氛更加恶化了。关于雅法和附近萨拉马（Salama）的激烈战斗的报道传来后，人们的恐慌加剧了。1948 年 1 月 28 日，村里的“外交官”易卜拉欣·阿布·基尔（Ibraham Abu Khil）决心和附近聚居区的地方领袖一起去佩特提克瓦，跟哈加纳官员讨论时局。定下的会面地点是阿夫拉姆·夏皮拉（Avraham Shapira）家，他是犹太复国主义定居社区的神秘人物，在巴勒斯坦当地居民中极受信任。

哈加纳的约瑟夫·奥利茨基（Yosef Olitzky）明确地对这个阿拉伯大聚居区有敌意，但仍证实了巴勒斯坦代表的和平立场。根据他的会议记录，各村庄的代表表达了“维持友好关系的愿望，还说，他们会阻止任何外国阿拉伯人和他们自己的‘暴徒’进入他们的地方，如果做不到，他们会请求哈加纳的帮助”[11]。作为这次富有成果的会谈的结果，阿布·基尔同主要的犹太武装保持着密切联系，平息不断 267
增长的紧张气氛带来的摩擦和误会。2 月，村庄遭到枪击，也回了几枪，但没有人员伤亡。事件经调查后澄清了，双方采取措施，平息了敌对的氛围。虽然年轻的阿拉伯村民仍继续挖战壕，但禁止外来的武力进来，倾向于和平关系的温和村民仍控制着村里的行动。

可是，对哈加纳领导来说，这种平静状态是不可接受的。尽管村庄态度是和平的，他们依然很担心：这么大的一个阿拉伯居住区

---

11 约瑟夫·奥利茨基（Yosef Olitzky）:《从“意外”到战争：特拉维夫保卫史的一些阶段》（*From “Incidents” to War: Chapters in the History of the Defense of Tel Aviv*），特拉维夫:哈加纳司令部 / 以色列国防军文化处，希伯来语，1950 年，第 62 页。另见耶胡达·斯卢茨基：《从斗争到战争：哈加纳史》（*From Struggle to War: History of the Haganah*），第 3 卷，特拉维夫：阿莫韦德出版社，希伯来语，1972 年，第 1375 页。

离特拉维夫港口太近了，而港口又与海边的发电厂和机场相邻。此外，同一时期，哈加纳正在执行D计划，其明确目标是把连续的领土掌握在犹太复国主义者手中。大批巴勒斯坦人口对一个稳定的民族－国家构成了威胁吗？这种观点越来越深入人心。我们必须记住，在联合国分治计划中，分配给犹太国的人口有40%是阿拉伯人，超过40万。一些人尽了最大努力阻止局势升级，如特拉维夫的自由派市长以色列·洛卡赫（Israel Rokach），这个国家的犹太柑橘种植者中的温和代表加德·马赫尼斯（Gad Machnes），但他们的和平行动没能成功，而且不符合哈加纳的政策。[12]我们还有未经证实的材料，表明哈加纳付钱给阿拉伯合作者，让他们散布犹太人计划攻击村庄的谣言，诱使阿拉伯居民逃命。[13]

因此毫不奇怪，随着每一个星期的过去，煽动和虚假传言都在激增。有报告说，外国战士和“队伍”渗透进了村庄，大批武器也偷运进来了。一些报告甚至说，武装的德国军官出现在了谢克
268 村。[14]哈加纳的高效情报网络和从村庄飞过的侦察机不断地证明，这一信息是错的，但并没有用。拉马特甘市长是阿夫拉姆·科利尼茨（Avraham Krinitzi），他眼馋这个相邻村庄的土地，是虚假流言的主要煽动者。莱希组织（Lehi）——“争取以色列自由战士”的首字母缩写，由阿夫拉姆·斯特恩（Avraham Stern）领导——没怎么参与特拉维夫南部的激烈战斗，而是加入了北部的恐吓战役，希望赶走

12 阿农·格兰（Arnon Golan）：《战时的空间变迁》（*Wartime Spatial Changes*），塞德伯克：本－古里安大学出版社，希伯来语，2001年，第83页。

13 希勒尔·科亨（Hillel Cohen）：《影子部队：犹太复国主义的巴勒斯坦合作者，1947—1948年》（*Army of Shadows: Palestinian Collaboration with Zionism, 1917–1948*），伯克利：加利福尼亚大学出版社，2008年，第245页。

14 纳赫米亚·本－图尔（Nechmia Ben-Tor）：《争取以色列自由战士史》[*History of the Fighters for Freedom of Israel*（*Lehi*）]，第4卷，耶路撒冷：亚尔出版社，希伯来语，2010年，第414页。

当地的阿拉伯人。亚科夫·巴奈（Ya'akov Banai）是另一个分离派军事组织伊尔贡的指挥官，他留下了下面的回忆：

> 这个村子延伸在特拉维夫、拉马特甘、佩特提克瓦之间。局势本要求它聪明点、安静点，它却一直跟阿拉伯人口中心保持着联系。西缪尔·哈列维（特拉维夫市政官员）提议征服这个村庄，而我们已提前做了准备。我们醒目地组织了一支60人的队伍，从村庄旁经过，让他们确信我们来自"亚马特·希特恩"（Jama'at Shtern，阿拉伯语，斯特恩帮）。他们吓坏了。第二项措施是要求他们第二天派代表来会谈，地点在特拉维夫外围的穆沙拉桥（Musrara）。参加会面的两名代表一个来自谢克·穆万尼斯村，一个来自加利尔村（Jalil，今天的Gelilot）。他们穿着正式服装，骑着马来了。西缪尔·哈列维说，他们有24小时时间收集所有武器——交到指定地方。他们声辩道，他们有的只是私人武器，手枪（婚礼上用的）。不过，列队示威和会面这两项表演足以让他们畏惧。他们开始放弃村庄，我们则继续向村民施压。[15]

下一项"压力"行动是典型的恐怖袭击。在去纳布卢斯的路上，莱希战士埃利沙·伊布佐夫（即阿夫拉姆·科亨）和一辆卡车被俘虏了，卡车上装满了计划去爆破城里阿拉伯指挥部的炸药。莱希战士们的
报复行动是绑架了四名谢克村民，后者碰巧陪着一位年轻人，去加 269
利尔寻找食物和燃料。虽然五名人质跟伊布佐夫在纳布卢斯被俘之事无关，莱希绑架者仍威胁说如果阿拉伯人不放了莱希战友的话，就要杀了他们。传遍村子的流言说劫持者已经杀掉人质，恐慌达到

15　亚科夫·巴奈（Ya'akov Banai）：《无名战士：莱希行动之书》（*Anonymous Soldiers: The Book of Lehi Operations*），特拉维夫：哈格·耶迪迪姆出版社，希伯来语，1958年，第652页。

了新的高度。经过哈加纳的劝说、威慑和调解，五名人质被释放了，但恐怖行动收获了想要的效果。与此同时，人们证实，伊布佐夫被俘后立即遭到了处决。“越来越多的人放弃了村子，”巴奈满意地接着说，“我们给他们留了条撤离通道。绝大多数人带着财物，走向图尔卡姆和夸其亚。”[16]

谢克村民有一条向北的“撤离通道”。给他们留出通道的不仅是暴怒的莱希英雄们，哈加纳的温和成员也与莱希一起行动。尽管有以前的口头协议，有过犹豫，有牵涉其中的道德问题，哈加纳的特拉维夫指挥官依然决定，同分离组织合作，实施对村庄所有通道的包围。当时，英国委任统治尚未结束，英王陛下的军队仍驻扎在这个地区，不过在 3 月 20 日的白天，他们没有阻止亚历山大旅三十三营的围困行动，没有阻止后者占据一部分村庄的房屋。从那时起，阿拉伯人进出都要敌人批准，运来的一切补给都要经过彻底检查。村民不能去田里，不能照料就快可以收割的庄稼。经济窒息加上运转发电机所需燃料的缺乏，很快造成食物和水的短缺。在村庄的最后几天，阿布·基尔领着最后一些居民撤离了他们的家。直到最后时刻，他一直天真地相信他的犹太“朋友”的承诺。

270 最后一批居民离开村庄后——当然，除了村里上年纪的傻子，不清楚他后来怎么样——莱希战士很快占据村庄的主要建筑，建立了自己的主要基地，起名“拉马特亚尔”，以纪念去世的指挥官阿

16 亚科夫·巴奈：《无名战士：莱希行动之书》。另见拿单·亚林－莫尔（Nathan Yalin-Mor）的报告《争取以色列自由战士：人员、观念、事迹》（*Lohamey Herut Israel: People, Ideas, Deeds*），耶路撒冷：谢克姆纳出版社，希伯来语，1975 年，第 478—479 页。这位前莱希指挥官还忧伤地想道：“我经常问自己，来自谢克·穆万尼斯和加利尔的两位代表，他们是否在曾于 1943 年底同加德·马赫尼斯商讨的那些村庄名流之中？当时，村民提出要收留莱希的逃亡者。时代不同了。”同上书。

夫拉姆·斯特恩，因为后者的代号曾是“亚尔”。[17] 几天后，基地发出命令，要莱希战士参加对耶路撒冷附近代尔亚辛村的征服行动。如我们所知，代尔亚辛的短暂战斗于 4 月 9 日结束，这个山区村庄的一百多名居民被杀，其余的人遭到公开羞辱。“拉马特亚尔”运转到 5 月 29 日，其时，斯特恩的继任者被劝诱加入了以色列国防军。这个地方成了以色列的一个新军事基地，但为时不长，当局便开始把犹太移民送来，怕的是难民再设法回到村庄。

不过到这时候，被迫流亡的谢克村的恐慌居民已在数英里之外。一些人到了图尔卡姆和夸其亚，它们在战后由约旦控制。另一些人分散在三角地带的村庄，如提拉和加朱利亚（Tira and Jaljulia），最终纳入以色列国并进的领土中。还有一部分进了加沙地带的难民营。在以色列，他们起初住在帐篷里，没有收入来源，旅行受到限制。一些人离开了西岸和以色列，在中东流浪。一小部分人设法去了美国和加拿大。以色列当局没收了他们留在谢克村的土地。法律上，留在以色列的人们被划归为“缺席者”，虽然其实人在这个国家；他们被剥夺了对自己土地和家的一切财产权。不用说，没有村民收到过赔偿。

数年后，谢克·穆万尼斯的前村民会偷偷地“朝圣”，从远处望他们的家一眼。1967 年前，成为以色列公民的难民可以这么做，住在西岸的人们只有等到六日战争之后，才能含着泪水来到这座灰质
砂岩的小山。 271

17 米克基·巴奈（Micky Banai）:《行走在记忆中：谢克·穆万尼斯，特拉维夫》（*Walking on Memories: al-Sheikh Muwannis, Tel Aviv*），阿士克伦：巴奈出版社，希伯来语，1995 年，第 30—33 页。

被忘记的土地

谢克·穆万尼斯居民的经历好过一些村庄居民的悲惨命运，比如代尔亚辛、恩泽伊顿、巴拉夏克及别的村子；因为胆敢反抗在他们的国家建立犹太国，这些村庄的很多人付出了生命代价。不过，谢克村民的命运又不如另外某些村庄，如恩胡德村。

这个宁静的村庄坐落在一座山坡上，俯视着沿海平原。村民们与谢克村居民一样，选择不与犹太复国主义军队冲突，也被赶离了自己的家。令人惊奇的是，一些人获准生活在离自己村子不远的山上，还能在余生凝视它。他们以前的家成了犹太人的以色列艺术家村，而在许多年里，以色列当局不认可重新选址的新“恩胡德”。不过，幸运最终还是来了。山上的新村形成 52 年后，村民们获得了政府的正式承认，到 2006 年，村子甚至还并入了以色列电网。[18] 比较来看，谢克村民不能再生活在一个社区，绝大多数最终散布在世界各地。

谢克村的故事不算罕见。如本书第四章指出的，1948 年战争期间，以色列不仅将城市里阿拉伯聚居区的人们赶走，还从以色列地抹去了——或者说删除了——400 多个村庄。[19] 在整场大灾难中，70 万人被迫离开家园，土地和家被没收，没有赔偿。许多人和他们的
272 后代仍生活在遍布中东的难民营里。那么，为什么我单单对一个村子感兴趣？

18　关于这两个相邻的村子和风景与记忆的关系，参见苏珊·斯里欧莫维克斯（Sansan Slyomovics）:《记忆的对象：关于巴勒斯坦村庄的阿拉伯与犹太叙述》（*The Object of Memory: Arab and Jew Narrate the Palestinian Village*），费城：宾夕法尼亚大学出版社，1998 年。

19　参见诺加·卡德曼（Noga Kadman）的出色著作《从空间和意识中消除》（*Erased from Space and Consciousness*），耶路撒冷：十一月图书公司，希伯来语，2008 年。有关以色列制造的、对曾存在于巴勒斯坦的人类景观的遗忘，这项研究展示了清楚的理解。

如后记一开始解释过的，我对这个地方本身感到不安。我还认为，所有在特拉维夫大学工作的历史学家都应该有这种感受。我的首要工作是从被遗忘的历史资料库中小心地加工记忆。讲授历史是我的职业，学生们期待我表现出相当程度上的、无偏见的学术正直。因此，每个新学期，我都尽力告诉他们，集体记忆基本是文化工程的产物，几乎总是附和当前的心态和需求。我还特别强调，正如过去应对创造现在负责，民族的现在也随意地塑造自己的过去——我们应该记住，它包括巨大的空寂的遗忘部分。

我生活的国家和领土都是清晰构建4000年历史记忆的结果。这一经加工和重构的犹太记忆是支撑犹太复国主义运动的食粮，是殖民事业首要的正当性基础。它与其他方面一起，塑造了以色列的政治心态，认为巴勒斯坦状况的“短暂”不能与犹太人状况的漫长相比。总之，我们怎么把60或70年的流亡跟2000年的流亡相提并论呢？我们怎么把头脑简单的农民的愿望跟犹太人永恒的渴望相提并论呢？跟神圣的应许相比，无家难民的主张有什么价值——即便上帝并不存在？

在汉斯·克里斯蒂安·安徒生的《皇帝的新装》故事里，那小男孩喊道：“国王什么也没穿！”这篇简短的谢克·穆万尼斯村史可理解为对这一句话的比拟。为说明这一比喻的、唐突的主张，我们现在转向民族记忆政治，它在村庄以前的土地上找到了此类的象征性表达。如今，这里是一些以色列高档住宅区所在地，还跟四个犹太复国主义的以色列纪念机构存在着有趣的、少见的关联：以色 273
列地博物馆、帕尔马赫博物馆、伊萨克·拉宾中心的以色列博物馆，理所当然地还有犹太人民博物馆（Beit Hatfusot）。这四个记忆重镇负责保存和记录犹太的、犹太复国主义的、以色列的过去。

最早的以色列地博物馆建于1958年，位于村庄南部边缘地带，靠近泰尔·夸斯里考古发掘地。我们知道，发掘始于10年前。按照历史分期，考古发现的内容属于“圣经时期”；此外，博物馆还力图展示“这块土地的历史及文化”整体。它的永久性展品中有一项是“男爵的土地”，详细展示了埃德蒙·詹姆斯·德·罗斯柴尔德的殖民事业，“以色列地犹太定居的成就”。颇具象征意义的是，博物馆的民族志和民俗部分负责记忆“世界不同社区内的犹太生活方式”；更具象征意义的是，它位于老谢克村的一座房子里，却毫不提及房屋的历史和以前居民的“生活方式”。

最初，这个机构名叫“Muzeon Eretz Israel”（以色列地博物馆），前少将利哈瓦姆·泽维被任命为馆长后，它被改为英文名“the Land of Israel Museum”。在他任期内，博物馆焕然一新，展品的重点和内容表达了泽维对扩张祖国的大爱。1988 年，前将军组建了祖国党，号召把以色列阿拉伯人“转移”出去。不过，这一政治举动没有妨碍他继续指导博物馆，直到 1991 年被任命为以色列政府部长。本书写作时，博物馆主席是前准将多夫·塔马里（Dove Tamari），他拥有历史学博士学位。

帕尔马赫博物馆在砂岩山上，位置稍高，孤单得像座堡垒。建筑正面刻有格言“道路的正义”，出自拿单·奥特曼一首著名的诗。1948 年，这位诗人对犹太“泰尔·夸斯里”的发现热情洋溢，他还是 1967 年的以色列全地运动的创始人之一。本书写作时，负责管理
274 博物馆的协会主席是前少将耶沙雅胡·加维希（Yeshayahu Gavish）。博物馆的运转由以色列国防部赞助。它建于 2000 年，以纪念历史性的帕尔马赫军事组织——哈加纳的精锐部队。对于 1948 年的胜利，帕尔马赫发挥了关键作用，不过不是在谢克村方向。在以色列国的前几十年里，大部分国防军高级军官来自这个组织。这些军官中，国际社会最熟悉的是伊萨克·拉宾，1995 年，他在以色列总理任上遇刺。

伊萨克·拉宾中心位于帕尔马赫博物馆后面，1997 年依法建立，

以纪念两年前遇刺的总理。这座复合建筑的中间部分是以色列博物馆，2010年开放。除了其他原因，它的成立是为了绘制“作为一个成功故事的犹太复国主义事业的图画……”博物馆的设想出自阿尼塔·夏皮拉，特拉维夫大学韦兹曼犹太复国主义研究所所长，也是展品内容负责团队的指导者。启动这一方案的公共委员会主席是雅各布·佩里，委员会最显赫的人物，国内安全总局（Shin Bet，辛贝特）前局长。几年前的2009年，他还被任命为犹太人民博物馆指导委员会主席。这个博物馆在特拉维夫大学校园内，离伊萨克·拉宾中心不远。

犹太人民博物馆建于1978年，位于特拉维夫大学的中心。目前，它的国际管理委员会主席是利奥尼德·奈兹林（Leonid Nevzlin），一位成功的俄罗斯商人；在俄罗斯当局缺席判定他谋杀和逃税数十亿美元后，2003年，他逃到了以色列。他的朋友阿里尔·沙龙要求他将这个犹太记忆重镇从金融崩溃的情况下拯救出来；凭着从俄罗斯带来的钱，奈兹林干得很成功。[20]

博物馆的官方目标是“展示不断前进的犹太人民长达4000年的历史——过去，现在和未来”，“培育犹太参观者的归属感，加强犹太 275
认同”，以及，“在所有参观者中，促进对犹太人民的理解，促进对作为犹太国家的以色列的支持”。馆内有个犹太世系中心，其资料库已保存了300多万个人名。中心使参观者能“追溯自己的祖辈，为后代记录保存自己的家族树，从而给犹太人民家族树添上自己的‘树枝’”，而这不仅是通过添加名字，还使用了DNA测试。基因库已有30万样

20　关于“犹太人民博物馆拯救者”以及这位俄罗斯亿万富翁的形象，关于他跟以色列政治经济精英的联系，参见马亚·泽恩斯坦（Maya Zeinshtein）：《“我们爱你。”拉宾诺维奇教授对幸福的寡头利奥尼德·奈兹林说》（“‘We Love You,’ Prof. Rabinovich Told the Happy Oligarch Leonid Nevzlin”），载《国土报》，希伯来语，2009年9月29日。

本，数量还在增加，因为“基因系谱对犹太人民意义重大”。

除了杰出商人和前安全官员，博物馆的国际管理委员会和指导委员会还包括来自耶路撒冷希伯来大学和特拉维夫大学的著名历史学家。本书写作时，这些位置上有以色列·巴特尔、杰里米·科亨、伊塔马尔·拉宾诺维奇、拉南·莱恩等教授。如上文简短讨论的其他博物馆显示得那样，几乎所有以色列的重要文化机构都有此类人员名录。

一股犹太洪水侵入和淹没了谢克村的土地，像是从低处河流升起的巨浪，冲向山的高处，经被抹除的村庄中部，强力挤满山顶。它的各机构保存着海量的信息、无数陈列品和展品、大批地址和照片。巨额资金花在纪念犹太人的命运、苦难和成就上。每天有数百人访问这些机构，从中学习，包括以色列学生、国防军士兵、普通以色列参观者和许多国际游客。离开时，他们大多带着深深的满足感，相信自己对犹太过去的意识变得更坚固了。

不用说，在这些光辉的记忆圣殿里，没有哪个提过它们建立的地方的历史。由于老阿拉伯村庄不属于犹太的、犹太复国主义的或以色列的过去，在这个博物馆云集的大而忙碌的地方，我们找不到它的痕迹。

特拉维夫大学校园建在砂岩山山顶，参与了对谢克村缓慢但稳
276 定的抹除。大学的正式建成时间是 1964 年，但早在 1955 年，第一座学术建筑的奠基石就放下了。这座建筑挑衅地伸展在相对较低的村庄房屋之上。如前面指出的，在 1948 年，村庄建筑都被无家的赤贫犹太人占据了。几年之后，特拉维夫大学和这些低收入的新本地人的消耗战开始。只是到了 2004 年，在支付了 1.08 亿新谢克尔后，绝大多数居民才搬离这个地方，大学才得以更稳固地成长和向南扩

展，才有条不紊地推平了那些剩下的房屋。[21] 显然，在牵涉这些变化的人中，没有谁考虑过赔偿这块土地原来的非犹太所有者的可能性。

在三个不同系科，特拉维夫大学雇用了六十多名历史教师，还有大致同样数量的历史学家曾在这里工作并已退休。没有哪个以色列的学术机构拥有如此多产的大型记忆共同体。就国际、中东、犹太、以色列历史的诸多主题，这些学者写出了卷帙浩繁的著作。在以色列国内外，这些学术成就广受赞誉，而且其中一些学者是世界最具声望的大学的终身客座教授。虽然如此，他们中没有谁想过有必要写本书，甚至一篇学术文章，谈谈他们的声誉资本持续增长于其上的沥青水泥下面这块土地的历史。没有谁建议硕士生或博士生，研究被迁离这个地方的无声村民的悲剧。如民族历史中常见的那样，黑暗的过去一面被推入无意识中——在最好的情况下，等着以后有人将它们带到表层。记忆的男爵一向必须是学术性的，但从未被要求是道德的。[22]

2003 年，一个有趣的以色列组织给时任特拉维夫大学校长的伊
塔马尔·拉宾诺维奇教授写了封信。组织名为“记忆”（Zokhrot），
宗旨是让大灾难进入公共意识。信中要求大学，“以谦和的姿态”承 277
认谢克村“被消除的过去”。[23] 请愿书的签名者有 20 名学校教师、几十名学生和前村民的后人。拉宾诺维奇曾任以色列国防军情报单位中校、以色列驻美国大使，也是中东领域的历史学家，曾因一项学术研究获美国犹太图书奖。虽然他是记忆的代理、犹太人民博物馆

21 《标识报》，希伯来语，2004 年 6 月 30 日。

22 仅有的相关作品是一份最终方案，由努里特·莫斯科韦茨（Nurit Moscovitz）为大学建筑学院完成。方案中有个注释，简短地承认了村庄的存在。

23 引自信件的希伯来语文本。信件的希伯来语、英语、阿拉伯语版和签名者的姓名可以在小册子《记忆谢克·穆万尼斯》（*Remembering al-Shaykh Muwannis*）中找到，见 http://www.zochrot.org/sites/default/files/zoc muwannis final 2.pdf。

指导委员会成员，但对老师和学生纪念最近的过去的要求，他甚至没有回应。如何判断他的立场呢？他似乎就是选择忽略这件事。在记者的固执追问下，大学发言人回答道：“大学的历史正在写作中，会提到谢克·穆万尼斯村。”[24]然而，到2012年本书写作时，期待已久的著作仍未出版，特拉维夫大学及其下面的土地仍然没有一部成文的历史。

虽然如此，村庄被压制的历史的一项遗存物确实留了下来。大学南端有一座装饰豪华的阿拉伯建筑，名为“绿房子”。它的正式用途是教员俱乐部，但由于收费高，表面上要为老师服务的地方不怎么见得到老师。这样，它成了以盈利为目标的高级餐厅，用来招待学术会议期间从海外请来的尊贵客人，也用来募集资金。最近，它的希伯来语网站描述了这座建筑：

> 房屋是独一无二的建筑瑰宝，从谢克·穆万尼斯村留下来的。谢克村位于一个古代腓力斯人聚居区的边缘，这个聚居区存在于早至公
> 278 元前12世纪（泰尔·夸斯里）。19世纪上半叶，随着村庄的发展和扩大，这里出现了由经凿刻的石头建成的大房子，以及简单的石头房屋。第一次世界大战末期，英国人来到这个土耳其人控制的村子外围，于1917年12月2日夜突然发起攻击，攻占了村庄。英国委任统治开始后，包括特拉维夫和雅法以及谢克·穆万尼斯村在内，整个地区开始发展起来。由于绿房子的颜色和装饰在正面的漂亮拱廊，它从远处看起来很显眼。那个时候，房子上面两层住人，下面一层用于经商和手工艺品生产。
>
> 从1924年起，村子的情况有了变化。一些土地卖了出去，更多

24　兰·哈尼沃（Ran Harnevo）：《特拉维夫：要求纪念谢克·穆万尼斯村》（“Tel Aviv: A Demand to Commemorate al-Sheikh Muwannis”），载《新消息报》，2003年11月10日。

> 的土地买卖也在谈判中。1948 年 3 月，村子被分派为莱希的一个行动基地，以“拉马特亚尔”知名。这是所有莱希士兵举行重要集会的地方，将莱希武装并入以色列国防军的命令就是从这里发出的。1948 年 6 月，国家成立后，谢克·穆万尼斯村驻进了空军和马哈尔（Machal，海外志愿人员）。1949 年起，村里房屋被用来接收犹太移民和遭受了战争创伤的难民，以及没有地方住的独立战争战士。1964 年，大学校园在拉马特维夫落成。随着大学的发展，绿房子成了教员俱乐部。[25]

不知是特拉维夫大学哪位历史学家写的这段摘录。我之所以在这里近乎全文展示，原因是它充分反映了以色列对过去的意识：土地是购买的，不是强占的，而那些阿拉伯房子和地方都空着，神奇地为犹太受害者提供了住处。村庄的一部分于 20 世纪 20 年代开始出售，40 年代末成为莱希的一个行动基地，最终变成了著名大学。

今天，这里看不到 1948 年 3 月原住民身上发生的事的痕迹，无 279
论是围困、经济封锁还是绑架。消除他者的过去是犹太复国主义的殖民历史路线正当性的前提。

在“绿房子”的故事中，最大的讽刺在于它是易卜拉欣·阿布·基尔的家，而阿布·基尔是哈加纳的盟友，最后一个离开村子的人，因为他相信自己的犹太朋友。建造这座经过细致装饰的美丽房子是一项大投资，显然，屋主有着坚定的信念，认定他们会在里面住很多年。阿布·基尔的和解外交跟这种信念是一致的。他犯了一个苦涩的错误。他不知道，他的祖辈、他以及他的孩子出生在“以色列地”，他们的居留注定是暂时性的。

---

25 http://www.tau.ac.il/university-club/description.html.

“接受引诱难吗？心有所知地被引上邪路，加入骗子的庞大行列；那里有的是粗鲁的无知、功利的冷漠、无耻的自利。”[26] 写出这些的是伊茨哈·斯米兰斯基（Yizhar Smilansky），文字直指 1948 年难民的悲惨处境。这些话伴随了我许多年，只是我也没什么可自豪的。虽然 2009 年我在写给特拉维夫大学校长的信上签了名，但直到今天，我也没能让村庄的历史为人所知，而我还继续在以前属于它的土地上工作。我一直太忙于其他时空离它都很遥远的课题。开始构思本书的内容时，我清楚地意识到，这一次，我再不能略过如此近的一个地方——它的伤口还未愈合。

多年来，我从自己的多次文化与研究旅程中学到很多。不过最重要的是，我认识到在说过、做过一切之后，要想促成人类和解，过上道德的生活，与不停地回忆我们是曾被别人迫害的人民的后代相比，记住和承认我们自己制造的受害者要远为有效。对所有开明的文明来说，勇敢大度的记忆依然是必要条件，哪怕有点儿伪善。
280 只要加害者不愿承认所做的不义之事，不肯加以补偿，受害者永远不会原谅加害者。我们还需学多少才能理解这一点？

2003 年底，我看了拆毁马哈茂德·拜达斯（Mahmoud Baidas）独特的大房子的过程。许多年里，就在刚过了以色列地博物馆的地方，它矗立在灰质砂岩山下。我站的地方离他的孙女玛格达勒内·塞巴吉·拜达斯不远，她从劳德市赶来观看这一时刻。当推土机铲走最后的一些倒塌墙壁、为一个特拉维夫高尚社区做准备时，她难过得颤抖起来，流下了眼泪。我从未有过这种经历，很难揣测她那时的情绪。我父亲当时还活着，或许更能理解她。1945 年，他回到波兰罗兹，站到了他母亲被毁掉的房子前。数年后，他再次访问他出

26 伊茨哈：《基白特·基泽》（*Khirbet Khizeh*），伦敦：格兰塔出版社，2011 年 7 月。

生的城市，之后告诉我，他以前的社区所在地竖起了匾，以纪念犹太社团曾经的存在。过去已经如此突兀地被带离他，那些匾并没有稍减他的怀念。

我在特拉维夫大学工作了27年，这个单位对我意义非凡。我热爱在这里教学，这是我能完成这本书的一个原因。为消除一切怀疑和误解，我愿郑重澄清，我不相信大学会迁走，会被满是田地和果园的新村庄取代。我也不相信，巴勒斯坦难民的后代会大批回到父辈和祖父辈原来的城镇、村庄。然而，正如以色列应该承认因它的成立而给别人造成的悲剧，为人们久久期待的和平进程付出代价，我的大学应该立起一块匾，纪念被断了根的谢克·穆万尼斯村村民，这个和平的村庄消失得好像从来不曾存在过。

拉马特维夫的记忆园有四个重要博物馆，纪念“以色列地的漫
长历史”，纪念“永恒的犹太人民的过去与现在”；然而，它也应 281
该再加入第五个机构，用资料讲述雅法的原来各小区所在地难民
的命运。

什么建筑会比“绿房子”更适合这一功能呢？无论如何，这么做会让大学在道德上得分，远远超出关闭高级餐厅带来的经济损失。它还会让我的大学成为历史遗忘领域的领航破冰船，那个领域保存着冰冷的误解之砖铸就的矛盾。

也许我完全错了。世界各地的犹太复国主义慈善家慷慨解囊，帮助建造大学建筑及其中心处的博物馆；他们或许不想看到，一座巴勒斯坦纪念碑竖立在他们的以色列地的中央。无论如何，宣扬大灾难，与否认它的人们斗争，这不会破坏他们拥有自己“先辈”土地的感受吗？这不会令他们削减拨款、中止捐赠、对他们的犹太国失望吗？

记忆政治的每个转折点都是与决定着文化和社会认同的霸权领域斗争的结果。记忆和身份总是有赖于包含着它们的民族意识的品

质。为了自己在中东的未来，难道犹太-以色列人不能重新定义他们的主权，并且由此改变对这块土地、它的历史——以及最重要的——那些被迁离的人们的态度吗？

历史学家回答不了这个问题，所能做的只是希望他们的书对变化的开启有所帮助。

致谢

这本书的完成得到许多朋友和熟人的帮助，我要向他们表达诚挚的谢意：Yehonatan Alsheh，Nitza Erel，Yoseph Barnea，Michel Bilis，Yael Dagan，Richard Desserame，Eran Elhaik，Alexander Eterman，Boas Evron，Israel Gershoni，Noa Greenberg，Yuval Laor，Gerardo Leibner，Ran Menahemi，Mahmoud Mosa，Linda Nezri，Nia Perivolaropoulou，Christophe Prochasson，Anna Sergeyenkova，Bianka Speidl，Stavit Sinai，Assad Zoabi。

特别感谢我的妻子瓦尔达，女儿伊迪丝和利尔，对她们，言词远不足以表达我的心意。

Jean Boutier，Yves Doazan，Arundhati Virmani 来自社会科学高等研究院的马赛园区，我要对他们的好意和热忱友情表示感谢。

感谢 Geremy Forman，他把本书译成了英语。感谢乌尔索出版社的所有人，尤其是 Avis Lang，他们以极其专业的态度对待本书，尽其所能地纠正错误、通顺语句，使之成为易于理解和阅读的文本。我也想感谢我的学生们，他们或是不断挑战我的历史想象，或是不得不耐着性子听我说——虽然心里急切地盼着我闭嘴。

一些人批判或谴责我的前一本书，从而刺激、启发和引导着我写了这本书。我欠他们的比他们想到的或愿意想象的要多。我的所有诋毁者的主要论据是，我写的一切他们都知道，都已经写过——与此同时,没有一样是对的。我必须承认,他们的断言有一点是真实的:许多事在某个时间是人们所知道的，但后来被拂到了边缘或压到了地毯下，它们在我重新创造的批评性叙述中占据了核心的位置。因此，我的书必定要变成政治不正确的和历史有缺陷的。我希望本书能成功复制这一过程，哪怕仅仅是部分地复制。

所有瑕疵、错误、不准确之处、不必要的修饰、异常的观点都仅出自我手，我当然应为它们负全责。

索引

（索引的页码均为原书页码，即本书页边码）